그곳에 한국군'위안부'가 있었다

식민주의와 전쟁, 가부장제의 공조

현대사총서 056

그곳에 한국군'위안부'가 있었다
식민주의와 전쟁, 가부장제의 공조

초판 1쇄 발행 2019년 11월 15일
초판 2쇄 발행 2019년 12월 27일
초판 3쇄 발행 2020년 9월 21일

지은이 | 김귀옥
펴낸이 | 윤관백
펴낸곳 | 도서출판 선인

등 록 | 제5-77호(1998.11.4)
주 소 | 서울시 마포구 마포대로 4다길 4(마포동 324-1) 곳마루 B/D 1층
전 화 | 02)718-6252 / 6257
팩 스 | 02)718-6253
E-mail | sunin72@chol.com

정가 19,000원
ISBN 979-11-6068-312-7 93910

· 잘못된 책은 바꿔 드립니다.
· www.suninbook.com

* 본 연구는 한성대학교 교내학술연구비 지원과제임.

현대사총서 **056**

그곳에
한국군 '위안부'가
있었다

식민주의와 전쟁, 가부장제의 공조

김귀옥 저

도서출판 선인

이 책을 식민과 분단, 전쟁의 수레바퀴 밑에 깔려
한국군'위안부'와 미군'위안부'로 고생하신 분들과
모든 전쟁의 피해자들께 바치고자 합니다.

미래를 향하는
식민주의 청산운동은 계속되어야 한다

끝날 때까지 끝난 게 아니다

2019년 7월 1일, 일본 아베 정부의 사전 예고 없었던 무역 전쟁 개시. 선전포고도 없이 도발되었던 1941년 12월 7일 일본의 하와이 진주만 기습 공격을 떠올린 것은 지나친 상상력일까?

일본의 한국 무역 규제에는 여러 가지 원인이 있을 것이다. 가장 직접적인 것은 2018년 강제징용 배상 사건에 대해 한국 대법원이 내린 강제징용자에 대한 반인도적 범죄 및 인권침해 행위의 인정과 강제징용 노동자에 대한 일제 기업의 배상의 정당성을 판결한 사건이었을 것이다. 7월 19일 일본의 고노 다로 외상은 일본 기업에 손해배상 지불 판결 확정 불수용을 주장했다. 심지어 그는 주일 한국대사를 만난 자리에서도 외교적 무례를 범했다. 일본은 강제징용 불법성 주장에 대한 세계적 여론이 불리하게 돌아가자, 7월 20일에는 한국 대법원 판결과 무역 규제는 무관하다고 말을 바꿨다.

돌아보면, 1965년 12월 17일 미국과 일본의 손에 이끌려 3억 달러의 독립축하금 경제원조금을 받으며 박정희 전 대통령은 한일협정문에 서명하기까지 학생, 지식인, 시민들의 굴욕적인 외교에 대한 반대 운동에 대해 강경대책으로 일관했다. 1965년 8월 25일, 박 전 대통령은 특별담화를 발표하여, "국가이익의 추구 수단이어야 할 외교문제를 한갓 당리당략의 미끼로 삼아온 일부 몰지각한 정치인의 낡고 썩은 버릇이 문제되고 있는 이 시기에 일부 철부지한 학생들마저 이를 욕구불만의 배출구로 생각하고 있는 것은 참으로 통탄"할 일이라 일갈했다. 또한 그는 한일협정의 성격에 대해 "한일 양국 국민 사이에 얽히고설킨 과거의 감정을 청산하는 문제까지를 포함"하고 있다고 정리하며, "(한일)회담이 성공적으로 타결되고 국회에서 정식으로 비준 등이" 끝났다고 선언했다.[1] 한마디로 말해 한일협정 체결로 모든 한일 간의 과거 문제는 끝났다는 것이다.

그러나 한일협정은 지금이 아니라, 그때도 끝나지 않았다. 1년여의 한일회담 과정에서도 반대 운동이 격렬하게 전개되었을 뿐만 아니라, 비준 직후에도 한일협정 비준반대운동은 잦아들지 않았고, 각계각층에서는 한일협정무효성명서가 발표되었다. 이후에 일련의 반공소동이나 1972년 유신독재체제 등장으로 잠시 사회운동세력들이 수그러드는 듯했다. 그러나 곧이어 사회운동의 양상은 유신반대, 독재타도로 치달았다. 그 이후 민주화운동이 가열될 때면 수면 아래 있던 한일협정 진상 규명, 한일 과거사 청산운동이 중요한 아젠다로 올라왔다. 급기야 2000년대 이르러 일본군'위안부'운동이 더 보태졌다. 그래서 끝날 때까지는 끝난 것이 아니었다.

2019년 한일 간의 무역전쟁의 기저에는 골 깊은 한일 갈등이 놓여 있다. 그런데 이러한 갈등은 잘못된 것만으로 볼 순 없다. 2015년 12월 28일, 밀

---

1) 「박대통령특별담화요지」, 『경향신문』 1965. 08. 26.

약을 감춰 둔 채 발표했던 일본군'위안부' 한일합의는 2017년 촛불항쟁에 의해 박근혜 전 대통령이 탄핵당했으며, 새롭게 출범한 문재인 정부에 의해 부정당하는 것은 운명이었다. 거짓에 기반으로 한 거짓 화해는 2015년 12월 당시 정부에 의해 수용되었으나, 촛불 정부라면 거짓을 거짓이라고 말할 수밖에 없었다. 또한 1910년 일본의 불법적인 한국 지배와 불법적인 강제동원 및 일본군'위안부' 동원의 부당성, 그 부당성을 망각한 1965년 한일협정의 불법성과 허위성에 가득 찬 한일 관계는 21세기 진정한 화해와 진실에 기반을 둔 외교관계를 펼치기 위한 방해물일 수밖에 없다. 한일 관계가 진정한 관계로 나가기 위해서는 허위적 관계를 잘못으로 인정하고, 허위적 관계와의 갈등을 제대로 풀어나가는 것이야 말로 문제 해결의 정당한 길이다.

110년의 잘못된 한국과 일본의 관계를 제대로 맺을 방법은 우선 일본이 과거의 잘못과 가해 사실을 인정하고 용서를 구하고 광명정대한 길로 나가는 것이다. 현재의 일본 정부, 특히 아베 정권에는 아베 집안을 비롯하여 일본제국주의의 기득권자들이 적지 않아 어렵게만 보인다. 그러나 2010년 민주당 정부에서 간 나오토(菅直人) 당시 일본 총리는 2010년 8월 10일, 1910년 8월 29일 강제병합조약 발효로 시작된 식민지배는 한국인들의 의사에 반해 강제적으로 이뤄졌다는 점을 인정하는 내용의 담화문을 발표한 바 있다. 또한 그해 5월에는 와다 하루키 명예교수와 일본의 양심적인 지식인들은 "'한국병합'은 대한제국의 황제로부터 민중에 이르기까지 모든 사람의 격렬한 항의를 군대의 힘으로 짓누르고 실현시킨, 문자 그대로 제국주의 행위이며, 불의부정(不義不正)한 행위"이자, "조약의 전문(前文)이나 본문도 거짓이며 '한국병합'에 이른 과정이 불의부당하듯이 '한국병합 조약'도 불의부당"하다는 성명서를 발표하였고, 한일 지식인들도 그 성명서에 참여하여 1,100여 명이 서명한 바 있다.

이러한 양심적 세력의 목소리와 행동은 희망의 상징이다. 그래서 우리는 끝날 때까지 끝난 것이 아니므로, 주저앉거나 좌절할 이유가 없다. 흔히 독일은 과거청산의 모범국으로 얘기되고 있다. 그들이 원래 양심적이거나 선하기 때문이 아니다. 정말 그랬다면 어떻게 독일 시민들이 히틀러의 나치당을 수권당으로 만들었고, 히틀러의 명령으로 600여만 명의 유태인, 집시, 반체제 인사들, 양심적인 학생과 시민, 노동자들을 죽이는 데 협력할수 있었겠는가? 그들이 반성하고 잘못을 인정했으며, 다시는 재발하지 않겠다는 거듭되는 선언을 하고 실천을 했던 것이 주변 국가들이 신뢰를 할수 있도록 만들어 주었다. 독일 사람을 예외로 간주하지 말자. 일본 정부와일본 사람도 부끄러움을 인정하고 개과천선할 수 있도록 하기 위해서는 한국 정부와 한국 사람들 역시 쉽게 포기하지 않아야 한다.

계속되는 식민주의와 계속되는 군'위안부'제도

2019년 한국과 일본의 갈등을 정상적으로 받아들이고, 좋은 이웃으로 화해하고, 관용할 수 있을 때까지는 스스로는 철저하게 불관용적인 태도로서 자기 문제를 성찰하고 진상 규명을 하며 해결하기 위한 노력을 해야 한다. 나는 이러한 정신과 태도로서 부끄러운 한국군'위안부' 문제를 독자들과 공유하려고 한다. 일본군'위안부'제도에 영향을 입었던 한국인들은 해방 후그 제도가 얼마나 문제가 있고, 반인권, 반평화적인가를 깨달을 기회가 없었다. 그런 상태에서 친일, 친미적인 정부가 이끄는 대로 반공주의를 애국주의로 내면화시키며, 분단국가의 시민이 되어야 했고, 한국전쟁에서는 적에 대한 분노를 동족들에게 표출했다. 그 표출하는 수단 또는 방법의 원천중 하나가 일제 식민주의였고, 일제 식민주의에 길들여진 친일파 군인들,

친일 세력들은 일제가 가르쳐 준 군'위안부'제도를 가져왔다.

일본군'위안부'제도가 한국군에게는 한국군'위안부'제도로 왔고, 미군에게는 미군'위안부'제도로 왔다. 그 제도를 도입했던 한국군 장성들과 이승만 정부는 부끄러움을 몰랐다. 그것이 동족을 무자비하게 살상해야 했고, 민간인들을 적대시해야 했던, 그래서 전쟁을 혐오했던 군인들에게 은전을 베풀고, 회유하는 방법이라고 생각할 만큼 한국의 지배집단의 인식은 저열했다. 그런데 그러한 인식을 형성했던 것이 바로 일제가 주도한 전쟁의식이자, 일본군'위안부'제도였다.

나는 이번 책을 통해 한국의 지배층에게 '책임'을 말해 주고 싶다. 민주주의사회에서 시민이 국가의 주인이라고 말하는 것은 상식이다. 또한 국가의 최고권력자는 지배자가 아니라, 통치위임권이며, 시민의 대리인이라고 할 수 있다. 최고 수준의 권력자는 최고의 책임자라 할 수 있다. 높은 수준의 책임은 피해자가 피해를 주장할 때 비로소 시인하고 책임지는 것이 아니다. 흔히 치명적인 고통을 겪은 피해자는 피해 사실을 말하는 것조차도 두려워한다. 피해 사실을 말하는 것만으로도 낙인찍히고, 심지어 가해자가 되어버리는 이치를 역사 속에서 보기 때문이다. 책임자로서 제대로 역할하기 위해서는 피해의 사실이 발견되었을 때 그 사실의 진상을 규명하고, 잘못을 인정하며, 재발 방지의 약속을 실천하는 데로 나아갈 때, 사람들은 국가와 큰 권력을 가진 사람들과의 화해를 할 수 있고, 믿음을 가질 수 있다.

1996년, 한국군이 한국전쟁 당시 군'위안부'제도를 만들어서 4년을 운영했으며 1954년에 제도를 폐지(?)했다는 사실을 처음 알게 되었을 때, 얼마나 분노와 두려움에 휩싸였던지 모른다. 2002년 공개적으로 학술행사에서 발표를 하고 나서도 참 오랜 기간 동안 단행본으로 만드는 것에 망설였다. 국가를 망신 주는 것인가를 고민하지 않을 수 없었다. 그간 많은 연구 프로젝트가 있었고, 다양한 연구 주제로 연구를 수행하고, 사회적 실천을 하는 동안, 한국군'위안부' 문제를 잊고 싶었다. 그러나 후학들에게서 계속 질문받는 과정에서 연구자로서의 책임을 다해야 한다고 생각하며, 이 책을 3년 전에야 집필하기 시작하여 이제 세상에 내놓게 되었다.

감사의 인사

이 책은 2002년 공개적으로 발표한 이래로 연구 자체는 그리 진전되지 않았다. 연구자로서의 많은 이유가 있으나 사실상은 핑계일지도 모르겠다. 그럼에도 불구하고 이번 책을 내놓기까지 많은 분들의 도움과 격려, 비평을 받았다. 이 책으로서 한국군'위안부' 문제로부터 탈출하고 싶으나, 너무도 부족하여 앞으로도 많은 비평을 받게 될 것 같다.

20여 년간 분단과 전쟁, 이산가족 등의 주제로 구술 및 연구활동을 하는 동안 만났던 많은 분들이 내 연구의 전부라고 해도 될 만큼 감사함을 깊이 느낀다. 속초, 강화, 철원의 주민들이 너무도 감사하다.

돌아가신 류춘도 선생님(여성 의사)은 이 주제에 관해 적극적인 관심을 보여주었다. 자신의 전쟁 경험과 전시에 당했던 분노와 사랑을 많은 시로 빚어 올리면서도 자전 회고록 『벙어리새』를 남겼다. 때로는 나를 딸이라고 불러 주시며, 내 연구와 실천적 활동에 대해 지지를 아낌없이 베풀어 주셨다. 늦었지만, 진정 감사하고 그립다고 말씀드리고 싶다.

한반도 분단의 역사를 새로운 각도에서 보게 해주신 2000년 북한으로 돌아가신 최하종과 김인수 선생님께도 감사의 인사를 드리고자 한다. 그때 헤어진 이후 만나지 못했으나, 분단과 전쟁, 통일을 이론이나 종이 속에서가 아닌 날경험과 한반도에 대한 사랑으로 이해할 수 있도록 나의 관점을 전환시키는 데 큰 도움을 준 진정한 평화주의자들이라고 생각한다.

학문의 길에서 은사님인 한완상 선생님, 고 김진균 선생님, 강정구 선생님, 권태환 선생님, 서승 선생님, 조은 선생님과 송연옥 선생님께 입은 은혜는 늘 깊은 감사의 마음으로 간직하고 있다고 말씀드리고 싶다. 또한 일본과 한국의 학자들에게도 많은 도움을 받았다. 안자코 유카 선생님, 후지메 유키 선생님, 김영 선생님, 유정애 선생님, 이지원 선생님, 정진아 선생님, 김미혜 선생님, 김부자 선생님, 한홍구 선생님께는 일본과 한국의 현대사, 일본군'위안부' 문제와 함께 '식민주의'와 군'위안부' 문제, 여성주의적 역사 접근에 대해 깊이 있게 대화하고 생각하며, 부족한 나의 인식을 키워 나갈 수 있었다.

또한 함께 공부해 나가고 있으나 부족한 내가 늘 배우고 있는 한운석 선생님, 김성보 선생님, 박명림 선생님, 이진일 선생님, 유진영 선생님, 정용숙 선생님, 한모니까 선생님을 비롯한 역사문제연구소 한독비교사포럼의 연구동지들께도 감사의 인사를 전하고 싶다. 또한 여러 조교들과 학생들로부터도 많은 도움을 받았다. 박병인 연구위원, 김태원 학생, 강미라 씨, 이미정 씨, 송혜련 씨, 천웅소 씨, 강지윤 씨와 구동현 학생의 도움이 컸다. 또한 한국군'위안부' 문제와 관련된 깊은 관심을 보여준 여러분의 영화감독들, 특히 조경덕 감독, 박명진 감독, 안건형 감독, 이혜린 감독, 류승진 감독께도 감사의 인사를 보내고자 한다. 저자의 한국군'위안부' 문제와 미군'위안부' 문제를 현실적으로 연결해 가며 운동의 전선에서 싸워나가고 있는 새움터의 김현선 선생님, 신영숙 선생님, 김정자 선생님께도 동지적 감사 인사를 보낸다. 또한 학술운동으로 항상 바쁜 중에도 자료 찾는 일을 도와준 민교협 동지들인 박배균 선생님과 천정환 선생님들께도 감사드린다. 북토크쇼에서 좋은 리뷰와 제안을 해준 김성경 선생님, 손서정 선생님을 비롯한 '평화를 만드는 여성회' 부설 한국여성평화연구원의 연구위원님들께도 자매애와 함께 감사의 인사를 전한다.

이 책이 나오기까지 책을 둘러싼 문제에 대해 진지하게 대화하며 인간의 문제를 깊이 있게 조망하고 사고할 수 있도록 독려해 주고 있는 나의 동반자인 남편 정경훈 교수에게도 감사의 인사를 드리고 싶다. 마지막으로 연구자로서의 길에 후원자가 되어 주고 있는 도서출판 선인의 윤관백 대표와 출판사 식구들에게는 이번 책이 불황의 출판계에 조금이나마 도움이 되었으면 하는 간절한 마음을 담아 감사의 인사를 드리고자 한다.

최근 한반도에 찾아온 평화의 빛은 여전히 분단과 불통의 장애물에 가려 있다. 75년의 분단과 110년의 식민주의가 단번에 끝나지 않는다고 생각하기에 큰 인내심과 긴 호흡으로 연구자의 길을 가야하리라 다짐해 본다. 그럼에도 불구하고 2020년에는 한반도 평화의 큰 길이 열리기를 간절히 기원해 본다.

2019년 11월
관악산 남현재에서
평화를 갈망하며 공부의 길을 찾아가는
늘 부족한 연구자 김귀옥 쓰다

차례

제1장

기억과 공포, 국가와 개인

간혹 꾸는 꿈이 있다. 미로 같은 곳을 반복[1]적으로 배회하거나 도망치거나 어떤 존재에게 쫓기거나 때로는 폭력의 위협감을 느끼는 꿈이다. 그럴 때면 가위에 눌려 소리도 못치고 잠에서 깨어나곤 했다. 반복되어 온 꿈 중의 하나는 정보원들에게 쫓기거나 수사관들에게 고문을 당하는 꿈이다. 잊었다고 오래된 경험의 편린들이 최근 상황의 이미지 조각들과 얽힌 꿈을 꾸다가 가위에 눌려 깬 날이면 하루 종일 아프다. 아마도 뭔가 스트레스를 받아 그러한 악몽을 꾼 것일 터인데, 악몽의 기억이 나의 스트레스를 강화시킨다. 이러한 억압된 꿈과 기억들은 어려서부터 형성된 것이지만, 특히 1980년대 대학생 시절의 경험과 공포의 기억들이 현재의 스트레스와 관련된 것들이 많다. 그런 기억은 내 자신의 경험과 주변 집단의 경험들이 착종되어 꿈으로 나타난다. 기억은 현실이 아닌데, 어떤 계기와 어떤 맥락

---

[1] 라캉에 따르면 꿈은 무의식의 일종이고 무의식은 자동반복처럼 구조화되어 있다(J-D. Nasio, 김주열 옮김, 『무의식은 반복이다!』, M, 2015, 69쪽).

속에서 부지불식간에 나타난다. 하찮을 수 있는 사소한 기억만으로도 힘들어 한다면 한국전쟁 당시에 물리적 죽음의 경계를 넘어야 했던 사람들의 트라우마적 기억의 재발, 반복은 얼마나 끔찍할 것인가? 또는 세월호 참사 속에서 살아남은 사람들의 숨 막히는 기억은 반복의 덫에서 언제 빠져나올 수 있을 것인가?

기억으로도 간혹은 마음이 따뜻해지고 행복할 수도 있지만, 또 때로는 기억만으로도 사람들은 슬퍼지거나 간혹은 숨 막히는 고통이 재현되는 상태를 겪게 되기도 한다. 나지오(J-D. Nasio)가 지적하듯 "우리가 강렬하지만 기분 좋은 과거는 현재의 행복한 행동의 형태로 나타나는 반면, 트라우마가 된 고통스런 과거는 현재의 불행한 행동의 형태로 나타난다"[2]는 주장은 내게도 종종 일어나고 있는 현상이며, 주변 사람들에게도 흔히 발견된다. 또한 어떤 기억은, 최근의 3·1운동 100주년의 기억 같은 기억은 100년이 지나도 환기되고 장려되며 집단기억으로 승화되기도 하지만, 다른 어떤 기억은 억압되어 침묵되기도 하고 해체되어 있었던 사실 자체가 없었던 것으로 만들어 지기도 한다. 그런 과정에서 그런 기억을 담지한 주체 자체가 사라지기도 한다. 정신병리학계에서는 기억상실의 증상을 기억상실증이라 부른다. 그런데 기억상실증 환자가 아니더라도 각자에게는 부분적 기억상실이 있다. 또한 어떤 개인의 기억은 국가적인 기억이 되고, 어떤 개인의 기억은 국가에 의해 인정은커녕 배제 및 삭제되어 그러한 기억이 있었던가 한다. 한국에서 2000년대 본격적으로 일어난 기억 투쟁, 인정 투쟁은 지금도 진행 중이다.

----

[2] 위의 책, 67쪽.

기억과의 만남

어려서 톨스토이의 『참회록』[3]을 보면서 '인생이란 참으로 이상하구나'라고 생각했다. 한 나그네가 사자에게 쫓기고 절벽 아래 뱀에게 잡아 먹힐 상황에 처한 험악한 광야에서 흰쥐와 검은 쥐에 의해 운명의 시간을 맞이하면서도 나뭇가지에 매달려 달콤한 꿀에 취해 있는 인간이라니 얼마나 한심한가 생각했다. 살아오는 동안 그 나그네가 다름 아닌 나임을 깨닫게 되었다. 아니 바로 우리와 같은 인생이 그러한 신세가 아닐까 싶다. 한국의 최고 부자라고 하는 이건희 삼성전자 회장과 이재용이나 한 때는 최고 권력을 누렸던 이명박이나 박근혜 두 전 대통령에게도 인생의 고통과 공포는 피할 수 없을 것이다. 식물인간인지, 생존 여부를 알 수 없는 이건희 회장에게 돈과 권력, 행복과 고통이 무슨 의미가 있을까? 박근혜·최순실 국정농단의 공범으로 옥고를 치룬 이재용 삼성전자 부회장은 2심에서 징역형을 받아 석방되었다고 하여 과연, 고통의 기억은 끝난 것일까? 설령 몸은 석방되어 다시 삼성전자라는 초국적 기업의 무한 권력을 누린다고 할지라도 그 역시 종종 악몽을 꿀 것이고, 악몽의 기억에 식은땀도 흘릴 것이다. 몇 해 전에 실화를 바탕으로 만들어진 류승완 감독의 영화, 『베테랑』(2015)은 안하무인격으로 일탈을 범하는 재벌 2세들의 이야기를 소재로 삼았다. 또한 땅콩회항으로 세계적으로 추한 이름을 떨친 한진 재벌 3세의 조현아 부사장은 자신의 스트레스를 남편이나 자녀에게도 퍼부은 것이 뉴스가 되고 있다. 모든 것을 가진 듯하지만, 자신의 무의식이나 꿈도 하나 통제할 수 없

---

[3] 톨스토이는 8세기 초의 당나라 학승 의정이 번역한 불경, 「불설비유경」에 나온 안수정등(岸樹井藤)의 이야기를 참회록에 인용했다고 한다. 불설비유경을 보면 이야기의 구조가 톨스토이의 참회록과 거의 똑같다(진형종, 『한 권으로 읽는 팔만대장경』, 들녘, 1998).

는 게 우리 인간이다. 하물며 박근혜 전 대통령이야 말해 뭣하리오.

그런 초권력자들조차도 인생의 고통을 피할 수 없다면, 민초들의 경우는 어떨까? 그야말로 민초들에게 일상은 불안과 불만, 고통과 공포와 그런 기억의 연속이다. 많은 민초들은 기억을 회고할 시간도 제대로 없을 만큼 현재 삶의 절박성과 도전, 일상의 어려움이 더 많지만, 그럼에도 불구하고 현실의 스트레스가 어떻게 그들에게 나타나고 있는가는 서울의 거리에 정신과 병원이 많아지고 있다거나 심리상담소가 급증하고 있거나 정신증이나 신경증에 따른 일탈행위자들도 급증한 것으로도 그러한 상황을 짐작할 수 있다. 그래서 민초들이 만든 말 중의 하나가 '고통 총량 불변의 법칙'[4]이다. 잘 사는 사람이건 못 사는 사람이건, 각자 고통의 총량은 같다는 말이다. 입증도 되지 않았고, 입증하기도 어렵지만 이 말은 민초들이 스스로를 위로하기 위해서 만들었다고나 할까? 그럼에도 불구하고 민초들의 불안과 불만, 고통과 공포로 얼룩진 인생은 초권력자들의 그것과는 비할 바가 될 수 없다.

그러한 기억은 기억일 뿐이지만, 일생을 통한 장기기억(long-term memory)[5]은 경험과 함께 빚어진 고통과 스트레스의 산물이므로 단순한 인식상의 문제를 넘어선다. 에릭 캔델과 래리 스콰이어가 말하듯, '세계에 관하여 우리가 아는 대부분은 태어날 때부터 뇌에 내장되어 있는 것이 아니라 경험을 통해 획득되고 기억을 통해 보존'[6]되기 마련이다. 그래서 기억은 그저 뇌파가 아니라, 경험으로 연결되어 있다.

나의 학문 인생에서 반전을 가져온 것은 책과 문자로 된 지식에서 벗어

---

[4] 김균미, 「총량불변의 법칙」, 『서울신문』 2018. 07. 10(참고: http://www.seoul.co.kr/news/newsView.php?id=20180711031016).

[5] Margaret W. Matlin, 민윤기 옮김, 『인지심리학』, 박학사, 2007, 151쪽.

[6] Eric R Kandel and Squire, Larry R., 전대호 옮김, 『기억의 비밀』, 해나무, 2016[2009], 18쪽.

나서 구술을 통한 경험의 세계에 들어간 것이다. 다시 말해 구술사 연구자가 된 것이다. 박사학위논문을 준비하며, 일상을 사는 사람들이 역사적 사건이나 반공적 경험 등을 어떻게 경험하고 어떤 과정을 통해 반공주의를 받아들이게 되는가를 사회학적으로 접근하려 했다. 이러한 방법론을 택한 이유로는 반공의 사회사적인 주제를 제대로 연구할 문자 기록 텍스트는 별로 없었기 때문이다. 그래서 시작한 것이 구술사 연구이다.

1995년 본격적으로 구술사 연구를 시작했을 때만 해도 나는 개인을 통해 역사를 만날 수 있다고 생각했다. 그런데 어느 틈엔가 내가 만나는 것은 역사라고 해석되는 구술자들의 기억임을 깨닫게 되었다. 문제는 바로 기억이었다. 구술자들은 기억을 회고하는 것을 고통스러워했고, 고통 때문에 말을 못할 때도 있었고, 뭔가 비밀스러운 기억 때문에 주위를 경계하기도 했다. 또는 회고에 참여하면서도 기억을 회고하기를 불편해 했다.

그런 과정에서 부딪치는 문제 중 하나는 '신뢰'의 문제이다. 실증주의적 입장에서는 기억 훈련이 되지도 않은 민중의 구술기억은 종종 '불확실'하여 믿기 어렵다고 지적되어 왔다.[7] 기억을 둘러싼 신뢰의 문제는 몇 가지 문제를 안고 있다. 그중 하나는 기억이라는 의식의 원래적 성격에 기인한다. 기억하는 방식에 선행하여 '본다'고 하는 의식 자체가 분절적이고 자기중심적이기 쉽다는 것이다. 전체를 보기보다는 부분을 보기 쉽고, 장시간 보기보다는 순간적으로 보게 되고, 360도를 보기보다는 자신의 각도와 관점에서 보기 마련이다. 어떤 의미에서 인간이 본다는 행위는 사물 그 자체(the thing itself)로 보기 자체를 포기함으로써 가능한지도 모르겠다. 아무튼 이러한 과정에서 사물이나 사건을 보는 구술자의 기억은 불완전하다. 또한

---

7) 이 절의 일부분은 「구술사와 치유: 트라우마 치유의 가능성을 모색하며」(『통일인문학』 제55집, 131~165쪽)의 3장의 일부를 참조했음을 밝혀둔다.

구술자는 구술하기 전에 권력이 없거나 박탈당한 존재이다 보니, 기억하는 행위는 훈련이 되지 않은 상태로 남아 있기 마련이다. 설령 잊지 않기 위해 혼자서, 또는 비밀스럽게 기억훈련을 했다고 하더라도, 그 과정은 사건 그 자체로서 기억되기보다는 어떤 기억은 강조되거나 왜곡될 수도 있고, 또 어떤 기억은 사상되거나 잊어버릴 수도 있다. 이런 점에서 기억은 또한 불안정하다. 나아가 구술하는 단계에서 구술자가 기억을 말하는 과정에서도 사건 또는 사물 그 자체로서 연행하거나 시간의 순서대로 기억하기는 거의 힘들다. 연상되거나 과장되거나 사상되는 일이 기억 연행 과정에서 반복되어 일어난다.

또한 기억에는 '망각'이 작용한다. 망각은 기억의 노화, 착오와 오류,[8] 건망증 등에 기인한다고 할 수 있다. 또한 인간의 의식 속에서는 현재의 더 많은 기억을 축적하기 위해 오래된 기억을 지워버리는 습성이 있다고 한다. 또한 극심한 스트레스나 정신적 충격으로 불안과 고통을 피하기 위해 특정 기억을 지우고, 그러한 불편한 기억에 대해서는 스스로 억압하여 의식 저변으로 밀쳐두기도 하는 현상으로서의 망각도 있다. 일종의 부분적 기억상실증으로서 해리성 장애(dissociative disorder)나 심인성 기억상실증(Psychogenic amnesia)[9]이라고 할 수 있다. 심지어 사람은 자신의 행위

---

8) 기억을 말할 때에는, '그때 그일'을 정확하게 말하기 보다는 착오나 오류를 범하며 말하기가 다반사이고, 기억 연구자들에게 기억 오류는 대단히 중요한 일이다(대니얼 L. 샥터, 박미자 옮김, 2006, 『기억의 일곱 가지 죄악』, 한승, 2006, 8쪽). 구술 연구자들이 놓치고 있으나, 진심으로 관심을 기울여야 할 일은 왜, 어떤 상황에서 착오나 오류가 발생하는가이다.

9) 심인성 기억상실증은 과거의 모든 기억이 아니라 심리적으로 충격을 받았던 사건만 잊는 경우로 이해되고 있다. 심인성 기억상실증은 해리성 장애의 일종이기도 한데, 해리성 장애(dissociative disorders)는 어린 시절에 당한 성폭행이나 신체적, 성적 학대를 비롯한 정신적 외상(trauma)이나 과도한 스트레스 때문에 발생한다고 한다(강현식, 『꼭 알고 싶은 심리학의 모든 것』, 원앤원북스, 2010, 96쪽; 존 앨런, 권정혜 외 옮김, 2010, 『트라우마의 치유』, 서울: 학지사, 287쪽).

를 합리화시키거나 변명하는 경향이 강하다. 불편한 진실에 대해 실제로 망각했을 수도 있으나, 의도적으로 '거짓'을 말할 수도 있다.

기억을 말하는 과정은 기억 훈련과 연관되어 있는데, 기억을 연출하는 훈련이 잘 되어 있을수록 기억력은 발달될 수 있다. 그러나 모든 기억이 표출되기보다 자신의 행위나 동기를 합리화시킬 수 있는 의식의 연출이 발달하기 쉽다. 특히 한국과 같은 반공냉전에 의한 자기검열기제가 발달되어 온 사회에서는 구술자 개인도 반공적 기억의 재구성력이 높아졌을 수 있다. 역으로 자신에게 불리한 기억에 대해서는 '망각'하도록 하는 힘도 발달했다. 정신분석학이나 심리학에 대해 제대로 전공을 하지 않은 구술 연구자에 불과한 내가 구술자에게 어떤 요소가 작용하여 기억을 말하는 과정에 망각이 생기는가를 제대로 분석하는 것은 대단히 어려운 일이다.

누구든 자신의 인생을 회고하는 데에 고통과 공포로 얼룩지지 않은 기억을 가진 사람은 드문 편이다. 특히 그간 구술사 방법론을 활용해 온 한국현대사 연구의 주제를 보면, 구술사 방법과 고통스럽지 않은 역사적 사실과 만나지 않기란 쉽지 않은 문제이다. 특히 일제강점기와 분단, 전쟁 등을 보면 그렇다. 그간 내가 주로 연구해 온 이산가족(월남, 월북), 탈북자, 납북자, 한국전쟁기 한국군'위안부', 1905년의 멕시코한인 이주자 후예, 조선족, 재일동포, 남파공작원, 북파공작원, 피학살자 유족, 노동자, 분단 접경지역민, 민주화운동을 포함한 사회운동가 등등의 주제에서 어느 주제이건 개인들은 거시구조로부터 자유롭지 않았다. 뿐만 아니라 척박한 현실에서 개인들의 삶은 한편으로는 고난을 이겨나가는 소영웅적인 삶이기도 하지만, 그 이면을 들여다보면 여전히 해소되지 않고 치유되지 못한 트라우마적 기억과 고통의 문제가 현실과 얽혀 있음을 깨닫게 된다.

아직 나로서는 내가 만난 사람들 중에 해리성 장애나 심인성 기억상실증을 앓고 있는 사람들이 얼마나 되었던지 알 수 없다. 간혹은 한국전쟁기

부분에 대해 결코 기억할 수 없다고 말하는 사람들을 만나기도 한다. 어떨 때는 대답하기를 '회피'한다고 간주하여 재차 질문을 했을 때, 화를 내던 노인들도 있었다. 부분적 기억상실증에 대해서는 다 파악할 수 없었으나, 구술사 방법론은 놀랍도록 구술자들의 회피의 층위 아래 숨겨진 진실의 실체를 느끼게 하고, 그러한 느낌을 둘러싼 상상력의 필요성에 직면하게 한다. 이제 개인 기억이 아닌 국가적, 집단적 기억상실의 문제를 직면해 보자. 그 한 예를 한국전쟁을 통한 기억의 문제로 다뤄보려 한다.

기억의 분서갱유

한국전쟁 이후 빠른 시일 내 전쟁과 관련된 모든 기록은 국가주의적 기준을 중심으로 선택과 배제가 이뤄졌다. 1968년 미국의 민권운동에 힘입은 민주주의적 기운이 학계에도 영향을 미치면서 그간 통제되었던 기록과 기억들이 해제되면서 브루스 커밍스의『한국전쟁의 기원』이 탄생했다. 이 책이 1980년대 한국에 소개되면서, 한국에도 서서히 새로운 한국전쟁을 둘러싼 주장과 해석, 기억이 등장하기 시작했다. 심지어 1990년대에는 구술사 연구가 도입되기 시작하면서 배제되었거나 억압되었던 민중들의 기억들이 서서히 분출되기 시작했고 2000년대 들어오면서 여성들이나 피학살자 유족들, 지역민들이나 더 다양한 사람들의 기억이 쏟아져 나왔다.[10]

국방부 정훈국 전사편찬위원회는 1952년부터『한국전란1년사』를 연대기 순으로 간행하기 시작하여 1956년에는『한국전란5년사』를 내기까지 매년『한국전란사』를 발간하며 군부 또는 국가는 한국전쟁에 대한 입장과

---

10) 박명림,『역사와 지식과 사회: 한국전쟁 이해와 한국사회』, 나남, 2011.

기억을 정리하기 시작했다. 국가와 입장이 다른 자료나 지식, 심지어 기억은 사장되거나 공개가 금지되기도 했다. 그러한 현장 중 하나가 국방부 군사편찬연구소이다. 그곳에서는 자료에 대한 배제와 선택의 기준이 철저하게 국가주의적이거나 냉전적 이념 지향주의였다. 국가주의 또는 정권적 이념에 부합되지 않는 사료, 또는 자료는 매장되거나 공개 자체가 금지된다. 사실상의 분서가 일어난 것이다. 예컨대 내가 2002년 공개한 문제인 한국군'위안부' 관련한 기록인『후방전사』가 학계와 언론에 주목을 받게 되자, 군사편찬연구소는 그 책을 서고에서 치우고 금서로 분류해 버렸다.

20세기 한국사는 금서의 역사와도 같이 진행되었다. 일제의 침략은 지식의 통제를 수반했다. 1905년 대한제국이 일제의 강압에 의해 제정되었던 출판법은 1941년까지 모든 서적의 검열의 법적 기준이었고, 1976년 월간지『신동아』신년호 부록에는 33권의 금서 목록이 실려 있다.[11] 구체적인 예를 들어보면, 장지연의『애급(이집트)근세사』, 현채 번역의『월남(베트남)망국사』,[12] 안국선의『금수회의록』, 이해조의 소설,『자유종』등이 포함되었다고 한다.

이승만 정부 출범 후에도 금서 정책은 계속되었는데, 극성기가 1970, 80년대이며, 1987년 6월항쟁 이전 시대는 그야말로 '금서'의 시대라 할 수 있다. 1985년 5월 4일 문화공보부는 '불법간행물'에 대한 무기한 단속 지침을 발표하여 이념서적 및 불온유인물로 지목된 간행물을 제작 공급하는 출판사, 인쇄소, 서점 등을 무더기 압수, 수색하고 관계자를 연행, 출판계 전반을 긴장시켰다.[13] 불온도서 블랙리스트는 문화공보부에서도 만들었고,

---

[11]『동아일보』1976. 12. 16.

[12] 이 책은 베트남 독립운동가이자, 망명객인 판보이쩌우(潘佩珠)의 경험을 토대로 량치차오(梁啓超)에 의해 편찬되었다. 1906년경 현채나 주시경 등에 의해 번역되어, 1909년 금서로 되었으나, 일제강점기에 지식인이나 학생들 사이에 널리 읽혔다.

군대에서도 만들어 운영했다. 영화『변호인』에서 보여주듯, 1981년 당시 정부 당국은 영국 외교가이자 역사가인 E. H. 카(Carr)의『역사란 무엇인가』도 불온도서로 포함했다. 금서의 기준인 마르크스·레닌주의 사회주의 사상이나 진보적 사상, 북한 관련 내용은 말할 것도 없고, 리영희 편역인『8억인과의 대화』역시 1977년 출간과 동시에 금서로 지정되었고, 월북 작가들의 저서들 역시 그러했다. 실소를 금하기 어려운 금서로는 이오덕 등이 공저한『겨레와 어린이』(풀빛, 1986)를 들 수 있다. 사회적으로는 1987년 6월 항쟁과 1980년대 말 닥친 세계적 탈냉전과 남북 관계에서 일시적 화해 분위기 조성으로 출판의 자유, 표현의 자유 등의 기본권적 자유가 보장되는 듯했다. 그럼에도 1992년 군 당국이 지정한 '불온간행물 도서목록'에는『역사란 무엇인가』도 포함하여 총 574종을 포함시켰다.[14] 김대중 정부 출범으로 10년 동안의 민주정부에서 많이 완화되었지만, 2008년 이명박 정부 출범하자마자 과거로 회귀하는 분위기였다. 2008년 이명박 정부 들어, 국방부장관은 군인복무규율 제16조의2 등에 근거하여 각 군에 "불온서적 무단 반입 시 장병의 정신전력에 저해요소가 될 수 있어 수거를 지시하니 적극 시행하라"면서 북한 찬양, 반정부·반미, 반자본주의 등 세 분야로 나눈 23권의 '불온서적' 목록을 첨부 자료로 명기하여 하달하였다.[15]

한국판 분서갱유는 책과 지식, 지식인의 죽음만을 의미할 뿐만 아니라, 민중의 억압된 기억, 침묵의 시간 속에 쌓인 공포를 의미했다. 해방 후 한국판 분서갱유의 본격적 일획을 긋는 사건이 한국전쟁일 것이다. 그 대표적인 사례로 거창민간인학살사건이나 국민방위군사건 등을 들 수 있다. 전

13) 월간말, 「출판 탄압, 현대판 분서갱유」, 『월간 말』6월호(통권 1호), 1985, 77쪽.
14) 『한겨레신문』1992. 04. 25, 5면.
15) 「군, 불온서적 지정… "시대착오" 논란」, 『연합뉴스』2008. 07. 31.

쟁 당시 '거창양민학살'사건은 인민군이 학살한 것으로 되어 있었다. 1950년 6월 25일 새벽 북한의 기습적 남침, 1953년 7월 27일 정전협정, 휴전선 155마일, DMZ 등과 같은 개념으로만 한국전쟁은 국가적으로 정리되었고, 해마다 6월 25일 기념일이면 분단과 전쟁의 원인과 고통과 타자로서의 주적 개념이 재생산되어 왔다. 재생산 과정에 국가는 국민을 특히 청소년들이나 군인들을 동원하여 국가적 기억을 이식하고, 주입시키려 했다.

'분서갱유'란 사마천의 『사기본기』 중 「진시황 본기」에 나오는 말로 유명하다. 중국 진나라 통일 후 국시인 법가사상에 어긋나는 서적을 태우고, 선비를 생매장했다는 데에서 유래한다. 분서갱유에 대한 실체적 사실에 대해서는 논외로 하더라도, 체제와 이념이 다른 정권의 수립되는 과정에 금서 정책의 실시와 반체제적 지식 또는 지식인의 배제나 탄압 정책이 반복되어왔다. 분서갱유를 광의로 보면 우리 현대사에서도 재발되어 왔다. 일제강점기 이래로 분서 정책에 해당되는 것이 금서 정책이다. 이승만 정권으로부터 박정희 정권을 거쳐 전두환 정권에 이르기까지 광범위하고 구체적인 검열[16] 및 금서 정책이 강화되었다가, 민주화 이후 일정한 해금기를 거쳐, 이명박 정권에서도 제한적이지만 부활되었다. 헌법적으로 보장된 표현의 자유, 사상의 자유, 학문의 자유와 같은 기본권 자체가 좁게 허용되거나 숫제 부정당하기도 했다.

[16] '검열'을 협의로 정의 내리면, "언론, 출판, 예술 등 분야의 메시지가 그 수용자에게 전달되는 과정에서 권력이 이를 열람한 뒤 전달을 허용할 것인가 결정짓는 행위"라고 할 수 있다. 결정하는 힘은 '권력'이므로 검열이 성립되기 위해서는 검열권력이 필연적으로 존재하게 된다. 권력이 존재하는 한 검열도 존재해 왔지만, 한국에서 근대적 검열제도가 도입된 것은 1904년 일본헌병부가 『제국신문』을 검열하면서 시작되었고, 공식적으로 끝난 것은 1987년 제6공화국 헌법의 21조 2항에서 "언론 · 출판에 대한 허가나 검열과 집회 · 결사에 대한 허가는 인정되지 아니한다"로 본다(한만수, 『잠시 검열이 있겠습니다』, 개마고원, 2012, 20~24쪽).

분서는 지식과 기억, 즉 생각 자체의 검열이자 통제이다. 또는 기억과 기록의 억압이자 왜곡이다. 그러나 역사적으로 기억과 기록의 주체가 살아 있는 한 영원히 매장시킬 수 없다. 그래서 갱유, 즉 기억과 기록 주체의 죽음이 필요했다. 갱유는 일종의 푸코의 '생명정치(biopolitics)'와 일맥상통한다. 생명을 통제하고 죽음에 이르게 하는 국가권력을 생명정치, 또는 죽음정치(thanatopolitics)라고 할 수 있다. 한국에서 갱유의 역사도 일제강점기와 독재체제하에서 지속되었다. 일제의 불령선인(不逞鮮人) 감시 및 통제, 사형의 정치는 말할 것도 없고 독재정권에 대한 반체제 정치인, 지식인, 학생, 노동자들에 대한 도·감청, 배제와 통제, 감금과 사형, 고문과 전향공작 등 수많은 정신적 통제와 함께 신체적 통제 정책이 함께 진행되어 왔다. 2013년 양우석 감독의 노무현 전 대통령 재현 영화인『변호인』이나 2017년 장준환 감독의 영화,『1987』등에도 잘 표현되었지만, 아무리 영화적 긴장을 세밀하게 묘사를 한다 해도 현실적인 공포를 제대로 드러내기는 역부족이다.

공식 기억의 콘크리트 틈에서 자라난 민중의 기억

그러나 해방 이후로 반복적으로 재현되어온 분단과 전쟁의 국가적 기억과 기록, 기념에도 불구하고 비정합적인 불연속 면, 또는 파열 지점을 통해 비공식적이거나 비공인된 기억이나 기록이 불쑥불쑥 튀어 올라왔다. 특히 1960년 4·19혁명, 1980년 서울의 봄, 1987년 6월항쟁 등과 같은 사회 변혁기에는 정부가 통제만으로는 억압된 기억의 분출을 억누르기에는 역부족이었다. 지난 정부는 한국전쟁기 그 많은 민간인 희생자들의 죽음의 원인을 '북괴의 남침'에 원인을 돌렸으나 눌러도 눌러도 분출되어 나오는 기억을 국가의 공포정치, 연좌제 등만으로 침묵시킬 수 없었다. 그 예를 노근리에서 발견할 수 있다.

> "오늘은 제사를 두 번 지내는 날이네. 9시에 고모님, 12시에는 할머니 제사를 지내야 돼. 형님은 장가도 못가고 돌아가셨으니 제사를 지낼 수도 없고…"라고 했던 충청북도 영동군 영동읍 임계 주곡리 주민들은 68년 전 음력 6월 11일부터 14일(당시 양력 7월 25~28일) 사이에 몰려 있는 30여 건의 제사를 지내느라 바빴다. 그들은 당시 노근리에서 미군 전투기 폭격과 기관총 난사로 수많은 주민들이 학살당했던 생생한 기억을 갖고 있었다. 당시 할머니와 형을 잃은 양해찬(당시 영동군의회 의원) 씨는 "그래도 세상이 나아진 거여. 옛날엔 미군에 의해 죽었다고 하면 죄다 '빨갱이니까 죽었겠지'라고 했거든. 그래서 억울하게 가족을 잃고도 마치 죄인인 것처럼 아무 소리 못하고 살았지. (……) 미군이 (주민들을) 모아놓고 전투기로 때렸으니 오폭일 리가 없고 주민들에 인민군이나 빨치산이 있었던 것도 아니고…"[17]

노근리 민간인학살사건이란 6·25가 개전된 지 한 달되었을 무렵, 삼복더위 중에 미군이 임계리와 주곡리 등의 주민 500여 명을 피난시켜 주겠다면서 모아놓고 무스탕 전투기[18]로 기총소사한 사건이다. 이 사건을 당시 희생자 유족이자 노근리 미군양민학살 사건 대책위원회 위원장인 정은용 작가는 『그대 우리의 아픔을 아는가(노근리 이야기)』(1994)에서 피난민 수용소에서 재회한 부인을 통해 알게 된 딸과 아들의 비참한 죽음을 이야기

---

17) 『한겨레신문』 1994년 7월 21일.
18) 무스탕 전투기(F-51D)는 한국전쟁 발발 후 1950년 7월 2일 미국으로부터 인수해 온 최초의 전투기로서 2016년 10월 20일 문화재청에 의해 등록문화재(제666호)로 지정되었다(참고: http://www.heritage.go.kr/heri/cul/culSelectDetail.do?VdkVgwKey=79,06660000,33&pageNo=5_2_1_0).

로 풀어냈다. 미군 학살의 기억은 정은용에 의해 노근리 사건이 소설의 형태로 공개되기 이전부터 제사를 통해 가족 사이에 은밀하게 공유되고, 마을사람들에게도 공유되어 있었다. 그러나 1990년대 초는 정치적으로는 민주화가 되었다고 했지만, 여전히 반공이 살아 있을 때라 미군 학살이라는 말은 금기어이자 불온한 사상으로 치부되었다.

미군에 의한 노근리 민간인 학살이 공개되었던 것은 1999년 9월 30일 오전 2시 AP통신 웹사이트에 미군 출신자 10여 명의 130여 회 인터뷰 결과가 보도되면서부터이다. 당시 미군 제1기갑부대와 제25보병부대 병사들에게 "민간인이 눈에 띄면 적으로 간주해 총격하라"는 명령이 내려졌다고 했다. 끈질긴 노근리 당사자들의 노력의 결과, 2001년 1월 11일 빌 클린턴 미국 대통령은 노근리 민간인 희생에 대한 '깊은 유감(deep regret)'을 담은 성명을 발표하기에 이르렀다(『연합뉴스』 2001. 01 12).[19] 그는 김대중 전 대통령에게 직접 전화를 걸어 깊은 유감의 뜻을 전달했고, 미국 정부는 피해주민의 명예회복을 위한 추모비 건립과 장학사업을 펼쳐 나가겠다고 했다.[20] 그야말로 민중 기억이 공식 기록을 바꾸는 순간이었다.

한국전쟁 때 이남에서는 인민군이나 좌익들에 의해 죽었다면 '억울한 죽음'으로 인정받을 수 있었겠지만, 만일 대한민국 군인이나 우익에 의해 죽었다면 소위 '빨갱이'여서 죽을 사람이 죽은 것으로 간주될 수 있다는 것이 과거

---

[19] 참고: http://news.naver.com/main/read.nhn?mode=LSD&mid=sec&sid1=104&oid=001& aid=0000048012(검색일: 2018년 1월 15일).

[20] 그러나 클린턴 전 대통령의 뜻과 달리 미국 정부는 공식적으로 노근리 민간희생에 대해 미국의 책임을 인정하지 않았고, 미국 정부가 책정한 추모비 건립비와 장학기금 등 400만 달러에 대해 노근리대책위원회에서는 제대로 된 배상도 아닌 면피용 예산을 받지 않기로 하여, 결국 그 돈은 2006년 미국 국고로 회수되었다. 「노근리에 1달러도 안와… 미국은 부끄러워해야」, 『한겨레신문』 2018. 07. 28(참고: http://www.hani.co.kr/arti/politics/diplomacy/855262.html)

출처: 노근리 평화공원 블로그(https://blog.naver.com/nogunri1940/220303719797).

국가의 공식입장이었다. 설령 피학살자가 빨갱이는 아니더라도 억울한 죽음을 이야기하는 것만으로도 반국가적이거나 반체제적 행위로 몰릴 수 있었다. 그 대표적인 사례가 1960년 4·19혁명 직후 한국전쟁 당시 가족의 억울한 죽음의 장례, 진실 규명과 신원 회복을 주장했던 피학살자 유족회 대표 및 회원인 경남·경북유족회 사건이었다. 그들 중 수십 명은 1961년 5·16쿠데타 이후 '반국가행위' 사건으로 잡아들여가 최고 사형(유족회 장·한의사 이원식)을 비롯한 무기징역(1명) 징역 15~5년형(16명)을 당했다.[21] 참으로 엄혹하고도 어처구니없는 세월이었다. 그 사건 이후 피학살자 유족들은 일상성에 바짝 엎드려 있으면서도 낮은 목소리로 잊을 수 없

---

21) 「경남북관계 반국가행위 일괄 선고」, 『경향신문』 1961. 12. 07.

는 억울한 죽음의 기억을 되뇌었다. 노근리 유족들처럼.

국가의 공식 주장이 아무리 정설로 간주되어도 민중들의 경험에서 나온 기억을 계속 다 묻을 수는 없었다. 제사 날이면 그 가족들은 자신의 가족이 무슨 일로 누구에 의해 어디에서 죽었는가를 회고하는 과정에서 억울한 제사임을 낮은 목소리로 공유해 나갔다. 한 마을의 제사였으니, 제사 밥을 기다리던 동네 아이들에 의해서도, 제수를 준비하는 마을 여성들에 의해서도, 제수를 판매했던 인근 장터 상인들에 의해서도 공식 기록과 불일치되는 사실들이 공유되며 하나의 집단기억으로 자리 잡혔을 것이다. 마치 제주4·3의 기억이 마을의 집단기억으로 자리잡혀가며 무당의 원혼 노래 가락으로 흘러나와 구술사가들에 의해 구술기억이 기록화되어 억눌렸던 기억이 역사와 운동과 만나 사회적 사실로 복권되어 갔듯이.[22]

일본군'위안부' 기록 역시 마찬가지이다. 2019년 7월, 한일관계가 악화일로로 치닫게 되는 문제 중 하나가 바로 2015년 12월 28일 박근혜 정부와 아베 정부가 불가역적인 문제 해결 합의(12·28합의)를 했다고 공치사했던 일본군'위안부' 문제이다. 2016년 3·1절 맞이하여 TV조선은 개국5주년특별기획으로 "일본군 위안부"를 방영하면서 기획의도에서 '광복 70년을 맞아 전격적으로 이뤄진 한일 위안부 합의'[23]라고 밝혔다. 당분간은 일본군'위안부' 문제는 한국 내부에서, 또한 한일 간에 지난한 논쟁과 공방으로 이어질 것이지만, 분명한 점은 일본군'위안부' 문제가 한일 정부 간에 공식적인 문제로 자리매김 되었다는 사실이다. 그러나 1965년 한일수교를 위한 협상을 하는 과정에서 일본군'위안부'에 대해서 일언반구 언급이 없었고,

---

22) 김귀옥, 『구술사연구: 방법과 실천』, 한울, 2014, 43쪽.

23) http://broadcast.tvchosun.com/broadcast/program/3/C201500063/edit/6580.cstv (검색일: 2018년 1월 15일).

당시 박정희 정부는 그럴 생각도 없었을 것이다.

어쨌든 12 · 28합의는 최소한 25년간의 집단기억화된 일본군'위안부'의 기억을 뒤집을 수는 없었다. 오히려 국민적 공분만 샀고, 그러한 공분이 촛불시위와 박근혜 전 대통령 탄핵운동에 기름을 끼얹은 격이었다. 2017년 3월 10일 박근혜 전 대통령의 탄핵 이후 5월 10일 대통령에 선출된 문재인 정부는 집단기억을 쫓아 12 · 28합의에 문제가 있다고 발표하고 화해치유재단 해산을 공식화했지만, 여전히 문재인 정부는 해결책을 내지 못하고 있는 상황이다.[24]

그 사이 미군'위안부'도 등장했다. 오랫동안 '기지촌여성', '양공주', '양갈보' 등으로 비하하여 불렸던 이들이 스스로를 미군'위안부'로 호칭하였고, 정자 언니가 그 예로서 김정자는 새움터 전 대표인 김현선과의 기억 여행을 통하여 『미군위안부: 기지촌의 숨겨진 진실』(2013)을 집필했다. 나 또한 이 책의 해제문에서 군'위안부' 역사의 좌표를 세우고자 했다. 1991년 김학순 일본군'위안부'의 기억은 일제강점기를 포함한 한국 현대사를 새롭게 쓰도록 했다. 그런 과정에서 미군'위안부'의 기억은 집합기억으로 만들어 지고 있다.

잃어버린 기억을 찾아서

그러나 한국군'위안부'의 기억은 아직도 얘기되지 않고 있다. 어쩌면 그 기억을 발화한 사람들은 일부 남성 퇴역 군인들과 나의 기억으로 끝날 지

---

[24] 「2015한일합의, 사라지지 않았다」, 『통일뉴스』, 2018. 12. 28(참고: http://www.tongil news.com/news/articleView.html?idxno=127335).

도 모르겠다. 나조차 그 기억을 만나게 되리라고는 전혀 기대하지도 못했다. 한국전쟁이 끝나고 40년이 지나도록 한국군'위안부'라는 얘기는 들어본 적도 없고, 상상되지도 못했다. 내가 그 사실을 처음으로 공개한 2002년 이전까지 대한민국 사람 어느 누구도 내가 '한국군'위안부'라고 하면 '일본군'위안부'?'라며 반문을 했다. 완전히 잊혀졌다. 2002년 2월 23일, 제5회 「동아시아 평화와 인권」 국제심포지엄에서 내가 처음으로 "한국전쟁과 여성: 군'위안부'와 군'위안소'를 중심으로" 발표했을 때 많은 사람들의 얼굴에는 충격을 받은 표정이 역력했다. 발표를 마치고 무대 위에서 내려오자, 70대 초반의 어느 할아버지가 내게 찾아와 나도 군'위안부'를 만났다고 고백했다. 그해 여름인가, 그 이듬해인가 만났던 리영희 선생님이 뉴스에서 '한국군'위안부" 발표를 뉴스를 통해 봤는데, 사실 나도 한국군'위안부'를 경험했다고 고백했다. 물론 리영희 선생님은 화갑 기념 회고록『역정(歷程)』(1988)에서 그러한 사실을 기록했다. 그러나 나조차도 20대 그 책을 읽을 때는 전혀 주목하지 못했다. 역시 관심은 현상학적 인식을 만드는 도구이며, 길라잡이다.

수백 명이 되었던 한국군'위안부' 중에서 왜 단 한 명도 자신의 경험을 얘기 못한 것일까? 그들에게는 한국군'위안부'로서의 경험이 다름 아닌 일상이어서 회고할 가치가 없는 것이었을까? 아니 그럴 리가 없다. 적지 않은 남성 베테랑들에게는 수치심이나 책임감을 전혀 갖지 않지만 이상한 경험으로서 회고되고 있는데, 회고할 가치가 없는 기억일 수 없다. 김학순 할머니와 자신은 어떤 차이가 있기에 그 기억을 꺼내놓지 못한 것일까 정말 궁금하다. 일본군'위안부'로서 경험을 가진 사람들 중에도 "내가 일본군'위안부'였다"고 등록한 사람은 239명 정도밖에 되지 않는다. 그러나 김학순 할머니의 커밍아웃과 고발이 없었다면 그것마저 어려웠을 것이다. 수백 명으로 추정되는 한국군'위안부' 중 단 한 명도 커밍아웃을 하지 않은 것은

4년이라는 공식적 한국군'위안부'라는 기간 때문만은 아니라고 본다. 어쩌면 한국군'위안부'의 기억이야말로 국가에 의한 공식적 배제와 억압, 공포 속에서 여전히 억압된 채 진실의 문이 열리지 않고 있는 것이다. 개인으로서의 한국군'위안부'는 10대 말 20대 나이에 어떤 이유에서인지 모르지만 한국군'위안부'로 끌려가서 말하기도 어려운 엄청난 폭력과 공포, 수치와 좌절의 경험을 했을 것이다. 그 엄청난 기억은 정전이 된 지 70년이 가까워오지만, 마치 처음부터 한국군'위안부'가 없었던 듯이 국가폭력의 피해자, 한국군'위안부'들은 아무 말이 없다.

근대 실증주의 역사학에서는 '사실(기록)이 말하게 하라'고 했다. 사실성의 절대적 가치를 웅변하는 것은 기록이다. 모든 기록이 공식 기록으로 되는 것은 아니었다. 근대 국가의 기록, 중앙 권력의 기록이었다. 근대 국가의 기록은 지배집단의 기록이자, 승리자의 기록, 엘리트의 기록, 자본의 기록에 기반을 두고 있었다. 또한 그것은 남성, 제국주의자, 식민주의 지배집단, 자본가, 점령군, 냉전 주도세력 등의 기록으로서의 성격을 띠었다. 근대 일괴암적(monolithic) 지식은 이러한 사실에 기반을 둔 기록이자 역사이자 문학이었다. 국민국가의 약화, 근대성의 해체 과정에서 근대 일괴암적 지식도 동요되었다. 지난 박근혜 정부에서 재건축하려 했던 역사국정교과서의 시도는 이미 동요된 일괴암적 지식, 일괴암적 기억의 전 국민적 반대 속에서 무력화되었다. 하나의 현상을 바라보는 수많은 관점과 입장은 수많은 다툼의 소지가 있는 이해와 해석을 낳았고, 역사적 사실은 수많은 조각으로 이뤄져 있음을 웅변하고 있다. 이제 한국군'위안부' 문제가 일괴암적 기억이 해체된 상황에서 나온 가부장적 남성 기억의 역설적 산물이었건, 한국 육군의 과잉 기록(?)의 산물이었건 국가 스스로 한국군'위안부' 실체의 조각을 밝혔기 때문에 나는 그 조각들을 맞추고 해석하고, 질문하며 답을 찾아나갈 것이다.

제2장

사회적 기억과 군'위안부'

흔히 일반인들은 군'위안부'라 하면 일본군'위안부'를 떠올린다. 그런데 한반도에는 일본군'위안부'나 최근에 얘기되고 있는 미군'위안부'뿐만 아니라, 한국군'위안부'도 있다고 하면 대개의 사람들은 깜짝 놀란다. 미군'위안부'라 하면 과거 흔히 얘기되어온 '양공주' 등의 말과 다른 사람이라고 생각하는 사람들이 많을 만큼 낯설어 한다. 심지어 한국군'위안부'라는 말에는 낯섦을 넘어 심기 불편해 하는 사람들이 적지 않다. 돌아보면, 일본군'위안부', 또는 정신대, 처녀공출 등이 해방 후에도 수십 년 동안 낮은 목소리로 얘기되어 왔으나, 일본군'위안부' 문제가 사실로서 인정하는 데에는 일본인뿐만 아니라 한국인들조차도 많은 시간이 걸렸다. 일본군'위안부'를 사실로서 인정하는 결정적인 사건은 1991년 8월 14일 김학순의 고발을 빼놓고 이야기할 수 없다.

김학순의 "내가 일본군'위안부'다"

■국내 거주 '위안부' 첫 고발자 김학순 님

출처: 이희자 태평양전쟁피해자보상추진협의회 공동대표 소장본.

김학순의 고발은 한국과 일본의 소수 여성계에 충격을 주었다. 1991년 1월, 일본 도쿄에 개최된 최초의 남·북·일 여성들의 〈아세아의 평화와 여성의 역할 토론회〉는 세계적 탈냉전에 힘입어 남북여성들이 국제무대에서 만나는 것만으로도 의미가 있었다. 그러나 1991년 11월의 서울과 1992년 4월의 평양에서 개최된 제2회와 제3회 〈아세아의 평화와 여성의 역할 토론회〉는 김학순의 고발에 힘입어 일본군'위안부' 문제를 둘러싼 토론회

정례화가 합의되었다. 그해 12월 9일 일본 도쿄에서 개최된 〈일본의 전후 보상에 관한 국제공청회〉에서는 남측의 김학순 할머니와 북측의 김영실 할머니가 만나 눈물의 포옹을 했다.[1] 남측의 〈한국정신대문제대책협의회〉 (현 일본군성노예제 문제 해결을 위한 정의기억연대, 정의연 약칭)와 북측의 〈종군위안부 및 태평양전쟁피해 보상대책위원회〉(현 조선일본군성노예 및 강제연행피해자문제대책위원회, 조대위 약칭) 두 축이 공조하며, 일본군'위안부' 문제를 통한 일제 청산을 할 수 있는 기회를 만들어 나갔다.

그러나 1990년대까지 사회적으로 일본군'위안부' 문제는 공론화되지 못했다. 한국 정부의 경우에는 8월 15일 즈음이 되면 징용자, '위안부' 또는 '정신대' 문제를 놓고 일본 정부를 비판하지만, 정작 정부 차원에서 문제 제기를 하기 시작한 것은 불행하게도 2015년 박근혜 정부였다. 아무튼 오랫동안 한국 사회에서 일본군'위안부' 문제가 역사적 사실로 받아들여지는 데에는 다소 시간이 걸렸다. 김학순이나 당시 한국정신대문제대책협의회 (정대협 약칭)을 중심으로 한 일부 여성운동가와 여성단체를 제외하고는 일반인들은 과거 문제로 치부하는 경향이 있었다.

불편한 진실은 대개 문학이 먼저 말해 왔다. 1991년 가을 MBC 드라마 『여명의 눈동자』(1991. 10. 07~1992. 02. 06)에서는 주인공 채시라가 '위안부'로 분하여, '위안소'에 갇힌 채 눈물 가득한 눈동자로 철망 밖 하늘을 복잡한 시선으로 쳐다보았다. 그 드라마의 원전인 소설가 김성종의 대하소설, 『여명의 눈동자』(태종출판사)는 1977년 출간되었다. 그 소설은 1990년대 대표적 드라마작가의 리더격인 송지나에 의해 극화되면서 군'위안부' 문제를 대중화시킬 수 있었다. 1993년의 드라마 『모래시계』가 송지나의 간판이 되어버렸지만, 오히려 1991년 1991년 『여명의 눈동자』는 서울과 지방에

1) 김영, 「북한의 '위안부' 문제와 일본의 식민주의」, 『식민주의, 전쟁, 군'위안부'』, 도서출판 선인, 2017, 114쪽.

서 각각 69%와 73%의 시청률,[2] 즉 전체 시청자의 3명 중 두 명이 봤을 정도로 인기몰이를 했다. 1995년에는 김학순 할머니가 직접 출연하여 일제의 만행을 고발한 일본군'위안부' 문제를 연극화한『노을에 와서 노을에 가다』가 국립극장 무대 위에 올랐다. 또 비슷한 시기에 극단 한강의『반쪽 날개로 날아온 새』(장소익 연출)도 '일본군'위안부' 역사를 증언하며, 존재 기반을 근본적으로 박탈당한 인간에 대한 상황과 심리묘사'를 다뤘다.[3]

김학순 할머니가 일본군'위안부'를 고발하고 나서도 미네르바의 올빼미, 지식인들은 여전히 잠들어 있었다. 1998년까지 일본군'위안부'의 실체를 밝히는 학계의 논문은 단 한 편도 없었다. 일본군'위안부' 문제 해결을 위한 사회운동과 관련된 논문이 1998년 8월에야 나왔다. 이민아의 석사학위논문 "사회운동조직 간의 연대 형성과 변화에 관한 연구: 일본군'위안부' 문제 해결을 위한 운동을 중심으로"(서울대 사회학 석사학위논문, 1998. 08) 일본군'위안부'에 대한 문제를 정면에서 다룬 논문은 황은진의 "일본군'위안부' 피해자의 의식 변화 과정에 관한 연구: 여성주의 담론의 영향을 중심으로"(한양대 여성학협동과정, 석사학위논문, 1999. 02)

그야말로 한국에서의 일본군'위안부' 연구는 1990년대 후반 민주정부 출범 맞물리며 짧은 시간에 일본군'위안부' 관련한 5편의 석사학위논문이 제출되었다. 본격적인 연구는 2000년대에 이뤄진다. 2000년에는 그 획을 그었던 중요한 사건이 일본 도쿄에서 일본왕을 전범으로 판결한 여성국제전범법정(2000년 12월)이 아니었을까 싶다. 최근까지 한국에서 제출된 학위논문의 50편 중 45편이 국제법정사건 이후 나왔다. 2004년에는 김정란의

2) 『연합뉴스』 1993. 02. 04(참고: https://news.naver.com/main/read.nhn?mode=LSD&mid=sec&sid1=103&oid=001&aid=0003681253).

3) 『한겨레신문』 1995. 11. 09.

박사학위논문, "일본군'위안부'운동의 전개와 문제인식에 대한 연구: 정대협의 활동을 중심으로"(이화여자대 여성학 박사학위논문), 2010년 강정숙의 "일본군'위안부'제의 식민성 연구: 조선인 '위안부'를 중심으로"(성균관대 한국사 박사학위논문), 2015년 최명숙의 "초국적 시민네트워크의 형성과 정치과정: 일본군위안부 문제해결을 위한 시민운동을 중심으로(1988~2015)"(고려대 중일비교문화전공 박사학위논문). 2016년 우소정의 "일본군'위안부' 피해자의 임상미술치료 작품의 특징분석: 내용적, 형식적, 색채 분석을 중심으로"(차의과학대 의학 박사학위논문)과 김선미의 "'마츠이 야요리(松井やより)'의 초국적 여성운동 연구"(이화여자대 여성학 박사학위논문)가 제출되었다. 또한 한국으로 유학온 사카모토 치즈코는 2017년 "일본군'위안부' 문제를 둘러싼 책임과 부인(denial)의 정치학"(연세대 사회학 박사학위논문) 등을 포함하여 여섯 편의 박사학위논문이 제출되었다.[4]

학계의 연구가 다소 느리게 진척이 되었다면 이에 반해 학교 교과서에는 2002년 중학교 2학년과 고교 1학년생들의 제7차 교육과정 국사교과서에는 일본군'위안부'에 대해 제대로 교육되기 시작했다.[5] 즉 새 중학교 국가교과서에는 '일본군'위안부'가 강제로 동원되었다는 사실을 명확히 했으며 도움 글을 통해 일본군'위안부'가 일본군의 성노예 생활을 강요당한 여성임을 분명히' 밝혀졌다.[6] 심지어 초등학교 6학년생 사회교과서에도 일본군'위안부' 문제가 서술되어, 2002년 이래로 초, 중등, 고등학교 교육을 받

---

[4] 국회도서관(참고: http://dl.nanet.go.kr/SearchList.do).

[5] 6차교육과정(1996~2002) 사회 및 역사 교과서에는 일본군'위안부'를 지칭하지 않고, 정신대 또는 군위안부 서술이 일제의 만행을 설명하는 사례로 언급되었을 뿐 정확히 서술되지 않았다. 이인영, 「한국 근현대사 쟁점에 대한 1차~7차 국사 교과서 서술 비교」, 이인영 의원실, 2004.

[6] 『연합뉴스』 2002. 02. 01(참고: https://news.naver.com/main/read.nhn?mode=LSD&mid=sec&sid1=102&oid=005&aid=0000093492).

은 학생들에게 일본군'위안부'는 역사적 사실로 수용되었을 것으로 짐작하게 한다. 비록 2015년 12월 28일 한일합의(밀약)에 의해 2016년 역사교과서 국정화 작업에 박차를 가했던 박근혜 정부에 의해 일본군'위안부'라는 표현이 잠시 빠져버리고 말았지만, 교육 현장의 대다수 역사 교사들에 의해 일본군'위안부'교육은 계속되었다. 심지어 초등학교 교사들은 "교과서에 쓰인 대로 역사를 가르치지 않겠다"고 집단선언을 하는 해프닝도 벌어졌다. 박근혜가 탄핵당하고 문재인 정부가 출범하게 되면서 2018년 3월 신학기부터 다시 일본군'위안부'교육을 제대로 할 수 있게 되었다.[7]

아무튼 박근혜 정부가 일본군'위안부' 문제를 해결하겠다며 2년여 일본 아베 정부와의 협상으로 내놓은 12월 28일 한일'합의'가 거짓과 비밀 타협의 결과물임이 백일하에 드러났을 때 여성계는 말할 것도 없고, 일반 시민, 학생들조차도 분노를 금할 수 없었다. 그러한 분노가 2016년 촛불항쟁으로 굽이쳐갔다. 2017년 3월 10일 박근혜 전 대통령의 탄핵과 두 달 후인 5월 10일, 촛불항쟁의 힘입어 취임한 문재인 대통령은 필히 일본군'위안부' 문제를 해결해야 할 과제를 안게 된 것이다.

일본군'위안부' 문제를 둘러싼 진실과 기억이 사실화, 역사화되는 과정이 70여 년 소요되었다. 1990년대까지 일본군'위안부'는 침묵 속에서도 무시와 비하의 대상이었다. 과거 변영주 감독이 제작한 『낮은 목소리: 아시아에서 여성으로 산다는 것』(다큐멘터리, 1995)에서도 할머니들이 얘기했듯이 일본군'위안부'들이 귀향했지만, '화냥년', '가문에 욕칠한 년' 등의 욕을 먹고 집안에 갇히거나 냉대와 조롱을 당해야 했고, 평범하게 살 최소한의 권리마저 잃어버려야 했다.

7) 「초등 사회교과서에 '일본군 위안부' 설명 되살아났다」, 『경향신문』 2018. 03. 05(참고: http://news.khan.co.kr/kh_news/khan_art_view.html?artid=201803051613001&code=940401#csidx0211fe89efb056ab44bc8b2db82fc5b).

1991년 김학순 할머니의 고발과 함께 지난 30년 가까운 시간 일본군'위안부' 당사자들의 커밍아웃 일본 정부와의 끈질긴 투쟁과 정대협을 비롯한 일부 시민들의 공감과 헌신은 인식의 거대한 변화를 가져왔다. 이제 일본군'위안부' 사실을 누구도 부정하거나 폄하시킬 수 없다. 일본군'위안부' 문제를 일본제국주의적 관점에서 보았던 박유하 교수의『제국의 위안부』가 법정 소송을 당한 것은 이견이 분분하겠지만, 식민주의적 사실 인식이 빈약한 박유하의 주장은 일본의 동포학자인 정영환의『누구를 위한 화해인가: 제국의 위안부의 반역사성』에 의해 정면으로 도전받을 수밖에 없었다.

나는 기지촌여성이 아니라, 미군'위안부'

일본군'위안부' 문제가 진실성, 역사성을 획득하는 과정에 최근 미군'위안부' 문제도 인정 투쟁을 벌여왔다. 현대사에서 미군'위안부'라는 이름을 버리고, (미군) 기지촌여성이란 이름을 택했다고 하는 미군'위안부'들이 이 이름을 다시 수용하며, 2014년 6월 25일, 국가와의 소송 싸움을 전개했다. 소송에 참여한 122명은 성명서에서 "한국에 '위안부'는 일본군'위안부'만 있는 것이 아니다. 정부는 '미군'위안부'제도를 만들고 철저히 관리했다", "모든 성매매를 불법으로 정해놓고 '특정지역' 설치라는 꼼수를 써 '위안부'가 미군 성매매를 하도록 했으며 '애국교육'이라는 이름으로 정신교육까지 시켰다"[8]고 고발했다. 이 소송에 참여한 미군'위안부' 김정자(가명)은 당당하게『미군 위안부 기지촌의 숨겨진 진실』[9]을 폭로한 바 있다. 그들은 어려

---

8)『경향신문』2014. 06. 25(참고: http://news.khan.co.kr/kh_news/khan_art_view.html?artid=201406251439221&code=940100#csidx4dda0df4c6f86408ad6ed87b7be95c1).

운 과정을 거치며 마침내 2018년 2월 8일, 미군'위안부' 116명이 정부를 상대로 낸 손해배상청구 항소심에서 원심과 달리 원고 전원에게 위자료를 지급하라는 판결을 받아내었다.

■한국 내 기지촌 미군위안부 국가손해배상청구소송 기자회견(2014. 06. 25)

출처: 〈새움터〉 제공.

이 싸움을 오랫동안 준비해 온 〈새움터〉[10]를 포함한 〈기지촌여성문제해

---

9) 김정자 · 김현선, 『미군 위안부 기지촌의 숨겨진 진실』, 한울, 2013.

10) 〈새움터〉는 1996년 10월 동두천 기지촌에 첫 센터를 개원했고, 2001년 6월 송탄 기지촌
에도 센터를 개원하여, 군산, 의정부, 파주, 광주 등의 기지촌(혹은 옛 기지촌) 지역을
방문해 기지촌여성들을 지원하는 활동을 해 왔다(김현선, "증언록 소개", 김정자 · 김현
선, 위의 책, 8쪽). 새움터를 만들었던 일부 주역들은 1990년 시작된 이화여자대학교
학생들을 중심으로 한 기지촌활동 지원자들이고, 그중 김현선 대표도 있다. 그들이 주
로 활동했던 근거지는 〈두레방〉이다. 1986년 설립된 〈두레방〉은 "소외되고 억압된 삶
을 살고 있는 기지촌여성들이 함께 모여 스스로의 가치를 되찾고 건강한 삶을 살도록
돕는 것을 목적"으로 하고 있고, '기지촌에서 발생하는 성매매 문제들, 군사주의로 인한
폐해들, 특히 기지촌 성산업에 유입된 여성들의 문제를 해결하고자 노력'해 왔다(참고:
http://durebang.org/).

결을위한위원회〉는『'미군위안부' 역사: 연표와 자료』를 간행하면서 지워 버리려 했던 '위안부'를 정면으로 맞섰다. 국가와 싸우려면 국가가 부여한 이름을 끄집어내야 한다고 작정한 듯하다. 미군'위안부'들의 눈물겨운 인생과 저항의 과정은 씩씩한 김연자의『아메리카 타운 왕언니 죽기 오분 전까지 악을 쓰다』[11]의 삶에서 이미 탈(脫)기지촌 이전의 과거를 엿볼 수 있다. 또한 김정자의『미군 위안부 기지촌의 숨겨진 진실』에는 그들의 살아 있는 기억과 고통, 인간임을 선언하는 결연한 의지가 여전히 저리저리한 전율을 주며 기지촌이 현재에도 살아 있음을, 그래서 숨겨진 진실을 풀어내지 않으면 안 되도록 만들어 준다. 그래서 미군'위안부'의 기억은 살아 있다.

일반인들에게는 미군'위안부'라는 말은 그리 익숙하지 않다. 아마도 '양공주', '양갈보', '기지촌여성'이라는 말을 하면 '아하~'하면서 단번에 알아들을 것이다. 오래전 신문을 보다 보니『경향신문』1963년 4월 9일자에 눈에 띄는 기사가 보였다.

> ○우리나라 신문에서도 새로운 말을 많이 만들어냈다. 멀리는「철마」로부터 가깝게는「거수기」에 이르기까지 그때그때의 세태를 반영시킨 신조 용어들이다. 다음 단어들은 우리 신문들이 만들어낸 용어이다.
> ▲ 철마(30여 년 전, 기차를 조선일보의 모 편집기자가 처음으로 신문에 쓰기 시작)
> (……)
> ▲ 위안부(8 · 15해방 후 부덕 또는 여성의 정조를 헌신짝처럼 버리고 외국 군인과 상대하면 여인들을 양갈보, 양공주라고 부르다가 상스럽다 하여 고쳐 쓴 것)[12]

11) 김연자,『아메리카 타운 왕언니 죽기 오분 전까지 악을 쓰다』, 삼인, 2004.
12)『경향신문』1963. 04. 09.

위 기사에 따르면 미군을 포함한 외국인을 상대하는 여성을 '위안부'로 부르게 된 것은 기자들의 창작이었다는 것이다. 이 기사에 따르면 1960년 대에도 그들을 '양공주', '양갈보' 등으로 부르는 게 일반화되어 있고, '위안부'호칭은 점잖게 부르는 호칭이라는 것이다. 이는 정말 기자들의 기억이다. 군'위안부'는 정부의 공식 호칭이고 전쟁 시기에 연합군체제에서는 유엔군'위안부', 유엔군'위안소' 등도 쓰였으나 16개국 참전 연합군의 90% 정도가 미군[13]이었고, 사실상 미군이 유엔군을 주도했으므로 미군'위안부'로 사용됐다. 그러나 최근까지 많은 사람들이 기억하는 용어는 '기지촌여성(여인)'이다. 『동아일보』 1978년 10월 12일자에 '기지촌여인' 사용된 이래로 1986년 설립된 〈두레방〉은 자신의 미션을 다음과 같이 이야기하고 있다.

> 두레방은 소외되고 억압된 삶을 살고 있는 기지촌여성들이 함께 모여 스스로의 가치를 되찾고 건강한 삶을 살도록 돕는 것을 목적으로 1986년 설립되었다.
> 두레방은 기지촌에서 발생하는 성매매 문제들, 군사주의로 인한 폐해들, 특히 기지촌 성산업에 유입된 여성들의 문제를 해결하고자 노력하고 있다.[14]

아무튼 1970년대까지 미군'위안부'는 미군을 대상으로 한 '매춘녀', 윤락녀라는 기억이 팽배해 있었다. 그러한 미군'위안부'의 기억은 한국 소설에 있어서 '기지촌소설'이라는 장르를 만들어냈다. 기지촌소설은 "해방 이후 미군부대 주변에 형성된 기지촌을 배경으로 한국 사회의 증상을 발견하고

---

13) 국가기록원, 「16개국 참전과 전쟁의 경과」, 『한국과 유엔』, 국가기록원(참고: http://www.archives.go.kr/).

14) 〈두레방 홈페이지〉(참고: http://durebang.org/).

그곳을 소설적으로 형성화한 소설"[15]로 정의될 수 있다. 한국전쟁 전후한 시기 미군 기지촌에 모여 살면서 새로운 정체성을 가진 여성들이 등장하게 되었다. 사회적으로나 문학적으로는 대체로 양공주, 기지촌여성이라 불렸다. 손윤권의 박사학위논문 "기지촌소설의 탈식민성 연구"(2010)에서는 "미군과의 개별적 매춘을 하고 있는 여성들을 칭할 경우에는 '양공주'라는 말을 쓰고, 집촌화된 기지촌의 문제를 다루고 있는 경우에는 기지촌여성"을 가설적으로 사용하고 있다.[16] 또한 기지촌소설에는 한국군 기지촌 관련 소설이나 베트남 파월군인 기지촌 관련 소재는 포함시키지 않고, 주로 미군 기지촌과 관련된 소설을 기지촌소설로 국한시키는 경향이다.[17] 기지촌소설로 분류될 수 있는 수많은 소설들이 있다. 대체로 많은 기지촌소설들은 미군과 한국여성, 양공주 또는 군'위안부'를 중심으로 한 문제를 다루는 소설들은 해방 이후부터 나왔다. 최정희의 단편 소설, 「풍류 잡히는 마을」(1947)로부터 채만식의 「낙조」(1948), 염상섭의 「양과자갑」 등 당대 대표적인 소설가들이 해방 이후 변화된 한국 사회의 문제 중 하나로 매춘과 '양공주'로 포착하며 매춘녀의 이미지로 미군'위안부'를 말하기 시작했다. 소설가 김광주의 대표작으로 꼽히는 「악야(惡夜)」(1950)가 한국전쟁 전의 미군'위안부'를 그린 작품이라면, 「석방인」(1953)이 1953년 6월 18일 국제관계를 어긴 채 이승만 정부에 의해 석방된 반공포로인 주인공 박철이 바라본 남한의 이해 곤란한 사회상에 나타난 미군'위안부' 문제도 잠시 짚어보고 있다. 한 장면을 인용해 보자.

---

[15] 유경희·류보선, 「기지촌소설」, 『한국민족문화대백과사전』(참고: http://encykorea.aks.ac.kr/Contents/SearchNavi?keyword=기지촌소설&ridx=0&tot=1).

[16] 손윤권, 「기지촌소설의 탈식민성 연구」, 강원대학교 국문학 박사학위논문, 2010, 2쪽.

[17] 위의 글, 27쪽.

"박선생! 잘 되었어요! 저 꼴을 좀 보세요! 그리고 떠드는 소리가 똑똑히 들리죠. 이 집이 무엇하는 집이고, 내 남편이란 작자가 뭘 하는 사람이고, 내가 어떻게 살아가는 여자인지 (……) 저기 바라다 보이는 이층, 즉 내 침실이 있고, 응접실이 있는 저 집 이층에는 방이 여덟 개나 있습니다…. '양갈보'들의 소굴이죠… 그리고 우리 남편되는 사람은 '양갈보' 조합의 조합장쯤되는 사람이구요… 호호호… 그 뭇 여자들의 피를 빤 돈으로 내가 호의호식을 하고 있다니…" (……) '양갈보'라고 지목을 받던 여인이 (……) 떠들어 제치는 소리가 또다시 요란하게 들린다. "흥! 좋아! 말을 삼가라니깐, (……) 남자면 젤야? (……) 이 세상의 모든 죄악은 남자 녀석들이 만들어 놓은 거지! 전쟁을 시작한 것두 남자, 억천만 개의 미망인을 만들어 놓은 것두 남자, (……) '양갈보'를 만들어 놓는 것두 남자 (……) 날더러 '양갈보'라구?"[18]

이 소설의 주인공 박철은 연극 연출가로서 해방 후, 본처를 버리고 애인과 함께 월북했다가 한국전쟁에서 포로가 되어 반공포로로 석방되어 첫날 묵은 집이 위의 글에서 '양갈보' 소굴이라고 명명되는 강장의 집이고, 이 집에서 일하던 '양갈보'는 박철의 여동생임을 알게 되었다는 줄거리다. 김광주의 소설이나 많은 전후 기지촌소설들에서 발견되는 미군'위안부'들의 모습은 전쟁의 피해자 이미지와 함께 사람의 피를 빨아먹는 빈대를 의미하는 갈보(蝎甫),[19] 미군을 대상으로 한다고 하여 '양갈보'라는 이미지로 고착되어 있다. 오랫동안 한국 사회에서 미군'위안부' 이미지는 전쟁으로 인한 피해자이지만, '추위와 굶주림을 벗어나기 위해 미제 담요 한 장에 정조'[20]

18) 김광주, 「석방인」, 『경향신문』 1953. 09. 30.

19) 진태하 교수는 중국이나 대만, 한국의 여러 고전 사료를 통해 '臭蟲曰蝎鋪'라는 말에서 빈대의 고려말이 갈보였다고 고증했다. 갈보는 매춘부를 뜻하는 말로 전이돼 사용되고 있다고 한다(『연합뉴스』 2003. 10. 16(참고: https://news.naver.com/main/read.nhn?mode=LSD&mid=sec&sid1=103&oid=001&aid=0000481739).

20) 강준만, 『매매춘, 한국을 벗기다』, 인물과사상사, 2012.

를 팔아버린 민족의 수치로 기억되어 왔다.

　지식인인 소설가들이나 기자들, 교수들의 눈에 비친 기억도 다르지 않았다. 1960년대 평화봉사단으로 한국 의정부를 방문했던 브루스 커밍스(Bruce Cumings)의 회고담을 보자.

> 미군기지 주변 일대는 지독히도 가난하다. 이 지역에는 기생적인 인구가 더럽고 낙후된, 불량한 주거환경에서 살고 있다. 그중에서도 사창가는 최악이다. 구역이 따로 없이 번화가 한편으로 속속이 배어 있다. 미국인만을 상대하는 클럽들이 밀집해 있다. 거기에는 로큰롤 음악이 쿵쿵 울리고, 요란하게 꾸민 간판이 걸려 있으며, 우스꽝스럽게 치장한 한국 소녀들이 문 앞에 서 있다. 미니스커트를 입은 이 소녀들보다 더 바보같이 보이는 것은 없다. 내가 무엇보다 당황했던 것은 2명의 아이가 매달려 있는 중년 여성이 거리 한복판에서 다가와 침대에서 놀지 않겠느냐고 물었던 일이다.[21]

　일반 가정에서 아이들, 특히 여자 아이들에는 선과 악의 세상이 있었다. 가부장적 세상에는 착한 여성과 나쁜 여성으로 나뉘어 있었고, 양부모가 있고, 남녀가 유별하고, 여성은 어려서는 아버지에, 커서는 남편에, 늙어서는 아들에 속해야 하는 여성이 착한 여성이고, 그들이 있어야 하는 곳이 일반적 가정이라면, 성적으로 문란하고 방종한 나쁜 여성이 매춘녀이자, 양공주 등이고, 그들이 있는 곳이 공·사창가, 홍등가이었다. 그래서 착한 여자 아이는 그런 나쁜 여성이 있는 곳에는 가지도 말고, 놀지도 말아야 하며, 어려서부터 많은 가정에서 부모에 의해 그런 가정 교육을 받았다. 오래된 신문 기사에서 다음과 같은 기사를 발견할 수 있다.

---

21) 홍성철, 『유곽의 역사』, 페이퍼로드, 2007, 186쪽.

수학여행 여고생, 윤락가 투숙

(1977년 6월) 2일 하오 서울에 수학여행 온 경북 김천 한일여고 2
학년 학생 3백여 명이 서울 중구 양동322, 세칭 양동사창가골목에 위
치한 여인숙에 집단투숙, 학생들을 만나러 온 친척들이 인솔교사들에
게 항의하는 등 말썽을 빚었는데,

학생들이 투숙하고 있는 Y여관과 D여관은 서울역 앞 남대문경찰서
뒤편의 큰 길에서 50m쯤 떨어진 골목에 위치, 이 지역은 청소년 출입금
지지역으로 밤 10시 이후 통행이 금지돼 있고, 학생들이 투숙한 밤 10
시경에도 좁은 골목길에 여자 펨프 7~8명이 서성거리기도 (……)[22]

예전에는 여자아이들에게 가장 치욕적인 말은 '매춘녀', '양갈보' 등이었
고, 한 아이를 왕따시킬 때 '양갈보'같은 말을 던졌다.

해방 이후부터 가장 큰 미군기지로 유명했던 부평의 애스컴시티 근처 민간
인 마을에 살았던 허성례(1949년생 인천 출신, 현 철원 거주)는 자신의 아버
지나 삼촌 모두 애스컴(ASCOM CITY) 캠프의 군무자였다고 한다. 1950년대
말 1960년대 초, 그가 다녔던 초등학교 미군부대 근처에 있어서 학교를 가기
위해서는 지름길인 기지촌을 가로질러 가려고 하는 것을 부모님들은 부득불
막았다고 했다. 그는 그 동네를 회고하면 '몸 파는 여성', '거리의 여성', 파마
를 한 '양색시', '양공주'를 떠올렸다. 그들은 대부분 하꼬방에 살았다.

2004년경, 허성례의 안내로 1950~60년대 그곳 기지촌에서 '위안부'로 일
했다는 할머니를 만났다. 허성례는 그 할머니가 한국전쟁 때부터 '위안부'
로 일했다고 다른 사람들로 들었다고 했다. 나도 그분께 인사하고 싶다고
하여 같이 찾아 갔을 때 그녀는 구부정한 허리로 야채장사를 하면서 스스
로의 생계를 부양하고 있었다. 허성례의 기억에 따르면 그 할머니는,

[22] 『경향신문』 1977. 06. 03.

지금 생각해보면 그 분 같은 경우에는 그때 그 양공주들의 조장이 었다고 그랬나? 이게 딴 사람에 의해서 들은 건데… 나는 직접 모 저 거 몰르는 사람이었지만… 인제 내가 그 집으로 가서 장사를 해놔서 인제 안 분인데… 미군들의 그 횡포는 양색시들한테 모 말도 못하게 많았다고 그러더라구요… 그래서 미군도 아주 못된 그 미군한테 걸려 가지고… 자궁에다가 모 담뱃재를 모 지졌대나… 그래서 애를 못 낳 는다구…23)

아마 허성례도 그 할머니의 인생담을 제대로 알고 싶어 나를 데려갔을 테지만, 나의 용기 없음으로 인해 인사만 하고 돌아섰다. 허성례가 소문으로 듣기엔 그 할머니는 일제 말기 정신대로 갔다 왔다고 했다. 역사의 진실을 앞세운 호기심이 돌았지만, 그분의 고통에 찬 얼굴을 보는 순간 어떤 사람에게 신뢰도 없는 상태에서 고통에 찬 인생담을 듣고 싶다고 말하는 게 너무 염치가 없어서 다시 찾아갈 용기를 내지 못했다.

그들이 살았던 부평 지역은 오랫동안 애스컴시티(ASCOM CITY)로 불렸고 그곳은 계속되는 식민주의가 작동하고 있었다. 1939년 일제가 중국 대륙 진출을 위한 병참기지로 조선 최대 규모의 일본육군조병창을 설치했던 곳이고, 해방 후 인천을 통해 한국에 들어온 미군이 처음으로 주둔한 곳이다. 일제가 남긴 조병창은 미군의 보급품 저장과 지원을 하는 곳으로 공여24)되었다. 그와 동시에 그곳에는 최초의 미군 기지촌이 만들어 지면서, 계속되는 식민주의가 작동하는 세상으로 오랫동안 남았다. 1960년대 애스컴시티의 크고 작은 군부대 20여 곳에서 일하는 한국인이 8천여 명이었고, 미군'위안부'도 1,700여 명에 달했다고 한다. 애스컴은 식민의 공간이었지

---

23) 허성례 · 김귀옥, "허성례 구술", 성공회대학교 노동사연구소, 2003. 5. 10.

24) 1945년의 상황에서는 미군의 편의를 위해서 줬다는 뜻의 '공여(供與)'라는 말보다 미군의 점령이 올바른 단어일 것이다.

만, 로크음악과 같은 미국 대중문화의 산실이 되기도 했고, 미군 PX에서 흘러나온 각종 물자나 전자제품, 달러는 한국 경제와 일상 세계에 깊숙이 침투하여 "미제는 ×도 좋다"는 말을 만들어내는 데 일조했다. 1973년 6월 30일 미군의 애스컴이 해체되고 보급창이 한국 국방부로 기능이 이전되면서 보급지원 역할을 맡는 캠프마켓이 들어왔다.[25] 그러나 그 땅은 아직까지도 부평민에게 돌아오지 못하고 있다.

▌'신촌 다시보기': 애스컴시티 지도

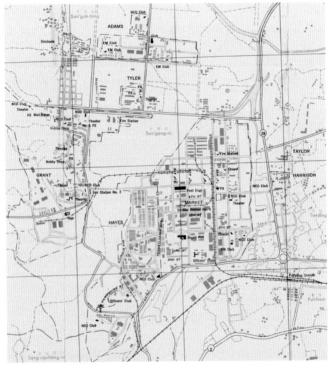

출처: 부평역사박물관.

25) 한만송, 『캠프마켓』, 봉구네책방, 2014[2013], 100~105쪽.

▌부평 애스컴시티 이정표와 애스컴 한국인들

출처: 부평역사박물관.

　　인천시 부평구 산곡동 292의 1 일원 부평 미군기지(47만9천622㎡)
는 질곡(桎梏)의 역사가 고스란히 배어 있는 곳이다. 일제강점기에 육
군 조병창으로, 해방 이후에는 미군기지(애스컴시티)로 쓰였다. 부평
미군기지는 한미 연합토지관리계획(2002년)에 따라 2008년까지 평택
으로 이전했다.
　　하지만 10년이 지난 지금도 부평 미군기지의 문은 굳게 닫혀 있다.
국방부는 기지 내 토양 정화에 걸리는 기간이 빠르면 1년 9개월, 길면
3년 7개월이 걸릴 것으로 내다봤다. 6·13 지방선거에 나선 부평구청
장 후보들은 주민들의 품으로 돌아올 부평 미군기지 터의 활용 방안
에 대해 각자의 대답을 내놨다.[26]

　　용산 이태원, 동두천, 의정부 못지않게 부평에서도 미군'위안부'와 관련
된 수많은 사건 사고가 발생하였다. 그러한 사건, 사고, 기억을 늦었지만

[26] 『기호일보』 2018. 05. 17.

부평역사박물관에서 〈지역주민 구술사 자료〉를 수집하기 시작했다.[27] 이 구술사 자료에 과연 미군'위안부'가 등장할는지 알 수 없다.

기억이 존재를 만든다. 김정자(가명)와 김현선의 『미군 위안부 기지촌의 숨겨진 진실』은 미군'위안부'를 둘러싸고 왜곡되거나 은폐된 안개 속 진실을 생생한 '증언 여행'[28]을 통해 안개를 거둬내고 있다.

돌아보면 김현선은 대학생 시절부터 시작된 기지촌 자원봉사활동을 통하여 자신의 인생을 바꿨다. 도와주겠다는 선한 마음으로 시작했으나 미군'위안부' 인생과 일치될 수밖에 없는 지식인 김현선은 미군'위안부'의 존재를 알리고 싶었다. 동지가 된 미군'위안부' 김정자와 함께 매춘여성으로만 인식되는 그들의 존재의 진정한 의미를 증언해 나갔다. 더군다나 그들은 기지촌여성들의 입장에서, 기지촌여성 자신이 자신의 역사를 기록하며, 갈등과 차별에 맞서는 기지촌여성들의 투쟁을 세상과 공유하고 싶었다. 그를 통해 세상의 잘못된 인식을 바꾸고자 했다.[29] 그것이 증언 여행의 처음이다. '미군'위안부' 국가배상청구' 집단 소송도 진실을 드러내고 잘못된 인식을 바꿈으로써 미군'위안부'의 세상을 바꾸려는 과정의 일환일 것이다. 기억은 고통을 주지만 역사를 바꾸는 힘을 갖는다.

27) 부평역사박물관 〈지역주민 구술사 자료〉(참고: http://www.bphm.or.kr/data/oral_history. asp).
28) 김정자 · 김현선, 앞의 책, 15쪽.
29) 위의 책, 12~13쪽.

제3장

한국 언론 속의 군'위안부'

한국군'위안부'를 포함한 군'위안부'는 일반 사람들에게 어떻게 반영되었을까? 민주주의와 인권이 존중되는 현재적 관점에서 보면 한국군'위안부'는 낯설고 믿기 어렵고, 충격적인 일인지도 모르겠다. 그러나 식민주의와 전쟁과 폭력이 편만했던 당대적 관점에서는 그렇지 않을 가능성이 크다. 일제의 패망으로 일제강점기가 끝났다고 하여 일제강점기에 살아남은 사람과 그 제도와 문화, 기술, 의식 등이 사라진 게 아니다. 또한 식민 청산은 정치적으로뿐만 아니라 문화적으로도 제대로 되지 않았고, 지금껏 충분히 이루어지지 않았다. 그래서 군'위안부' 문제는 태평양전쟁이 끝났을 때 끝난 것이 아니라, 지금까지도 계속되는 문제이다.

현재 일본군'위안부' 문제는 역사적 정당성을 갖고 얘기되므로 부끄러운 문제가 아니라, 반전평화, 인권, 반성폭력 등을 얘기하는 척도가 되었다. 2000년 유엔 안전보장이사회에서는 「여성, 평화, 안보에 관한 안보 결의안 1325호」가 만장일치로 채택되어 국가마다, 결의안 1325를 이행하기 위한 국가 행동계획을 수립하고 실천하는 것이 의무화되어 있다.[1] 바로 안보리

결의안 1325를 이끌어낸 가장 중요한 사건 중 하나가 일본군의 '위안부', 성노예 문제였다.

1990년대 이전까지 일본군'위안부'를 비롯한 미군'위안부'는 말할 것도 없고 한국군'위안부'는 일본 정부를 비롯한 한국 정부도 무관심의 대상이었다. 일본군'위안부'는 일제 군국주의와 전쟁의 희생물로 인식된 것 같은데, 한국군'위안부'나 미군'위안부'는 어떻게 인식되었을까? 정부가 무관심하다고 하여 정말 일반 사람들에게도 군'위안부' 문제는 낯설고 잊힌 것이었을까? 1991년 김학순 할머니의 일본의 군'위안부' 고발 사건이 사람들에게 폭발력이 있었던 것은 까마득하게 잊힌 문제였기 때문이 아니라, 사실은 비밀스럽거나 낮은 목소리로 이야기되었던 '위안부' 문제를 김학순 할머니가 공개적으로 고발로 했기 때문이라고 보는 것이 정확할 것이다. 그러나 일본군'위안부' 문제를 통해 국가폭력과 전시 폭력, 성노예 문제로 인식을 전환시키는 데에는 많은 '위안부' 출신들이 불명예를 감수하고 커밍아웃한 용기와 헌신적 노력이 필요로 되었다. 2000년대 들어 미군'위안부'들도 역시 그러한 노력이 있었기에 국가 책임을 물을 수 있었다. 아직 미국과 미군은 사과는커녕 실체적 진실도 규명하고 있지 않다. 그에 비해 한국군'위안부' 문제에서는 피해자들의 커밍아웃도 없는 상황이다.

이제 한국전쟁 전후나 1950, 60년대 군'위안부'를 둘러싼 일반인들의 인식을 살펴보고자 한다. 그 인식을 살펴보는 거울은 언론이다. 언론은 이중적 성격이 있다. 한편으로는 대중매체로써 세상과 사람들의 인식 및 태도를 반영하면서도 다른 한편 사람들을 의식을 만들고, 때로는 고정관념화시

---

1) 김정수·조영주, 『여성·평화·안보 역량강화를 위한 교육 매뉴얼 개발』, 여성가족부, 2018, 3~4쪽; 정부에서는 안보리결의1325를 이행하기 위하여 국민안전처, 교육부, 외교부, 통일부, 법무부, 국방부, 여성가족부, KOICA 등 8개 부처가 참여하는 국가행동합동 회의를 만들었고, 8개 부처 각각이 각 부처별로 이행내용을 발표하였다. 관계부처합동, 『안보리결의1325 제2기 국가행동계획 이행성과 및 향후계획안』, 관계부처합동, 2019. 4~8쪽.

키거나 왜곡시키기도 한다. 이 글에서는 접근이 용이한 〈네이버 뉴스 라이 브러리〉(newslibrary.naver.com)를 통해 1950, 60년대 경향신문과 동아일 보 '위안부' 단어를 검색한 결과를 바탕으로 당대 '위안부'에 대한 인식과 문제를 살펴보도록 하자.

언론에 비친 군'위안부' 통계

〈표 3-1〉 동아일보, 경향신문의 '위안부' 검색어 기사 빈도(1938~1969년 말)

단위: 건 / %

분류			동아일보	경향신문	소계	총합
총합			224/100.0	172/100.0		396/100.0
시기별	1938~1949년 말까지		4/1.8	1/0.6		5/1.3
	1950년 1월 1일부터 1959년 12월 31일		59/26.3	42/24.4		103/26.0
	1960년 1월 1일부터 1969년 12월 31일		161/71.9	129/75.0		288/72.7
위안부별	일본군'위안부'		6/2.7	5/2.9		11/2.8
	한국군'위안부'		4/1.8	1/0.6		5/1.3
	북한'위안부'		2/0.9			2/0.5
	미군'위안부'		212/94.6	166/96.5		378/95.4 //100.0*
미군위안부 관련 주제별	객관상황	위안부/위안소 실태	9/4.0	19/11.4	28/7.1	90/22.7 //23.8*
		미군 경제/암시장/마약 밀매	9/4.0	7/4.1	16/4.0	
		정부의 대책 및 통제 실시	22/9.8	20/11.6	42/10.6	
		미군 기지촌 지역의 정치화	2/0.9	2/1.2	4/1.0	
	한미행정협정과 그 재판		31/13.8	15/8.7		46/11.6 //12.2*
	범죄사건	한국인 범죄(살해, 폭력, 강도, 협박, 사기, 인신매매)	12/5.4	11/6.4	23/5.8	186/47.0 //49.2*
		한국인-외국군 간, 한국인 간 범행	15/6.7	5/2.9	20/5.1	
		미군'위안부들'의 한국인의 반대행동	1/0.45		1/0.25	

미군위안부 관련 주제별	범죄사건	'위안부' 또는 그 가족 피해, 자살시도	9/0.4	3/1.7	12/3.0	186/47.0 //49.2*
		'위안부'에 대한 미군 범죄(강탈, 살해, 폭력, 방화 등)	59/26.3	45/26.2	104/26.3	
		미군/미국인 사망, 중상해	3/1.3	2/1.2	5/1.3	
		기타 '위안부' 갈등, 사건	8/3.6	13/7.6	21/5.3	
	기타	화재, 연탄가스, 마약 중독 및 사망, 기타	9/4.0	9/5.2	18/4.5	56/14.1 //14.8*
		미군'위안부' 저항행동(진정서, 집단행동, 데모, 미담 등)	11/4.9	10/5.8	21/5.3	
		미군'위안부' 관련 비판 사설, '위안부' 혐오	12/5.4	5/2.9	17/4.3	

※ * // 이하 수는 378건에 대한 비율임.

동아일보 등의 언론에서 처음 '위안부'라는 단어가 검색되던 1938년부터 1969년 말 사이 경향신문과 동아일보에서 대략 396건의 '위안부' 단어가 검색된다.[2] '위안부' 검색어 빈도를 1938~1949년 말까지 5건, 1950년 1월 1일부터 1959년 12월 31일까지 103건(26.0%), 1960년 1월 1일부터 1969년 12월 31일까지 288건(72.7%)의 기사가 검색되어, 50년대에 비해 60년대에는 '위안부' 관련 기사가 2.8배 가까이 증가했다. 1950년대에는 두 신문을 합쳐서 '위안부' 기사가 35.4일에 한 번꼴로 나오지만, 1960년대에는 12.6일에 한 번꼴로 '위안부' 기사가 나오니, 사회적으로도 '위안부' 문제는 낯선 문제일 수 없음을 짐작할 수 있다.

또한 일본군'위안부' 11건, 한국군'위안부' 5건, 북한'위안부' 2건으로 미미한 데 반해, 미군'위안부'는 378건으로 '위안부' 전체 기사의 95.4%에 달한다. 시기별과 '위안부'별 기사를 교차해서 보면 전반적으로 전 시기에 걸쳐 미군'위안부' 관련 기사가 압도적으로 많다.

다음으로 위와 같은 시기 동아일보와 경향신문의 '위안부' 검색 건수는

[2] 이번 검색에서는 '위안부' 용어만 검색했을 뿐 정신대, 위안소, 처녀공출, 양공주, 매춘부, 성매매 등과 같은 연관 단어는 검색하지 않았다.

동아일보 224건(56.6%)과 경향신문 172건(43.4%)으로 동아일보가 '위안부' 관련 기사를 좀 더 많이 다뤘다. 시기별과 언론사별로 나눠서 보면, 1950년 대까지는 동아일보의 검색 빈도율 28.1%이 경향신문의 그것(25.0%)에 비해 더 높지만, 1960년대 신문별 빈도율에서는 동아일보 71.9%, 경향신문 75.0%로 경향신문의 빈도율이 더 높다.

미군'위안부' 관련 기사 378건 중 동아일보 212건(94.6%), 경향신문 166건(96.5%)로 비율 면에서는 경향신문이 높으나 건수 자체는 동아일보가 경향신문에 비해 1.3배 가까이 많다.

미군'위안부' 관련한 주제를 중분류하면 다음과 같다.

- 미군'위안부' 관련 범죄 사건　　　 186건(47.0%//49.2%)
- 미군'위안부' 관련 객관적 상황　　 90건(22.7%//23.8%)
- 기타 미군'위안부' 관련된 기사(사고, 미담, 혐오 등)
　　　　　　　　　　　　　　　 56건(14.1%//14.8%)
- 한미행정협정을 둘러싼 기사　　　 46건(11.6%//12.2%)

미군'위안부' 관련하여 가장 많은 기사는 186건(47.0%//49.2%)으로 과반수에 가까운 미군'위안부' 관련 범죄사건인데, 위의 표에서 보듯 그중에서도 '위안부'에 대한 미군의 각종 범죄가 104건(26.3%//27.5%)이고, 미군'위안부' 관련 범죄 186건 중에서 차지하는 비율은 55.9%에 달하고 있다.

이제 구체적인 기사의 사례를 '위안부'별로 살펴보도록 한다.

군'위안부'별 기사 1: 일본군'위안부'

일본군'위안부'를 가리키는 기사는 일제강점기 신문에는 단 두 건밖에 없다. 일본군'위안부' 관련 기사 중 9건은 해방 후에 간헐적으로 게재되었다. 몇 편을 보도록 한다. 표기는 원문을 그대로 살렸다.

기사1. 일제 상해의 일본군'위안소'

강남기행3) 제삼신 홍구(虹口)4) 일대소묘, 상해에서 강노향

홍구일대는 이번 사변에 지나군의 포격을 가장 만히받은 지대다. 밤의 호화판, 상해의 환락가 북사천로일대는 당분간 재기불능의 현상을 정하고 잇으며 아직 이 지대는 총검을 가진 경비병의 자태를 볼 수가 잇다. 군의 허가를 얻어 전화(戰禍)를 입은 점포들을 곳처서 영업을 시작한 집도 몇집 잇으나 그것의 타반은 음식점들이엇다. (……)

이번 사변 바람에 조선인 중에는 수천원내지 수만 원을 잡은 사람이 제법 잇엇다. 대개 육해군위안소영업이 아니면 연초장사를 한 것이엇다. 그래(서) 남의 사용하던 것이나마 중고품의 자가용자동차를 가진 사람이 만타. 그러나 지금은 그런 영업도 한물 지낸 모양이다. (……)5) (강조는 글쓴이)

르뽀식으로 위의 기사를 쓴 사람은 강노(로)향(姜鷺鄉, 1915~미상, 경남 하동 출생)이다. 그는 오랫동안 주목받지 못하다가 최근년에 연구가 진행되고 있다. 그는 일제강점기『개벽』사 상해 특파원으로서 상해에 체류했던 한인 작가 중 한 사람이다. 그는 중국 상해 대동대학 문학부에 다녔고, 언

---

3) 『강남기행』은 강노(로)향의 수필의 연작물이고, 그는『개벽』사의 상해 특파원이나 상해중화영화회사 등에서 있던 동안『강남기행』외에도 수필「江南夢」,「南國레포: 상해에서」나 소설「虹口의 동쪽」등을 집필했다. 강옥,「강노향의 생애와 노신과의 관련 고찰」,『大東文化研究』제102집, 2018, 472~473쪽.

4) 홍구, 즉 홍커우(虹口)는 중국 상해 도심 북종쪽에 위치한 구이며, 한국인에게는 윤봉길 의사가 폭탄을 투척한 홍커우공원, 현재의 뤼쉰공원(魯迅公园)이 소재한 곳으로도 유명하다.

5) 『동아일보』1938. 06. 24.

론인, 소설가, 영화제작자, 동화작가, 해방 후 한국전쟁기 재일공관에 외교관으로서 활동하기도 했다.[6]

강노(로)향의 강남기행을 전체적으로 읽지 않아서, 맥락을 충분히 알기는 어렵지만, 1937년 이후 강노(로)향은 다시 상해를 방문하여 기행문을 발표했다. 1932년의 제1차 상해사변에 이은 1937년 제2차 상해사변으로 상해가 일본군에 의해 심각하게 파손되었고, 일본군 육전대 및 육군 주둔지가 되었고, 일본인 10만여 명이 상해와 그 주변에 살았다. 특히 1932년 해군 외에도 육군이 상해에 상주하면서 '위안소'가 개설하게 되었다. 상해 '위안소'와 관련된 송연옥 교수의 오랜 연구 결과에서 그 실태를 비교적 상세하게 알 수 있다. 제2차 상해사변 후, 상해에 재류한 일본인 수는 1937년 중일전쟁 직전보다 4배가 늘었다고 한다. 그에 따르면, "군과 관련된 성매매업자의 경영 규모를 보면, 앞서 본 상하이총영사관의 자료에서는 1937년 연말에 카시세키가 11곳(그중 해군'위안소'는 7곳), 고용되어 있는 작부 총수가 191명으로, 한 곳당 17명 내지 18명의 작부를 거느리고 있었"[7]다고 한다. 요시미 요시아키(吉見義明)는 '위안소'를 ①군이 직영한 것, ②군이 감독·통제한 군 전용, ③민간 매춘업체를 군이 잠시 병사용 '위안소'로 지정한 것, 세 종류로 분류했다. 이에 대해 송연옥은 ①~③의 형태는 혼재한 형태도 있다고 지적했다.[8]

위의 강노(로)향이 목격한 것처럼 상해의 육해군 '위안소'의 포주 역을 했던 '조선인'도 있었던 것처럼 보이지만, 그 성격은 ③에 가까운 '위안소'로 보인다. 다시 말해 조선인이 포주역으로 공창을 운영했던 곳이 상해사변

---

[6] 강옥, 앞의 글, 464~469쪽.

[7] 송연옥, 「상하이에서 본 요리점·유곽·위안소의 연관성」, 『사회와 역사』 115권, 2017, 35쪽.

[8] 위의 글, 36쪽.

과정에서 군대 '위안소'로 사용되었을 가능성이 높다.

다음 기사2는 '위안소' 문제와 직접 관련된 내용은 아니다. 다만 경상남도 고성군 고성읍회의원9)인 천태홍(가명)가 "지나(China) 상숙현[현재의 창수시] 상숙성 내에서 '**위안소**'를 경영하는 고성읍내 현 읍회의원 천태홍(읍회의원 천태홍)(가명)"10) 등이 '가락지(반지)나 비녀 같은 금제품을 상해 지방으로 밀수출한 사실'이라는 기사에 밝혀져 있듯이 일제강점기 조선인 읍회의원이 '위안소' 포주의 한 사람이라는 사실이 참담한 심경을 갖게 한다.

해방 직후부터 1949년 말까지 세 건의 '위안부' 관련 기사가 검색되고 있다. 동아일보 류재명(柳在明) 기자의 칼럼을 보면,

기사2. 중국에서 위안소 운영했던 조선 사람

그런데 중국인이 본 조선 사람이란 어떠할 것인가? (……) 기미년 사건 이후로 애국지사 혁명지사들이 해외로 흘러 특히 상해를 근거로 독립운동을 전개할 때에 그들은 진심으로 조선 사람을 동정하였든 것이고 조선의 독립이 없이는 중국의 안정을 보장할 수 없을 것이라 하야 중국인은 그 생각만이라도 항상 갖고 있었든 것이다. (……) 자기 개인의 물질적 만족을 채우기 위해서는 아름다운 꽃 같은 조선이 낳은 순진한 숙녀의 육체를 파러먹는 소위 **위안소**를 만들고 또는 위대한 중국의 아편전쟁을 모르고 아편 파는 아편 장사, 조선민족의 독립을 방해하는 왜군의 자진통역과 선무공작대 등 선량한 중국민의 경제를 착취하는 무슨 물자수집, 무슨 관리공장, 무슨 농장, 무슨 상사 등 이것이 일부 조선 사람들이 한 일이라면 조선민족의 모욕이오, 중국

---

9) 일제 총독부는 1931년 「읍·면제」를 개정하여, 읍·면을 법인으로 규정하여 공공사무와 귀속사무를 처리했다. 읍회를 선거에 의해 구성하도록 했고, 읍회는 의결권을 가지나 면협의회는 자문기관으로 유지되었다고 한다. 허영란, 「일제시기 읍·면협의회와 지역정치: 1931년 읍·면제 실시를 중심으로」, 『역사문제연구』 31호, 2014, 134쪽.

10) 『동아일보』 1940. 07. 28.

인에게 대해서 이런 수치가 없을 것이다.11) (강조는 글쓴이)

고 하여 중국인의 눈을 빌려, 조선인 중에 중국지역에 '위안소'를 만들어 일본군에 친일부역을 한 사람들을 고발한 기사이다. 이러한 사실은 앞의 기사인 천태홍(가명)과 같은 자들이 더 있음을 알 수 있다.

다음으로『경향신문』1948년 12월 3일자에 소개된 소설가 강노(로)향의 단편소설,「종장(鍾匠)」에 대한 소설가 이정호의 서평에 '위안부' 문제를 밝히고 있다. 종장의 주인공「영실」은 **일군'위안소**'에 팔려 북지에서 삼년의 매춘생활을 보낸 폐병이 들어다 죽게 된「영실」이라는 여자'로 소개되어 있다.12)「종장(鍾匠)」의 원작은『백민』10월호에 발표되었는데, 국립중앙도선관에서 원본의 스캔본을 찾을 수 있었다.

영실은 산서(山西)의 **일군'위안소**'에 팔려 전지에서 삼년의 매춘생활을 보낸 여자였다. 밤낮으로 야수와 같은 일군의 뒤를 좇아 황량한 산서의 산야를 들개모양으로 헤매는 동안, 그의 청춘은 파김치같이 시들어저 버렸다. 어느 흙비뿌리는 밤. 팔로군의 야습을 맞나, 일군부대가 전멸에 가까운 타격을 받고 퇴각하는 바람에 영실은 미처 도망을 못쳐서 팔로군에게 붓잡혀 갔다.

일군을 통해 들은 소문으로, 팔로군을 흉악무도한것으로만 알고 있던 영실이었으나, 그때의 팔로군은 영실의 몸에 손가락하나도 깟닥안했다. 피로와 공포에 지쳐서 폐인처럼 쓸어져있는 영실의 몸우에 따뜻한 솜 이불을 던저주고 돌아가는 팔로군병사의 뒷등에 영실은 뜻하지 않은 새로운 세계를 발견하고 감격에 떨었다. 숨이 곳 넘어갈 듯이 연속적으로 기침을 하는 영실을 보다못해, 팔로군 군의는 영실의

11)『동아일보』1947. 02. 21.
12)『경향신문』1948. 12. 03.

가슴에 조용히 청진기를 대었다. 한쪽 폐가 좀 먹어가고 있는 사실도 그때야 비로소 알았다. (……) 황토우에 핀 팔로군의 인정에 대하야 영실은 눈물겨운 향수를 느끼었다. 이 향수는 영실의 인생에 있어 가장 아름다운 것의 하나였다. 주기를 비러 피문은 일본도를 빼여들고 값싼 애정을 강요하는 일본군사들의 횡포와 강압에 전율하던 영실에게는 때로는 이 향수가 또한 커다란 힘도 되었다.[13] (강조는 글쓴이)

강노(로)향은 앞에서 보았듯이 일제강점기 『개벽』지에 특파원이나 영화 제작자 등으로 상해에서 활동을 하면서 목격했던 바를 묘사했던 기사1의 논조가 상해의 군'위안소'를 묘사하는 것에서 그쳤다면, 기사2나 강노(로)향의 소설에서는 강점기 조선인 포주 문제를 확실히 비판하고 일본군'위안부'를 피해자의 관점에서 서술하여, 논조의 전환이 일어났음을 엿볼 수 있다. 일본군'위안부'를 피해자로서 서술하는 논조는 1962년 8월 14일 『경향신문』에서도 다시 발견된다.

기사3. 민족의 절망: 한국 처녀의 일본군'위안부' 강제

8·15가 올 때마다 집에서 마음 평안히 이 날을 맞이할 수 있는 것이 행복하다. 17년 전의 이날까지 한민족을 숨이 막힐 듯 절망적인 나날을 방황했다. (……)

황막한 중국 광야에서 총검을 들고 있던 청년, 만주 벌판에서 노동을 하던 사람, 구주 탄광에 징용되어 석탄을 파고 있던 농군, 정신대로 끌려가 남양, **중국 각처에서 일인 장교의 위안부 노릇을 하던 한국 처녀들**, 「보르네오」, 마래반도의 「정글」 속에서 「말라리아」에 신음하던 학병이라는 전문대학생들, 무엇 때문에 누구를 위한 이 고생인지조차 모르는 민족의 비극은 1945년 8월에 드디어 절정에 다다랐다.

---

13) 강로향, 「종장(鍾匠)」, 『백민』 10월호, 1948, 13쪽.

1962년경부터 8월 15일 무렵이 되면 일본군'위안부'를 민족의 비극의 차원에서 회고하기 시작하는 것으로 보인다. 1965년 8월 16일의 기사도 보자.

기사4. 전후 싱가포르의 미귀환 일본군'위안부'

(……)

건망증은 개인에게만 있는 게 아니다. 인간이 사는 사회, 인간이 다스리는 정부도 마찬가지, 망각은 때로 편리한 것이기도 하지만 그 망각 속에 뿌리가 썩고 몸통이 썩는 것도 잊는 경우가 있다. 광복 20년 동안 잊고 지내온 망각지대를 뒤흘겨 돌아본다.

일제의 패망으로 대전이 끝난 그해 10월의 어느 날 「싱가포르」의 부두에서였다. 젊은 여성 네댓 명이 창백한 모습으로 서성대고 있었다.

"저보세요? 조선서 오셨죠?"

이 피로와 굶주림과 공포에 지친 여성들의 물음에 나는 당황했다. 고향으로 돌아간다는 기쁨에 가슴이 울렁거리던 나는 그네들의 얘기를 들었다.

여자 정신대로 끌려와 남양의 곳곳에서 **일본 군인의 위안부**로 짓밟혀 온 이 여성들은 말했다.

"고향에 돌아가시거던 이 먼 이국 하늘 밑에서 눈물 짓는 우리들의 뼈나마 고향 땅에 묻히도록 해주세요. 우리 같은 가련한 여자들이 이 남양 땅에 얼마나 많은지 몰라요."

여기 있던 한국 출신 젊은이들은 부두에서 그 여성들과 함께 울었다. 이 얘기는 해방 직후 남양으로 징용갔던 젊은이가 돌아와 하던 얘기다.

일제는 전쟁이 불꽃을 튀길 무렵 한국의 곳곳에서 「처녀사냥」을 해갔다. 대개가 불쌍한 농촌의 처녀들이었다. 일제 밑에 빌붙어 배부른 사람들의 딸들은 피할 수 있었다. 일본에서 「베스트셀러가 됐다는 "인간의 조건"에도 북지에서 한국여성들이 차라리 짐승보다 짐승에도 가해질 수 없는 처참한 「일군의 성배설기」 노릇을 하는 모습이 그려져 있다.

일본은 한국땅에 흩어진 제 동족의 유골까지 찾아가고 있는데 우리는 외족에 끌려가 처절하게 동족에 대해 그 수의 파악조차 못하고 있다. 남양의 낯선 하늘 밑에 떨어져 창녀가 되어 돈을 벌다 숨졌다는 어느 여성의 유산을 들여올 걱정은 했으나 그 원혼들 얘기는 20년이 되는 오늘까지 없었다. 정부가 있고 외교공관이 있고 "피는 물보다 짙다"면서도-.[14] (강조는 글쓴이)

이 기사에 수록된 일과 유사한 일이 태평양전쟁 종전 과정에 적지 않은 곳에서 일어났을 가능성이 있다. 또한 대한민국임시정부의 안살림을 담당했고, 모국을 수차례 방문하여 독립자금을 모금한 여성 독립운동가 정정화의 회고록에도 유사한 얘기가 나온다. 그의 책 『장강일기』에 정정화는 다음과 같이 회고했다.

(1946년 1월 귀향길, 상해로 가던 중) 우리 일행 중에는 일본군 정신대로 끌려가 위안부로 있다가 중국군에게 포로가 되어 중경으로 온 사람이 30여 명 있었다. 한마디로 불행한 사람들이었다. 그들 중 어떤 이는 아직까지도 몸과 마음의 깊은 상처를 씻어내지 못한 채 자포자기의 한스런 날을 보내는 사람도 없지 않았다. 그런 모습을 보고 있으면 마치 내가 그들을 그렇게 만든 것인 양 자책이 앞서기도 했고, 그럴수록 그들을 좀 더 가깝고 따스하게 대해 주려고 애를 써봤지만, 내가 그들의 아픔을 대신하려 한다는 것은 어찌 보면 호사스런 짓 같기만 했다. (……) 그 여인들 가운데에는 위안부로 끌려갔을 때부터 술을 입에 대는 버릇이 들어 아예 술에 젖어 사는 젊은 축들도 있었다. 여자들이 술을 마신다는 것은 당시 우리나라나 중국에서는 흔한

14) 『경향신문』 1965. 08. 16.

일이 아니었기 때문에, 나는 그들이 특히 낮에 술을 마시지 않도록 타이르기도 하고, 간혹 조심스럽게 꾸짖기도 했으나 술버릇은 여전했다. 그들 사이에서 인도자 격으로 있던 한 여인은 나중에 국내에 돌아와 자기가 중경에 있었던 사실을 빌미삼아 독립운동에 깊게 관여했던 것처럼 행세하기도 했다는데, 이처럼 별난 경우를 빼놓고는 해방된 조국이 그들에게 새로운 생활을 가져다주지는 못했을 것만 같다.[15] (강조는 글쓴이)

기사4와 정정화 회고록의 일본군'위안부' 얘기에서 유사한 점은 싱가포르에 있던 일본군'위안부' 4명과 중경 임시정부에 있던 일본군'위안부' 30여 명 모두 포로로 현지에 남아 있었고, 귀국하던 징용자들이나 임시정부 요인들 그룹과 함께 귀환할 수는 없었다는 점이다. 그 외에도 1966년 8월 9일자 『동아일보』에는 광복절을 앞두고, 일제강점기가 지금보다 살기 좋지 않았다는 전제 위에서 "젊은이들과 10대의 소녀들이 보국대니 정신대니 하고 노무자로 '위안부'로 징용되던 그 시대가 지금보다 살기 좋았다는 말인가?"라는 지적 속에 '위안부' 징용 문제를 언급했다.

몇 건은 되지 않지만, 1950년대는 거의 일본군'위안부' 관련한 언급 자체가 없었다가 1960년대 초중반 다시 일본군'위안부' 언급이 나오기 시작한 것은 1960년 4·19혁명의 영향과 박정희 정부 수립 이후 진행이 된 한일회담과 수교 과정에서 일제의 적폐를 언급하는 맥락과 관련이 있는 것으로 보인다. 1964~1965년 한일회담 과정에서 한일수교 반대운동[16]이 대대적으

---

[15] 정정화, 『장강일기』, 학민사, 1998, 246~247쪽. 정정화 회고록이 1987년 출간되었을 때는 『녹두꽃』(미완, 1987)로 나왔다가 1998년에 재출판되었다. 김귀옥, 「식민적 디아스포라와 저항하는 여성: 이은숙과 정정화를 중심으로」, 『통일인문학』 제62호, 2015, 84쪽.

[16] 김웅희, 「한일기본조약의 의의와 한계: 한일관계 50년의 성찰」, 『일본연구논총』 제43권, 2016.

로 전개되었는데『경향신문』1965년 2월 17일자에는 "일제의 학정을 규탄하기 위해 그들의 만행" 중 큰 것으로 여섯 가지 중에 "⑥미혼 여자를 정신대라는 명목으로 납치 동원하여 위안부로 만든 것"[17]을 하나로 꼽았다. 그러나 아직 본격적으로 얘기되는 데에는 많은 시간이 걸린다.

군'위안부'별 기사 2: 한국군'위안부'

한국군'위안부'와 관련된 기사는 일본군'위안부' 관련 기사보다 더 적다. 1952년 12월 30일자『동아일보』에서 아래와 같은 독자투고문을 발견했다.

> **기사5. 한국군을 위한 위안소가 필요하다.**
> [조류(潮流)] **휴가귀향장병에 위안을 베풀자**
>   일선에서 고투하다 휴가귀향을 하여 즐거운 며칠간을 보내기커녕 가계를 돕기 위해 엿판을 메고 엿을 파는 현역군인을 보았다. 물론 위안을 받아야 할 짧은 기일이나마 부모를 위해 바친다는 건 참으로 아름다운 일이다. 허지만 조국의 운명 앞에 존귀한 생명을 바치는 것만도 장하고 위대하거늘 위안보다 고통으로 보내야 할 환경에서 어찌 최대의 충성을 기대할 수 있으리요. 이 외 많은 일선장병들이 휴가하고 즐거운 마음으로 귀향해보고 정반대의 비애를 느끼며 전선으로 돌아가는 것이 현실이매 우연을 바라기 전에야 어찌 전선장병들의 사기를 앙양시키며 승전을 위한 후방의 체면이 설가(설까). 향락만을 일삼

---

17) 구성서, 「일본은 대답하라 (1)」, 『경향신문』 1965. 02. 17. 이 기고문을 작성한 구성서 (1894~1969)는 독립협회 사건으로 총살된 구연영 씨의 아들로서 감리교 목사이며 순국선열유족회회장으로 활동 중이었다. 그는 기고문에서 박정희 대통령이 일제 책임에 대해 언급하지 않았던 문제 중 하나로 '위안부' 납치에 대한 만행을 지적하되 구 목사의 글에서도 일본이 갚아야 할 배상의 내용에는 '위안부' 문제를 포함시키지 않았다.

는 말세적인 사조에서 벗어나 조국의 명일을 도외시하는 오리[18]나 재벌가들은 중석불사건[19] 같은 것으로 폭리만 도모할 것이 아니라 전국각지에 일선장병휴가귀향 시에 피로한 심신을 풀어주며 승전을 위해 생명까지도 바치는 참된 애국자들의 사기를 도웁기 위한 따뜻한 **위안소**를 조속히 설치할 것을 제안하노라.(목포 용촌리)[20] (강조는 글쓴이)

이 글에서 독자 투고문에서 의미하는 '위안소'가 정확히 무엇을 가리키는 지는 확실치 않다. 이 독자의 성별이나 나이 등은 전혀 알 수 없고, 독자는 목포 용촌리 사람으로서, 문투 상 남성으로 짐작하게 된다. 또한 1952년 당시 군인이거나 군대를 가야할 사람이기 보다는 군대의 고단함을 잘 이해를 하고 있는 30대 이상의 남성이거나 일제 말기 태평양전쟁을 이미 경험했을 가능성도 있는 남성으로 짐작하게 된다. 그가 사용하는 '위안소'라는 곳이 말 그대로 풀이하면, '위안을 받는 곳'이다. 현역군인이 누구로부터 어떤 방식으로 위안받는가는 투고문에 전혀 구체화되지 않았고, '위안소'의 정확한 뜻은 역사적으로 추론할 수밖에 없다.

이 기사에 따르면 "일선에서 고투하다가 휴가귀향을 하여 즐거운 며칠간

---

18) '오리'란 탐관오리(貪官汚吏)의 줄인 말로 공무원이나 정치가를 가리킴.

19) '중석불사건'은 이승만 대통령과 자유당 정권이 저지른 대표적인 정경유착 사건 중 하나이다. 『한국일보』 2018년 7월 17일자 기사에 따르면, 중석불(重石弗)이란 무기 재료인 텅스텐을 수출해서 번 달러라는 의미인데, 1952년 이승만 정부는 관계법을 바꾸면서까지 중석으로 벌어들인 돈으로 수입 밀가루와 비료를 사들여, 시중에 3~5배 고가로 팔은 사건이다. 폭리 관련자들은 기소당했으나, 전원 집행유예로 풀려 났고, 이를 기획 주도한 것으로 알려준 백두진 재무장관은 그 이듬해 국무총리가 되었다. 최대 5배의 폭리를 취한 돈은 이승만 정부의 정치자금으로 들어갔을 것으로 짐작하지만 덮었다. 『한국일보』 2018. 07. 17(참고: http://www.hankookilbo.com/News/Read/2018071607 92062167).

20) 『동아일보』 1952. 12. 30.

을 보내기커녕 가계를 도웁기 위해 엿판을 메고 엿을 파는 현역군인을 보았다"고 시작하여, 그러한 일선장병들이 즐거운 마음으로 휴가를 즐기고 애국자들의 사기(士氣)를 앙양(昂揚)시켜 전선으로 돌려보내도록 '위안소'를 전국 각지에 세울 것을 제안했다.[21]

그런데 목포의 이 투고자는 '위안소'를 어떻게 알게 되었을까? '위안소(慰安所)'라는 말은 전통적으로 한국에서 사용되던 말은 아닌 것으로 보인다. 이순신의『난중일기』를 비롯하여 한국고전번역원이 운영하는『한국고전종합DB』[22]에도 '위안소'라는 개념은 발견되지 않는다. 그렇다면 일제강점기의 '위안소'를 직·간접적으로 경험했을 가능성이 있다. 또한 한국전쟁에서 한국군'위안부'를 접했던 경험에서 비롯되었을 수 있다. 이러한 추론에 따르면, 그 투고자의 주장은 군인이 군대 휴가를 나오면 마음 편하게 군'위안부'에게 위안, 즉 성접대를 받고 쉴 수 있는 곳을 국가는 후방에도 세우라는 것이다. 특히 일제의 태평양전쟁기에 일본군'위안부'라는 경험을 직간접적으로 했던 20, 30대의 남성들에게는 군'위안부'가 있는 군'위안소'를 상상하는 것은 어려운 일이 아니었을 것으로 짐작한다.

그 이후 정부 당국이 한국군을 위한 '위안소' 문제에 대해 어떤 대책 논의를 했다는 보도는 전혀 없었다. 다만 1953년 7월 27일 정전협정이 된 이후인 11월 16일에 '위안소' 증설을 한다는 기사가『경향신문』(1953년 11월 16일)에 다음과 같이 보도되었다. 다음 기사를 보자.

---

21) 김귀옥,「일본식민주의가 한국전쟁기 한국군위안부제도에 미친 영향과 과제」,『사회와 역사』제103집, 2014, 106쪽.
22)『한국고전종합DB』(참고: http://db.itkc.or.kr/)

기사6. 한국군 '위안소' 증설

장병들 위안소 증설

육군본부 서울분실에서는 일선 용사들에 대한 충분한 휴양과 위안
을 주기 위하여 휴게소를 다음과 같이 증설하였는데 그 취급 종목은
각각 다음과 같다 한다.

▲ 제1육군회관: 충무로1가 구(舊) 종방적(鐘紡跡)[23] 소재, 야간에
　　　　　　무용
▲ 제2육군회관: 화신(和信)(백화점) 앞 구 낙원장(樂園莊)[24] 소재,
　　　　　　주간은 식사 및 다과, 야간은 무용
▲ 제3육군회관: 단성사(團成社) 앞 구 동명관(東明館) 소재[25] 충미
　　　　　　적(忠美跡), 취급종목은 전과 동
▲ 제5육군회관[26]: 영등포(永登浦) 로터리 앞, 취급종목은 전과 동

『경향신문』(1953년 11월 16일)에 소개된 증설된 군위안시설은 4곳이지
만 제4육군회관은 없다. 누락되었을 가능성도 있지만, 한국인의 당시 정서
상 숫자 4, 사(四)는 죽을 사(死)와 같은 음이므로 피하는 경향이 있고, 당
시가 휴전 상황이었기 때문에 그런 인식은 더 심했던 탓에 제4육군회관 대
신 제5육군회관으로 칭했을 수 있다. 제1, 2, 3육군회관은 일제강점기 종연

23) 현재 종방적(鐘紡跡)이라는 건물을 찾을 수 없다. '紡跡'은 '紡績'의 오타라고 볼 수 있다
　면, 이는 일제강점기 설립된 충무로에 소재했던 종연방적회사(鍾淵紡績會社)를 가리킨
　다고 볼 수 있다. 1920, 30년대 동아일보를 검색하면 종연방적회사를 '종방(鐘紡)'으로
　흔히 불렀다. 종연방적회사(鍾淵紡績社)은 일본 오사카(大阪)에 모체를 가졌고, 당시
　조선에는 삼십육개의 공장이 있었다(「鐘紡의 減給」,『동아일보』1930년 4월 9일자).
24) 현재는 사라진 화신백화점 건물은 종로 2가에 소재했고, 낙원장은 일제강점기 건립된
　여관, 음식점, 카페, 회의실을 가진 건물임.
25) 동명관은 일제강점기 기생을 둔 요정이었던 건물임.『동아일보』1937년 8월 19일자.
26)『경향신문』(1953년 11월 16일)에 소개된 증설된 군위안시설은 4개이지만 제4육군회관
　은 없다. 누락되었을 가능성도 있지만, 한국인의 정서에 숫자 4, 사(四)는 죽을 사(死)
　와 같은 음이므로 피하는 경향 때문에 제4육군회관 대신 제5육군회관으로 칭했을 수
　있다.

방적회사, 낙원장, 동명관 자리로 추정되는데, 전쟁 중 육군에 의해 전유된 것으로 보인다. 특히 낙원장은 일제 건립된 여관으로서 음식점과 카페를 가진 건물이고, 동명관은 일제강점기로부터 유명한 요정이었다고 하니, '위안소'로 활용할 수 있던 시설로 판단된다. 여기서 주목할 단어는 '증설(增設)', 즉 '더 늘려 설치'했다는 말이니, 이전에 있었던 '위안소'에 대한 추가적 수요에 따라 늘렸다는 말로 짐작할 수 있다.

그렇다면 왜 증설을 했을까? 1953년 11월 당시는 한국전쟁은 정전상태였다. 그러나 이승만 정부는 '북진통일'을 주장하며, 정전하에서 언제든 한국전쟁 당시의 군사력을 보유하도록 사실상 전쟁 때 동원했던 군인들을 제대시키지 않은 상태였으므로 군인들에게 줄 당근이 필요했던 것으로 판단된다.

더이상 신문 어디에도 한국군'위안부'나 한국군'위안소' 등과 관련된 기사는 없다. 다만 1965년 경향신문에 기고된 박해준의 연작소설, 『다시 어둠 속에서』[27]에는 한국전쟁 당시 전장터에 끌려온 '위안부'들이 주인공 현태를 비롯한 군인들에 의해 성폭력, 윤간하는 장면이 묘사되고 있다.

> 그(현태)가 전선에서 처음으로 부대 배치를 받았을 때, 천막 안에 누워 있는 위안부와 맨 먼저 교섭하고 나온 소대장이 일렬로 늘어선 수십 명의 병졸들에게 내일 전투를 위하여 차례대로 계집맛을 봐두라고 하던 광경이 회상되어 여인이 지니고 있는 육체의 의미를 새삼스럽게 음미해보고 싶었다.[28]

> 그리고 내일의 전투를 위하여 신병들로 하여금 **발가벗은 위안부를 윤간**시키면서 〈전시에는 도덕과 죄악감이 있을 수 없다〉고 소리치던

---

27) 이 소설은 1965년 8월 14일부터 1966년 7월 2일까지 연재되었다. 그의 소설은 같은 제목으로 교양사에서 1967년[1978년] 출간되었다.

28) 박해준, 「다시 어둠 속에서(64)」, 『경향신문』 1965. 10. 27.

소대장의 말이 새삼스럽게 현태의 폐부를 찌르고 있었으나 그는 결코 그러한 전쟁의 의지에 동화될 수가 없었던 것이다.[29] (강조는 글쓴이)

1965년 박해준(1935~2011) 소설가는 이 소설을 통하여 "우리 민족의 아물 수 없는 상처인 6·25가 불법과 부패의 사회악을 조성한 온상이 되었다는 확신"[30]을 갖게 되었음을 고백했다. 박해준의 나이로 보면 한국전쟁 개전 초에는 만 15세 내외의 청소년으로서 그가 자원하지 않은 한 징집 대상이 아니므로 군인이 아니었을 것으로 추정된다. 그럼에도 불구하고 그는 직·간접적으로 목격했거나 타인의 경험담을 토대로 하여 이러한 글을 집필했을 것으로 추정한다. 그는 군인인 남성의 관점에서 군'위안부' 모습을 묘사하였으나, 자신들의 행위가 '위안부'에 대한 성폭력으로서 '윤간'임을 시인하고, 역설적으로 '죄악감'을 가질 만한 행동임을 고백하고 있다. 박해준의 글에서 당대 한국 남성들 중에는 한국전쟁 중 위 소설의 소대장이 말하듯이 "전시에는 도덕과 죄악감이 있을 수 없다"는 식으로 군'위안부' 문제에 대해서 성찰적 인식의 마비 상태에 빠진 남성들이 적지 않다고 해석될 수 있다. 이는 '매춘(성매매) 금지는 강간사건의 증가',[31] 즉 매춘의 합법화는 일반여성의 안전,[32] 즉 성폭력 예방 또는 감소 방안이라는 통념 또는 편견을 성찰 없이 수용하는 것과 비슷하다. 아무튼 박해준의 한국군'위안부'에 대한 픽션적 묘사에서 당시 남성들의 성적 통념이 전쟁을 매개로 어

---

[29] 박해준, 「다시 어둠 속에서(111)」, 『경향신문』 1965. 12. 22.

[30] 『경향신문』 1965. 08. 07.

[31] 이진우, 「범죄와 경제」, 『매일경제신문』 1997. 09. 20. 이진우 기자는 그 기고문에서 "인류, 최초의 직업이라는 '매춘'"이라는 말로 시작하여 '인간사회에서 성욕은 상수다. 본능을 개조할 수는 없다.'는 말로 성욕과 성매매, 또는 성폭력을 동일시하여 가부장적 성문화를 대변하고 있다.

[32] 藤目ゆき, 『히로시마만의 군사화와 성폭력』, 양동숙 옮김, 논형, 2013, 65쪽.

떻게 왜곡된 채, 확산되었는가를 짐작할 수 있다. 또한 당대 많은 남성들이 군대 신병 훈련 과정 속에서 한국군'위안부' 문제를 포함하여 성문제 자체를 성찰적으로 바라볼 수 없도록 사회화되는 과정을 통찰적으로 그려냈다는 점에서 놀라운 글이라 할 수 있다.

군'위안부'별 기사 3: 북한의 군'위안부'

한국군'위안부' 연구를 하면서 해방 후 북한의 인민군에도 '위안부'가 있는가에 관심을 기울여 왔다. 한편으로는 군'위안부'가 식민주의의 유재라는 점에서 북한의 군대에서도 발견될 여지가 있지 않은가하는 의문을 품었고, 다른 한편으로는 전통적으로 인민의 군대에는 군기가 엄격하여 여성에 대한 강간은 즉결 처분감[33]이었고, 남한 점령 과정에 민간인 여성에 대해 강간을 저지른 인민군에 대해 인민군대 역시 즉결 처분했다고 목격자는 말하고 있다.[34] 한국 신문에 북한의 군'위안부', 구체적으로는 해방 후 북한군의 '위안부'가 검색되리라고 기대하지 않았다. 그런데 해방 후 1960년대까지 두 편이 검색되었다.

기사7. 북한 유격대에 의해 강제된 부녀자의 군'위안부'화

국방부차관 장경근 씨는 오·삽 선거를 전후하여 북한괴뢰집단 인민군들의 남침의 야욕은 더 한층 심하여 가고 있으나 이에 대처한 아방의 준비는 완벽한 것이라고 하며 특히 이 사실에 있어 실례를 들면

33) 孫佑杰, 조기정·김경국 옮김, 『압록강은 말한다: 한국전쟁에 대한 새로운 이야기』, 살림, 1997.

34) 정충제, 『실록 정순덕』 상, 대제학, 1989, 154쪽.

금년에 들어 북한에 있는 애국동포들의 의거사건이 수백 회에 걸쳐 발생 (……)

북한에 주거하고 있는 9백만의 애국동포들이 아직 북한괴뢰집단 김(김일성) 도당의 억압 밑에 신음하며 금년도에 들어서는 남침의 선봉인 유격대를 증원 보강시키고자 청년들을 납치하고 혹은 부녀자들을 공장 또는 간호부 심지어는 그들을 위안부로 발하는 등 가진 형식에 명목으로 동원하는가 (……)[35]

국방부차관 장경근(1911~1978) 담화의 사실 자체를 밝히는 것은 의미 있는 일일 것이다. 그런데 북한의 군'위안부' 문제와는 별도로 장경근 자체가 문제의 인물이다. 그는 일제 도쿄제국대학 법학부를 졸업했고, 재학 중 일본 고등문관시험 사법과에 합격하여 판사를 역임했고, 미군정기에도 판사로서 심리원장(審理院長)을 역임했다. 정부 수립 후 내무부 차관 당시였던 1949년 6월 6일, 반민족특별조사위원회 사무실을 습격해 특경대원을 무장해제시킨 후 특경대를 강제해산시킨 것으로도 유명한 인물이다. 또한 1950년 5월부터 1951년 5월까지 국방부차관 재임 중 북한 인민군 남침으로 이승만 등 내각이 부산으로 비밀 후퇴할 당시, 한강 인도교 폭파사건의 책임자로도 악명이 있다. 이승만 정부의 부정선거나 부정부패에 깊이 연루되어 4·19혁명과 5·16쿠데타 과정에서 부정선거 책임자로 재판 계류 중 일본으로 밀항하여 여러 나라를 전전하다가 1977년 귀국하여 1978년 세상을 떴고 민족문제연구소의 『친일인명사전』[36]에 친일반민족행위자로 등재되었다. 장경근이 친일반민족행위를 했다고 하여 위의 기사7의 북한군'위안부' 얘기가 거짓말이라는 증거는 없다.

---

35) 『동아일보』 1950. 05. 27.
36) 친일인명사전편찬위원회 엮음, 『친일인명사전』 3, 민족문제연구소, 2009, 309~310쪽.

그런데 이 이야기는 엉뚱한 곳에서 반증되었다. 기사8을 보자.

기사8. 망향 (12) 중립국행 자원한 반공포로의 수기

주영복(朱榮福)

(……)

나는 노어를 알고 있는 관계로 공병기재 뿐만 아니라 타 병과의 무기접수 시에도 필요할 때마다 입회하라는 명령을 받았다. 무기접수단장 최린 소장은 그런 입회가 없을 때엔 배마다 동 물자를 호송해 오는 수십 명의 소련군 장교를 날더러 접대하라고 명령하였다.

(……)

어떤 놈은 식당에 들어오자마자

"유트카!"

하고 술을 빨리 가져오라고 소리를 지르는가 하면 어떤 놈은 추잡하게 떡 벌리고 앉아서

"색시 없어? 색시!"

하고 지껄여대는 것이었다.

속으로 울화통이 터지기도 하였으나 나는 꾹 참고

"술은 있지만 우리나라는 민주개혁이 철저히 실시되어 공창, 사창이 없어졌기 때문에 그런 위안부는 없습니다."

하고 점잖게 손님대접을 했다. (……)[37]

이 회상기를 쓴 주영복(朱榮福, 1933?~)은 북과 남 어느 쪽에도 남기를 거부했던 반공포로로서, 인도를 거쳐 1956년 브라질을 택한 사람 중 한 명이다. 그의 출생이나 성장 배경을 둘러싼 정확한 정보는 없지만, 한국전쟁 당시 인민군 러시아어 통역장교로 소련 군사 고문단 소속이었던 것으로 알려져 있다.[38] 위의 글은 브라질에서 연재기고한 수기 『망향』(12)의 일부이

[37] 『동아일보』 1962. 08. 02.

다. 그는 리우데자네이로에서 한국 신문에 기고하기까지 어떤 일이 있었는지 그의 역정을 제대로 알 수 없다. 다만 1959년 한국은 브라질과 수교했고, 1962년 리우데자네이루에 대사관을 개설한 반면 북한은 2001년에야 브라질과 수교를 하게 되었다. 그런 맥락을 염두에 두면 주영복이 회고록을 쓸 당시 북한에 유리하게 쓸 이유는 특별히 없었다는 점을 고려할 때 그가 소련군장교에게 "술은 있지만 우리나라는 민주개혁이 철저히 실시되어 공창, 사창이 없어졌기 때문에 그런 위안부는 없습니다"라고 한 이야기는 사실에 가깝다고 간주할 수 있다. 위의 장경근이 지적한 북한 유격대 '위안부'의 근거는 알 수 없으나, 주영복을 통해 북한은 구(舊)소련군을 위한 '위안부'제도도 실시하지 않았음을 알 수 있다.

잠시 구소련군의 성폭력 문제를 살펴보도록 하자. 2000년대에야 알려진 사실은 1945년 5월 8일 유럽에서 전쟁이 끝났을 때, 4개국 연합군에 의해 분할 점령 통치를 당한 독일에서는 구소련군이나 미군에 의한 성폭력이 대대적으로 벌어졌다. 독일인 익명의 여인이 1945년 4월 20일에서 6월 22일까지 작성한 일기를 바탕으로 출간된 『베를린의 한 여인』에서 그 익명의 여인은 소련군들에게 어떻게 성폭력 당했고, 파괴와 폐허, 굶주림의 극한 상황에서 군인에게 무상 노동을 해야 했고, 성매매하며 생존했다고 증언했다.[39] 그러한 상황은 미군 점령지에서도 유사하게 전개되었다. 이동기의 「현대사 스틸컷」에서 기고한 미리암 겝하르트(Miriam Gebhardt)의 『군인들이 왔을 때』[40]에는 1945년을 전후해 점령지 독일에서 연합국 군인에게 성

---

38) 「주영복」, 『한국민족문화대백과사전』(참고: http://encykorea.aks.ac.kr/Contents/Item/E 0072642).

39) 익명의 여인, 『베를린의 한 여인』, 해토, 2004.

40) Miriam Gebhardt, *Crimes Unspoken The Rape of German Women at the End of the Second World War* [Als die Soldaten kamen. Die Vergewaltigung Frauen am Ende des Zweiten Weltkriegs], Polity, 2016.

폭행당한 독일 여성의 수가 최소한 86만 명[41]이라고 한다.

그런 맥락에서 구소련군이 38선 이북 지역을 점령했을 때, 과연 성폭력이 없었으리라고 확신하기는 어렵다. 1945년 8월 태평양전쟁 참전 선언 후 당시 구소련군은 중국인민해방군과 달리 이미 인민의 군대라는 인식이 취약하지 않은가 싶다. 1945년 9월 9일의 맥아더 사령관의 포고령 제1호가 '점령자'로서의 위상을 명백히 한 것에 비하면 1945년 8월 25일의 소련군사령관 치스차코프 대장의 포고문은 대단히 민중 지향적(people-oriented)이다. 잠시 살펴보자.

「태평양방면 미육군총사령관 맥아더 포고령 제1호」(1945. 9. 9)

태평양 방면 미국 육군부대 총사령관으로서 나는 이에 다음과 같이 포고함.

일본국 정부의 연합국에 대한 무조건항복은 우 제국(諸國) 군대간에 오랫동안 속행되어온 무력투쟁을 끝냈다. 일본천황의 명령에 의하여 그를 대표하여 일본국 정부와 일본 대본영이 조인한 항복문서 내용에 의하여 나의 지휘하에 있는 승리에 빛나는 군대는 금일 북위 38도 이남의 조선영토를 점령한다.

조선인민의 오랫동안의 노예상태와 적당한 시기에 조선을 해방 독립시키라는 연합국의 결심을 명심하고 조선인민은 점령목적이 항복문서를 이행하고 자기들의 인간적 종교적 권리를 보호함에 있다는 것을 새로히 확신하여야 한다.
(……)
제3조. 모든 사람은 급속히 나의 모든 명령과 나의 권한하에 발한 명령에 복종하여야 한다. 점령부대에 대한 모든 반항행위 혹은 공공안녕을 문란케 하는 모든 행위에 대하여는 엄중한 처벌이 있을 것이다. (……)

2차 세계대전의 승전국이자 당시 세계 최대의 부국이 된 미국의 조선인에 대한 태도는 식민지 피압박 민족을 대하는 포고문이라기보다는 점령국

---

41) 이동기, 『현대사 몽타주』, 돌베개, 2018, 45쪽(참고: http://h21.hani.co.kr/arti/PRINT/39607.html).

의 입장에서 적대국 민족을 대하는 태도의 전형적인 모습이다.

이제 소련군의 포고령을 보자.

「소련군 사령관 치스차코프 대장의 포고문」(1945. 8. 25)

조선인민들이여! 붉은 군대와 연합국 군대들은 조선에서 일본 약탈자들을 구축했다. 조선은 자유국이 되었다. 그러나 이것은 오직 신조선 역사의 첫 페이지가 될 뿐이다. 화려한 과수원을 사람의 땀과 노력의 결과이다.

(……)

붉은 군대는 조선인민이 자유롭게 창조적 노력에 착수할 만한 모든 조건을 지어주었다. 조선인민 자체가 반드시 자기의 행복을 창조하는 자로 되어야 할 것이다. 공장·제조소 및 공작소 주인들과 상업에 또는 기업가들이여! 왜놈들이 파괴한 공장과 제조소를 회복시켜라! 새 생산 기업체를 개시하라! 붉은 군대 사령부는 모든 조선 기업소들의 재산보호를 담보하며 그 기업소들의 정상적 작업을 보장함에 백방으로 원조할 것이다.

(……)

문장만으로 보면 소련군은 소위 '해방군'으로서의 면모를 여실히 보이고 있다. 그러나 38선 이북지역을 점령한 1945년 8월 이래로 1년 정도는 소련군의 만행에 대한 많은 보고들이 있다. 소련군의 평양 고무공장 기계 탈취 사건이나 수풍발전소 발전기 약탈 사건[42]은 말할 것도 없고, 월남민 증언에 따르면, 민간인에 대한 시계나 만년필 등 당시의 희귀품을 강탈하는 일이나 민간인 집에서 가금 등을 무단으로 빼앗아 먹는 등과 같은 일도 있었다. 또한 여성을 강간하는 일도 적잖이 발생했다.[43] 물론 반대의 기억도 있었다. 소련군 환영대회에 참여했던 사람들은 소련군의 잔혹상이나 약탈

---

42) 중앙일보 특별취재반, 『조선민주주의 인민공화국』, 중앙일보사, 1992, 97쪽.

43) 김귀옥, 『월남민의 생활경험과 정체성: 밑으로부터의 월남민 연구』, 서울대학교출판부, 2002[1999], 194쪽.

상, 범죄자라는 소문이 직접 만나보는 과정에서 소문에 불과하다는 진술도 있었다. 심지어 소련군의 군법이 엄하여 만행이나 강탈사건 등에 대해 즉각 처결했다는 증언도 있었다.[44]

해방 당시 식민지 피억압 민족으로서의 사실상의 북한정부였던 북조선 임시인민위원회 역시 소련군인들의 초기 만행을 제대로 대응하기 어려웠던 것은 사실인 듯하다. 커밍스(B. Cumings)의 설명에 따르면 "초기 소련군은 전리품 획득의 차원에서 여러 가지 불법 행위를 저질렀으나 1946년 2월 소련군은 헌병을 데려와 한국 여성을 강간하는 어떤 소련군이든 현장에서 사살할 수 있는 권한을 부여"[45]했다고 할 정도로 일반 강탈사건뿐만 아니라 성폭력 사건들도 적지 않았으리라 짐작할 수 있다. 그럼에도 불구하고, 주영복의 위와 같은 회고록에서 말하듯 소련군을 위한 군'위안부'나 군'위안소'제도가 있었다는 근거는 어디에서도 발견되지 않았다.

군'위안부'별 기사 4: 미군'위안부'

이제 미군'위안부'와 관련된 기사를 살펴볼 차례이다. 〈표 3-1〉에서 보듯 1960년대까지 동아일보와 경향신문의 군'위안부'로 검색된 기사는 95%를 넘는 방대한 양을 차지하고 있어서 이번 글에서 세밀한 분석은 어렵다. 다만 일본군'위안부'와 한국군'위안부'와 관련되는 맥락에서 몇 가지 문제를 중심으로 짚어볼 생각이다.

---

44) 위의 책, 195~196쪽.

45) B. Cumings, 『한국전쟁의 기원 상, 하』, 김주환 옮김, 청사, 1986[1975], 257~258쪽.

1) 미군'위안부'는 누구인가?

한국전쟁 전후로부터 1954년 3월, 한국군'위안부'제도가 공식 폐지될 때까지 전시에는 미군'위안부'와 한국군'위안부'가 공존했다. 앞에서 보듯 공존했던 시기에도 한국군'위안부' 관련한 기사는 단 두 건밖에 없다. 반면 전시에 『동아일보』와 『경향신문』의 미군'위안부' 관련된 기사는 최소 25건이된다. 우선 『동아일보』가 말하는 미군'위안부'에 대한 묘사는 다음과 같다.

기사9.

(……) 그런데 유엔 군관계비로서 방출된 통화에 대한 회수대책은 업(없)다. 업스(없으)니까 세워야 한단 말이다. 그러면 그 대책을 어떠케 세우느냐 하는 문제가 생긴다. 그 대책을 세우기 위해서 우리가 먼저 생각하지 안흐면(않으면) 안 될 것은 유엔 군관계비 지출에 의해서 조성된 소득층이 누구나 하는 것이다. 유엔 군관계비가 조성한 소득층에서 가장 큰 것은 토목청부업자들이다. (……)

그 다음 소득층은 유엔군 캄프 근방에 잇는 **위안부** 세탁소 사진관 유흥장 음식점 등 카메라 피혁 가방 등 판매자 등으로 될 것인데 여기서 간접세로서 뜻(뜯)게 되어 잇(있)고 뜻고 잇는 것도 사실이지만 실상을 보면 그 세금이 국고로 들어가는 것보다 그 업자의 호주머니로 횡령되는 액수가 더 만흔 것 갓(같)다. (……)

예를 들면 위안부의 소득은 거의다가 화장품점과 양장점으로 집중되는 것이 고로 여기서 사치 품세와 특별행위세로 뜻고 잇지만 그 세율이 너무나 미미한 것이니 여기서도 국채와 저축채권으로 싸우도록 하는 동시에 그 영업 밋(및) 사업소득에 대담한 층세를 강행해야 하겠고 한편 채권류의 소화를 강요하지 안흘 수 업다. 이러한 조치는 비단 유엔 군관계비 지출에서 나온 돈의 순환루-투아만 한할 것이 아니라 정부세출에서 나온 돈의 순환루-트에 대해서도 적용되어야만 할 것은 물론이다. (……)[46] (강조는 글쓴이)

이 기사는 유엔군에 의한 전시 통화의 막대한 방출로 인해 조성된 인플레이션과 그에 따른 경제위기 상황을 극복할 목표로, 정부가 고액 소득층에게 고율의 세금을 징수할 필요가 있음을 강조한 『동아일보』측의 주장이다. 이 기사에서는 고액 소득청의 첫째는 토목청부업자, 다음 소득자는 유엔군 캠프 근방의 "위안부, 세탁소, 사진관, 유흥장, 음식점 등 카메라 피혁 가방 등 판매자 등"을 꼽고 있다. 그런데 유엔군 혹은 미군'위안부'는 기사9에서 보듯 화장품과 양장 등과 같은 사치품 구입비에 자신의 소득을 사용하는 사람으로 묘사되고 있다.

미군 관련 토목(청부)업의 경우에는 토목공사 자체가 워낙 규모가 크다보니, 토목청부업자의 고액소득 관련성은 타당성이 있다 할 수 있다. 고정주영 명예회장의 현대건설이 급성장하는 배경에는 한국전쟁으로 황폐화된 사회간접시설 등을 미군, 이승만 정부와의 결탁으로 수배 차익을 남긴 사업 등을 수주했기 때문이라고 정주영도 고백한 바 있다.[47] 그러나 유흥장 정도를 제외한 동네 가게에 속하는 세탁소, 사진관, 음식점, 사진관, 가방업의 주인들의 고액소득 문제 지적에 대해서는 의구심이 드는 게 사실이다. 게다가 '위안부'가 고액 소득자 두 번째 층에 든다는 지적에는 어이가 없어 실소가 나온다. 물론 전시에 국민의 대부분이 극빈 상태라는 점을 고려하면 미군'위안부'의 외관이나 생활 방식 상 사치성으로 보일 수 있겠으

46) 『동아일보』 1951. 04.15. 이 기고문의 한글 표기는 현재와 달라 ( ) 속에 현대표기에 따라 부기했음.

47) 「대선 후보 연구(6) 6·25시절과 병역(하)」, 『경향신문』 1992. 07. 10. 이 신문 기사에 따르면, 정주영의 현대건설은 미8군 발주공사를 계속하여, 부산 수산대와 '영도국민학교', 미 보충병력 막사 등을 확장 및 건설했고, 정부 발주 복구공사에도 참여하여 남해와 삼천포를 잇는 상현교, 동해선 상의 월천교, 홍만교, 논산대교, 서울 노량진, 광장리 수원지 등을 복구공사하였다. 전쟁 중에 하도 돈을 잘 벌어서 정주영의 부인 변중석은 "그때는 돈을 궤짝으로 실어왔다"고 말했을 정도였다.

나, 사실 여부를 떠나 군'위안부'를 둘러싼 편견이 작용한 기사이며, 이후에도 많은 기사에서 한국의 1950, 60년대 블랙마켓(암시장)을 교란하며 경제를 어지럽히는 문제가 미군기지촌과 군'위안부'를 통해 이뤄진다는 지적들이 나온다. 물론 이 글에서 다루지 않은 『매일경제』에는 "외국군 부대가 주둔하고 있는 철조망 주변, 속칭 기지촌에는 몇 푼의 '달러'를 줍기 위해 후조(候鳥, 철새)처럼 몰려든 '위안부'들을 한낱 '범죄자'라고 지탄하기에는 우리 사회가 너무도 무책임하고 빈한한 게 아닌가"[48]라는 기사도 있다. 아무튼 기사의 본의와는 달리 미군'위안부'를 범죄자 취급을 하는 인식이 당시에 만연되어 있음을 암시하고 있다.

역시 전시 기사 중 1953년 6월 29일자 『경향신문』의 한 기사를 살펴보자.

기사10. 양공주, "밤의 여인", 악덕포주

【부산 본사발】24일 대검찰청에는 "피눈물을 뿌리면서 붓을 돌어 호소하는 한 소녀의 호소를 들어달라는" 양공주 진정서가 날라들어와 관계당국자들의 동정적 격분을 사고 수사대상이 되는 위안부의 포주와 관계자 일당을 조사하라는 시달을 25일 부산지검에 내리었다 19매에 달하는 동 진정서는 서면 박(박송자)라는 익명으로 써날라 들어왔는데 이것도 후환이 무서워서라고 전제하였다 동 박 양은 "소녀는 서울서 피난하여 부산으로 왔사옵고 혹심한 생활난에 허덕이다가 어린 동생 중학 입학을 시킬 결심으로 몸을 개천에 던지고 차금 150만 원을 받고 외군 상대의 위안부가 되었다"고 나락에 빠지게 된 동기를 말한 다음 아무리 갖은 고초와 경멸을 받으면서도 이 자금을 벗어날 수 없는 특수한 계산법은 알 먹고 꿩 먹는 격의 포주의 간악한 간계에 의한 것이라고 포주의 간악한 면을 눈물로 호소하고 자기는 요행 미군 상사의 구원을 받아 간신히 해방됐지만 아직도 생지옥 소굴에서

48) 『매일경제』 1969. 04. 24.

허덕이고 있는 수만 명에 달하는 동지의 신변구원을 위해 철저히 포주들의 기름진 배를 처단해달라고 하소연하였다 동 진정서에 의해 "밤의 여인"들이 착취당하는 일면을 소개하면 다음과 같다

　　미군지불의 10딸라를 세금이니 부식대니 하고 우선 1딸라를 포주가 제한 다음 9딸라를 또 반분하여 포주가 착취하고 위안부에게 돌아갈 4딸라 50센트를 "특수카페조합"이란 악마소굴의 자작환율에 의해 우리 돈으로 환산해주고 포주들은 10딸라를 암시장 가격으로 2,300환에 교환하여 1,525환을 자기 소유로 하고 위안부는 675환 만을 받게 되는 것이라고 폭로하였다. (……)[49]

　기사9와 기사10을 살펴보면 『동아일보』와 『경향신문』의 미군'위안부'를 둘러싼 관점이 다름을 알 수 있다. 동아일보는 미군'위안부'를 사치스러운 존재로 묘사하고 있다. 반면 경향신문은 미군'위안부'들의 출신 계급이 빈한하고, 가족을 먹이고 형제를 공부시키기 위하여 강제적으로 팔려간 상황이나 포주에 착취당하는 상황을 나름대로 진정성 있게 지적하며, 그들에 대해 동정적인 시선을 보이고 있는 것으로 판단된다. 그러나 근본적인 관점에서 두 신문의 어조에는 유사한 것으로 보인다. 즉 대표적인 관점은 '위안부'를 미군 또는 연합군에 의지하는, 소위 미군을 '뜯어먹는'[50] '밤의 여인', '양공주'이라고 보는 점이다. 심지어 다음의 경향신문 기사에서는 한국의 반공적 인식과 이분법적 시각을 전형적으로 볼 수 있다.

　　기사11.
　　◇양공주들이 만리타국에서 멸공전을 위해 내한한 유엔군들을 위안시켜주는 것은 일리가 없지는 않을 상 싶다.

[49] 『경향신문』 1953. 06. 29.
[50] 미군'위안부'에 대해 '미군을 뜯어먹는' 존재라는 시선을 드러내는 용어가 '양갈보'이다.

◇그러나 일반 주택지대나 번창한 거리(수도극장부근)에서 유엔군
을 접대하는 행위는 사회의 비난거리가 되어 있다.

◇관계당국에서는 주택지대에 이들 위안부들이 살고 있으므로 인
하여 대한의 어린이들에게 미치는 영향 그리고 일반의 풍기를
생각한다면 한시각도 이에 등한시해서는 안 될 것이다.[51]

즉 양공주, 미군'위안부'는 북한과 중국군과 멸공(滅共)전을 치르기 위해
참전한 유엔군을 '위안'해야 하는 사람으로 간주했다. 그러나 도심이나 도
시 근방에 위치한 미군 캠프 주변에 살고 있는 '위안부'는 비난거리가 되어
일반인들로부터 격리되어야 할 대상으로 인식하고 있다. 또한 '위안부'를
'암시장'(black market), 제2경제의 주범으로 몰아가고 있다는 것도 유사하
다. 『동아일보』의 한 기사에서는 "어느 정부 당국자는, 전국에 흩어져 있는
2만여에 달하는 소위 '위안부'가 각기 한 달에 50달러어치씩의 외래품을 시
장으로 내보낸다면 1백만 달러는 쉽게 넘는 것"[52]이라고 하는 근거도 없는
기사를 작성하여 1960년대 후반 경제 악화사정을 '위안부'의 탓으로 돌려도
될 만큼 군'위안부'는 윤리적 범위를 넘어서 경제적 영역에 이르기까지 나
쁜 존재로 몰아 나갔다. 해방 이후 수십 년 동안 미군'위안부'는 국가에 의
해서, 언론에 의해서 우리 사회에 뿌리 깊게 사회적 '악'으로 만들어지고
있었다.

어쩌면 이런 점에서 미군'위안부'는 일본군'위안부'나 한국군'위안부'와는
차이가 있는 것으로 생각된다. 일본군'위안부'들은 태평양전쟁기 일본군이
있는 거의 모든 곳에 존재했다고 할 수 있다. 그러나 1944년 한반도에서는
부산, 진해, 여수, 경성(현 서울), 평양, 원산, 함흥, 라남, 라진, 회령 등에

[51] 『경향신문』 1953. 10. 02.
[52] 『동아일보』 1968. 03. 05.

군대가 주둔하고 있었고, 이러한 군사도시가 전쟁터로 되면서 '위안소'가 생겼다.[53] 따라서 해외의 일본군'위안소'에 대해서야 한반도 역내 사람들이 경험하기란 쉽지 않았고, 한반도 역내에 있던 '위안소'와 '위안부'의 경우엔 유곽과 혼재되어 있었더라도 제한적이라 할 수 있다. 한편 한국군'위안부'의 경우엔 정보가 너무도 제한되어 알기 어렵지만, 전방에 위치해 있거나 언론에 공개가 제한되었던 것이 아니었던가 싶다.

그럼에도 불구하고 위의 미군'위안부', 즉 가난하여 가족의 부양을 위해 팔려왔거나 강제적으로 미군을 포함한 유엔군의 '위안부'가 되어야 했던 여성들은 미군이나 외국군에 의지해야 연명할 수 있으며, 국가의 멸공전선에서 유엔군을 '위안'시키도록 강제되어 있었다. 일반인들에 의해 '동정의 대상'이면서도 동시에 '비난거리'로서 격리되어야 할 대상, 윤락녀 등으로 인식되는 것은 일본군'위안부'는 말할 것도 없고, 한국군'위안부'에도 적용되었던 것이 아닌가 싶다.

195, 60년대 신문에는 그야말로 미군'위안부'를 둘러싼 범행과 같은 암울한 기사를 포함한 관련 기사가 지속적으로 나오고 있다. 미군'위안부'는 사회적으로 무관심하거나 침묵된 존재가 아니라, 노골적으로 왜곡된 모습이 마치 존재 자체가 '사회악'인 듯한 분위기로 언론은 여론을 몰아나가는 듯했다. 암울하고 불쾌한 내용으로 가득 찬 기사들 사이에서 미군'위안부'가 '선행'담론에 노출되는 경우가 〈표 3-1〉에서 좀 더 세 분류를 하면 8건 정도 발견된다. 수재민 구호품을 낸달지, 어려운 처지의 '위안부'를 다른 '위안부'들이 성금으로 구한다거나, 불우소년들을 도와주는 일, 간첩 잡느라 고생하는 미군인들에게 음식을 대접하는 일도 있었다. 또한 불의에 죽게 된 33세의 '위안부'가 유산으로 남긴 전 재산의 절반을 고인의 유지대로 고아원

[53] 송연옥·김영, 『군대와 성폭력: 한반도의 20세기』, 박해순 옮김, 선인, 2012, 95쪽.

에 투척하기도 했다. 그는 "생전에 '몸을 판 돈일 망정 깨끗하게 쓰겠다'고 늘 말해 왔다면서 이번뿐 아니라 해마다 6만 원씩을 어떤 양로원에 보냈다"[54]는 감동적인 미담도 보도되었다. 아주 흥미로운 미담이 있다.

기사12. 항가리 의연금 기탁 위안부들이 갹출

【오산비행장 지국】지난 5일 당지 평택경찰서 송탄지서(평택경찰서 송탄지서)주임 김(김정준=경위) 씨는 당지의 용사회관에 위안부 150여 명을 운집시킨 가운데 방법 방화에 대한 계몽을 강화하는 한편 항가리 의거민들의 현실을 더욱 강력히 역설한 바 있는데 현장에서 자진 각자 거출하여 금 10,380환을 항가리 의거민에게 보내달라고 김 씨에게 전달하여 5일 하오 본보 오산비 행장지국에 기탁하여[55]

20년간 8편이라면 일 년에 평균 0.5편도 안되는 기사다. 이러한 미담을 담은 기사를 내보낸 기획 의도가 무엇인지는 알 수 없지만, 그러한 기사로써 과연 미군'위안부'에 대한 '사회악'으로서의 이미지를 착한 사람은커녕 일반인과 같은 사람 이미지로 탈바꿈시킬 수 있었으리라고는 상상도 하기 어렵다. 기사12의 내용처럼 '위안부'들이 1956년의 헝가리사태[56]에 대해서 알 만한 사람이 있었다고 해도, 헝가리 의거민들에게 의연금을 내는 상황은 강요와 거짓이 얽혀진 듯이 자연스럽지 않게 보인다. 다시 말해 맥락적으로 '위안부'의 일상에서 가장 불편한 존재 중 한 부류인 관할 경찰이 소집한 자리에서 자진해서 의연금을 냈다는 것은 여러 가지로 의구심을 불어일으킨다. 과연 '위안부'가 피눈물 흘려 번 돈으로 낸(?) 의연금이 당시 수

54) 『동아일보』 1964. 09. 10.

55) 『경향신문』 1956. 12. 17.

56) 김도민, 「1956년 헝가리 사태에 대한 남한의 인식과 대응」, 『역사비평』 119호(여름), 2017, 302쪽.

교[57]도 되지 않았던 공산국가인 헝가리에 제대로 전달되었는가 궁금하지 않을 수 없다. 아무튼 설령 미군'위안부'가 의연금을 내게 된 것이 자원적인 것이었다고 하더라도 그녀들이 의연금을 내게 된 것은 경찰에 대한 공포심 때문이었던 것으로 추론할 수 있다. 즉 경찰들은 미군'위안부'에게 일상적으로 공포심을 조장하는 문제인 성병 검역과 단속의 권한을 가진 존재였기 때문일 것이다. 한 마디로 말해 미군'위안부'를 사회적 희생양으로 만든 최대의 문제가 바로 성병 확산의 주범이라는 낙인이었다. 다음에서는 미군'위안부'와 성병 관련 문제를 살펴보도록 하자.

2) 미군'위안부'와 검역, 성병

성병, 또는 매독이라는 말은 사춘기 시절 낯설고, 은밀하고 혐오스러운 세상에 등장하는 불편하고 문란한 용어였던 것으로 기억한다. 많은 집들에 은밀히 내장(?)되어 있는 『플레이보이』 잡지나 야한 그림들이 그런 용어를 표상했다. 더욱이 문란한 성 이미지를 강화시키는 기억이 있다. 어른들이 모이면 어느 집안의 부부싸움, 아내의 성폭력 피해 이야기 등과 함께 누구 엄마가 매독에 걸렸다는 둥, 누구 아버지가 오입(誤入)하여 임포가 되었다는 둥, 그들만의 낮은 목소리로 웃음기를 흘리는 듯한 얘기를 들었던 기억이 어렴풋이 난다. 어쩌다 공중화장실에 들어가면 화장실 문이나 벽에는 "매독 치료제"와 관련된 수많은 작은 전단지 등이 붙어 있었고, 무슨 병이 길래 치료제 광고 전단지가 화장실 벽에 붙어 있는가 궁금해 하던 기억이 호기심과 함께 선연하다. 천승세의 『사계의 후조』(1976)에도 예의 성병 얘기가 나왔다. 비공식적이고 은밀한 어른들의 성 이야기는 성에 대한 불편

---

57) 헝가리와는 1989년에 수교를 맺었음(참고: 주한 헝가리대사관 홈페이지, https://szoul.mfa.gov.hu/kor)

한 인식을 만드는 데 중요한 역할을 했고, 1990년대 말, 구성애 선생의 "아름다운 우리들의 성", 즉 〈아우성〉[58]이 나오기까지 나의 성인식의 저변에는 '불편한 성', '문란한 성' 담론이 지배하고 있었다. 그 불편한 성 담론 속에 바로 성병이라는 공포의 이름이 도사리고 있었다.

성병은 개인 간의 사적인 성행위를 통해 전염되어 잘 나타나지 않지만, 개인의 성적 문제를 넘어서 사회적, 국가적 차원의 문제로 주목받았다.[59] 한국에 성병이 사회적 문제로 된 것은 일제강점기와 한국전쟁기를 빼놓고 말할 수 없다. 그러나 매독(梅毒)과 같은 성병은 이미 16세기 초 조선에 나타났다. 이수광(1563~1628)의 『지봉유설』(1614)에 따르면 "1510년을 전후하여 중국과 조선에 매독이 유행"했다고 한다. 일본 역시 1512년 교토에 매독이 유행하였다고 한다.[60]

일본은 에도시대, 17세기 전반부터 공창제가 있었던 것은 유명하다.[61] 그런데 후지메 유키(藤目ゆき)에 따르면 근대 일본의 공창제는 1871년 일본 민부성 시달 등에 따라 기초가 만들어 졌다. 메이지정권이 유럽의 성매매 통제 방식을 모델로 에도시대의 공창제를 재편성했다. 그 핵심은 프랑스 방식을 가져와 강제 성병검진제도를 도입한 것이다.[62] 그러나 유럽에서는 1969년부터 모든 매춘여성이 2주일에 한 번씩 국부검사를 받도록 하고, 성병 감염 여성은 9개월간 수용소 감금 치료를 받도록 했던 영국의

---

58) (사)푸른 아우성의 홈페이지(http://www.aoosung.com/).

59) 신규환, 「개항, 전쟁, 성병: 한말 일제초의 성병 유행과 통제」, 『醫史學』 제17권 제2호 (통권 제33호) 2008, 239쪽.

60) 위의 글, 240쪽.

61) 송연옥, 「일제 식민지화와 공창제 도입」, 서울대학교 국사학과 대학원 석사학위논문, 1998, 3쪽.

62) 藤目ゆき, 『성의 역사학: 근대국가는 성을 어떻게 관리하는가』, 김경자・윤경원 옮김, 삼인, 2004, 93~94쪽.

「성병 예방법」 반대 운동이 벌어졌다.[63] 이 운동은 공창제 폐지, 즉 폐창운동으로 확산되었다.[64]

한국에서는 조선시대부터 성병이 주로 화류병(花柳病)으로 불렸다. 성병이 사회적 문제로 대두되기 시작한 것은 일제강점기로서, 결핵, 소화기병과 함께 성병은 대표적인 질환으로 불렸다. 성병 가운데 임질, 매독, 연성하감 등이 흔하게 걸리는 질병이었다고 한다.[65] 또한 1957년 제정된 「전염병 예방법」(1954. 02. 02. 제정, 1957. 02. 28 시행)에도 제3종 전염병으로 결핵, 라병과 함께 성병이 적시되었다. 「전염병예방법시행령」(1957. 02. 28 제정·시행) 제4조에는 다음과 같이 규정되어 있다.[66]

제4조 법 제8조제2항의 규정에 의하여 성병에 관한 건강진단을 받어야 할 자의 범위는 다음과 같다.
  1. 접객업에 종사하는 자
  2. 매음행위를 하는 자
  3. 기타 성병에 감염되어 매개전파할 우려가 있다고 의사가 진단한 자
전항에 규정된 자는 다음에 의하여 특별시장 또는 도지사가 지정하는 성병진료기관에서 건강진단을 받어야 한다.
  1. 접객부, 기타접객을 업으로 하는 부녀(接待婦, 酌婦等)   2주 1회
  2. 땐사, 유흥업체의 녀급 또는 이와 유사한 업에 종사하는 자   1주 1회
  3. 위안부 또는 매음행위를 하는 자   1주 2회
  4. 성병을 전염시키거나 또는 전염할 우려가 있는 자   수시

---

63) 이성숙, 「움직이는 페미니스트 군단: 영국 성병방지법 폐지운동가 페미니스트 네트워크, 1869~1886」, 『영국연구』 제4호, 2000, 56쪽.

64) 藤目ゆき, 앞의 책(2004), 71쪽.

65) 강혜경, 「일제시기 성병의 사회문제화와 성병관리」, 『한국민족운동사연구』 59, 2009, 88~89쪽.

66) 이 법이나 시행령 등은 〈국가법령정보센터〉의 연혁법령이나 근대법령에 수록되어 있는 텍스트에 근거하고 있음(참고: http://www.law.go.kr/lsSc.do?tabMenuId=tab18).

「전염병 예방법」이 1954년 휴전 직후 제정되어 1957년 시행되기 이전에는 「공창제도등폐지령」(1947. 11. 14 제정, 1948. 02. 13 시행)에 의해서 "타인에게 성병을 전염식힌 자"는 무조건 2년 이하의 징역, 5만 원 이하의 벌금 등을 부과하도록 되어 있었다. 다시 말해 사실상 1954년 이전에는 성병을 감염시킨 자, 즉 군'위안부'는 말할 것도 없고, '매춘부' 등으로 분류 관리되거나 그렇게 찍힌 사람, 주로 여성들은 징역형이나 벌금형을 당했다. 1954년 제정 과정에서 성병 감염의 우려가 있는 사람, 주로 여성은 「전염병 예방법」 제8조에 따라 '건강진단', 즉 검진을 강제적으로 받고 제26조에 따라 강제적으로 '요양소' 등에 유치되도록 되어 있었다.

다시 말해 미군'위안부'들은 말할 것도 없고, 한국군'위안부' 역시 강제 검진을 받도록 되어 있었다. 1950, 60년대 신문 보도에는 거의 대부분 미군 '위안부'와 관련된 검진 내용과 정부의 성병 통계, 관련 기사들로 넘쳐나고 있다. 우선 미군'위안부' 관련 통계를 먼저 살펴보도록 한다. 『경향신문』 1952년 5월 29일자를 보자.

기사13. 60%가 보균자 위안부 검진 결과

전국 각 시도에서 보고 집계된 보건부 통계에 의하면 전국 수진 접대부의 직업별 병류별은 다음과 같다. 4285년(서기1952년) 2월분의 「땐사」 7개도분과 위안부 8개 도분 접대부 9개도분, 밀창 3개도분 기타 2개도 분의 총인원 수효는 26,260명[67]인데 그중 건강자 수효는 20,904명에 건강비율 67.1% 보이고 있으며 보균자 수효는 5,356명에 32.9의 보균율을 보이고 있다. 그런데 이를 직업별로 보면 위안부 층에 2,225명의 림질 보균율 57.3%와 접대부 층에 670명의 66.6%의 보균율이 제 1위를 점하고 있다 한다.[68]

[67] 신문 원문에는 1만으로 나와 2자를 오기한 것임.

기사13의 '위안부'는 대체로 외국군, 특히 미군'위안부'를 가리키는 통계로 파악된다. 그러나 만에 하나 육군에 의해 검진 및 관리되었던 한국군'위안부'도 포함될 수 있으나, 신문 기사 어디에도 한국군'위안부' 관련 성병 문제 자체나 통계는 밝혀진 적이 없다. 이 기사 이래로 '위안부'나 성병 관련 통계는 지속적으로 나오고 있다. 『동아일보』 1955년 1월 17일자를 보면,

> **기사14. 백만 명을 검진 성병 근절책**
>
> 보건부에서는 그동안 성병의 근멸을 위하여 전국에 96개소의 보건소를 설치하고 작년 1년간에 걸쳐 접대부를 비롯한 "**땐서- 위안부 등 백만여 명(연인원)에 대한 검진을 실시하여 그중 병균 보유자들을 무료로 치료**해주었다고 한다.
>
> 그런데 관계당국자가 15일 말한 바에 의하면 지난해에도 예산과 약품 및 시설 등의 부족으로 남자에 대한 집단검진을 실시치 못하고 **여자만을 상대로 하는 일방적인 검진 및 치료로서는 도저히 성병근멸을 면치 못할 것이라고 시사**하였다.[69] (강조는 글쓴이)

라고 하여 1954년에 땐서나 '위안부'를 포함하여 백만여 명의 여성을 검진하였다고 보건부가 발표했다. 1955년 당시 남한 인구가 21,502,386명의 5% 정도의 여성을 검진하였다고 하니 놀라운 일이다. 또한 보건부 스스로 여성 중심의 검진 및 치료로는 성병 근멸이 불가능함으로 실토하였다. 4·19 혁명 과정에 흥미로운 사건이 발생했다.

> **기사15. 양공주 "데모"**
>
> 【파주발】지난 3일 하오 1시부터 이곳 「파주리」와 「연풍리」에 몰

(68) 『경향신문』 1952. 05. 29.
(69) 『동아일보』 1955. 01. 17.

려있는 미군인 상대 위안부 3백여 명은 「파주의원」(파주 제2성병진료소)원장 박동일 씨는 물러가라는 색다른 「데모」를 하였다.

이유는 박 원장이 그들의 검진을 철저히 하지 않고 성병 보균자 수를 실제 수보다 늘려 미헌병대에 보고하였기 때문에 미군인들의 출입이 금지되고 따라서 그들의 생활에 위협을 받는다는 것이다.

이날의 「데모」는 약 3시간 동안이나 계속되었다.[70]

미군'위안부'는 현실적으로 일을 하지 못하면 생활 자체에 위협을 받게 된다. 가난으로 밥을 굶는 문제만이 아니라, 일을 시작하는 과정 자체가 빚으로 시작되어 하루 일하지 못하면 이자가 이자를 낳아 빚이 급증하는 문제가 있다. 심지어 그들은 일을 못하게 되면 (포주)주인에게 폭행까지 당해야 했다. 전직 미군'위안부' 여성은 10대 중반으로 인신매매 당해 미군 '위안소' 등에 끌려왔고,[71] 탈출을 시도했으나 바로 잡혀 주인의 깡패들에게 집단 폭행을 당하고 갇혀 있다가 몸도 미처 다 낫지 않은 채 시작된 일로 인해 몸이 너무 아프게 되자, 주인이 주는 약을 진통제—사실은 '세코날(Seconal) 같은 약제였다고 한다—로 알고 먹고 일했다고 했다.[72] 그런 상황을 악화시키는 문제가 미군이 외출·외박을 나오지 않아 일 자체를 못하

---

[70] 『동아일보』 1960. 07. 05.

[71] 1965년 당시, 김현조의 석사학위논문에 따르면, 보건사회부의 통계에서 매춘부, '위안부' 등이 대략 334,023명이고, 보건사회부가 조사한 19,031명에 대한 매춘부나 '위안부'가 된 동기를 묻는 질문에 '생활고'가 12,271명(64.5%)에 달한다. 또한 김현조 자신이 조사한 104명 중 56명은 성병 여부를 밝히지 않았고, 성병 환자로 밝힌 사람은 대략 30%로 조사되었다. 김현조, 「범죄의 도시화에 관한 사회학적 고찰」, 서울대학교 사회학과 석사학위논문, 1965, 111~149쪽.

[72] 김정자·김현선, 『미군 위안부 기지촌의 숨겨진 진실』, 한울, 2014, 70~77, 89쪽. 김정자의 기억에 따르면 세코날(Seconal)은 각성제지만, 〈한국마약퇴치운동본부〉의 「마약류용어사전」에 따르면 '중추신경안정제인 바르비탈류로 제제한 수면약으로 가장 광범위하게 처방되며 남용되는 의약품'라고 한다(참고: http://www.drugfree.or.kr/information/index.html?contentsNum=2&category=DRUG_2&seq=2143).

게 되는 상황과 관련되었다. 기사15와 같이 4·19혁명 분위기에 영향을 받은 것으로 보이는 군'위안부'들의 데모가 있었던 것이다. 심지어 1961년 3월에도 애스컴시티로 유명한 부평의 '위안부' 200여 명이 "부평 제7성병진료소장은 의료기구의 소독을 하지 않기 때문에 성병환자가 더 는다. 그자를 처단하라"[73]는 주장을 담은 성명서를 발표했다.

1961년 5·16쿠데타 이후 박정희 '군사혁명정부'는 미군 철수 등의 우려와 쿠데타의 정당성을 시사하는 맥락에서 미군'위안부' 통제를 강화하는 조치를 구상하였다. 쿠데타 한 달 만에 군사혁명정부는 "이(미군'위안부'나 창녀)들의 매춘행위를 엄금하는 한편 성병 관리 내지 각종 병 관리를 철저히 하여 건강하지 못한 여자는 영업행위를 즉각 정지시키고 이를 위반하면 엄단할 방침을 세우고 있다"[74]고 했다. 급기야 정부는 『유엔군 상대 위안부 성병관리사업계획』을 발표하여 9월 14일부터 모든 미군'위안부'는 관할 경찰서 여경반에 등록하도록 의무화했다.[75] 그러한 사실을 보도한 경향신문은 "도리깨"[76]라는 코너에서 '유엔군 상대 '위안부' 성병관리사업계획'이라는 것을 조롱하듯 얘기했지만, 그 성병관리사업계획은 '위안부'에게는 본격적인 고통을 가중시키는 결과가 되었다.

그러한 미군'위안부'에 대한 강제적 등록과 검진, 낙검수용 제도 등은 그들에게 '매음부', '창녀'라는 낙인에다가 성병 확산의 주범이라는 낙인마저 찍고 있었다. 1967년 한미행정협정이 발효되면서 주한미군의 범죄는 줄어들기는커녕, 주한미군 범죄에 특권이라는 날개를 달아 줬다. 주한미군에

73) 『경향신문』 1961. 03. 11.
74) 『경향신문』 1961. 06. 18.
75) 『경향신문』 1961. 09. 14.
76) 『경향신문』 1961. 09. 15.

의한 미군'위안부' 범죄의 심각성은 도를 더하였고, 1992년 윤금이 사건과 같은 사건은 동두천이나 부평 등 주한미군 기지촌 주변에 비일비재했다.[77]

이상과 같이 일제강점기로부터 1960년대까지 『동아일보』와 『경향신문』에 대해 '위안부' 검색을 통해 '위안부'에 대한 당대적 인식을 고찰하였다. 이 과정을 통해 발견할 수 있었던 것은 첫째, 군'위안부'의 원천은 일본군 '위안부'라는 사실이다. 조선시대에는 군'위안부', 또는 군'위안소', 군'위안대', 군위안시설 등과 같은 개념은 부재했다. 이 개념은 일제 군대와 관련지어 시작되었다. '위안부'가 군과 관련되었다고 보는 문제 중 하나가 성병과 관련된 검진 제도의 정착이다. 일본군'위안부'나 한국군'위안부'제도로부터 미군'위안부'에 이르기까지 군의료기관이나 보건소를 포함한 국가의료기관에서 '위안부'는 검진을 받아야만 위안행위를 할 수 있도록 했다. 특히 해방 이후 한국에 주둔한 미군은 오키나와와 일본을 경유해서 입국했고, 일본에서의 군'위안부' 경험을 가졌던 것으로 봐지고, 일본에서도 미군을 위한 강제 검진이 행해졌다[78]는 점을 볼 때, 일본군'위안부'제도의 경험을 빼놓고는 얘기하기 어렵다.

둘째, 1960년대까지는 미군'위안부' 관련 기사가 도배질했고, 한국군'위안부'는 말할 것도 없고, 일본군'위안부' 관련 문제도 간헐적으로 나올 뿐이다. 군'위안부'를 일반적으로 외국군을 상대하는 '위안부'로 규정하고 있지만, 직설적이지는 않지만, 한국군 전용의 '위안소'에 대한 몇 차례의 기사나, 한국군'위안부'를 지칭하는 소설 등의 맥락에서 볼 때, '위안부'는 외국군을 포함한 '군인'을 상대하는 사람으로 사용해 왔음을 발견할 수 있다.

---

77) 한만송, 『캠프마켓』, 봉구네책방, 2014[2013], 133~160쪽; 김동심, 「주한미군 범죄 55년 사」, 『21세기 한국의 야만1: 평화와 인권의 21세기를 위하여』, 일빛, 303~333쪽.

78) 藤目ゆき, 앞의 책(2004), 312쪽.

셋째, 당대 신문에서는 군'위안부'를 '매춘', '사창(私娼)', '밀창(密娼)', '윤락녀', '양공주', '양갈보', '땐서' 등과는 구분지어 사용하고 있음을 알 수 있다. 어린 여성이 가난하거나 인신매매를 당하여 '위안부'로 전락하였음에 대해 동정하는 시선들이 간헐적으로 발견된다. 그러나 근본적으로 군'위안부'는 경제적으로 시장을 교란시키고, 보건위생면에서 군인만이 아니라, 국민들의 건강을 해치고, 심지어 윤리를 문란하게 하는 사람으로 당대 신문들은 지칭하고 있음을 발견하게 된다. 이런 점에서 군'위안부'는 오랫동안 군과 국가에 의해 어떤 강요와 폭력을 당했는가, 군'위안소'제도는 왜 존재했고, 어떤 역할을 하도록 강제되었는가 하는 진실이 당대 신문에서도 오랫동안 가리워져 있었다.

1991년 전직 일본군'위안부' 김학순 할머니의 용기 있는 고발이 아니었다면 일본군'위안부' 문제의 실체가 제대로 드러나기 어려웠듯이 2014년 미군'위안부'들의 정부와의 싸움에서 이제야 미군'위안부'제도의 실체가 드러나기 시작했다. 언론은 당대 인식을 반영하지만, 진실을 밝히는 것은 사람들의 몫이다. 그래서 나는 한국군'위안부'의 실체를 밝히고 있다.

제4장

그곳에 한국군'위안부'가 있었다

서울특별시 중구 충무로4가 148번지

2000년대 초반 어느 날, 서울특별시 중구 충무로4가 148번지(지번주소)의 기억을 찾아 다녔다. 일단 장소를 확인해야 했다. 최근에는 주소를 인터넷에서 검색하면 장소를 쉽게 파악할 수 있지만, 당시만 해도 주소를 찾으려면 지적도를 확인해야 해서 동사무소를 가는 게 상책이었다. 필동사무소[1]에 찾아가, 그 주소지를 확인하니 그곳은 충무로 어느 구석진 자리도 아닌 바로 충무로역에서 1분 거리의 골목 초입이었다. 더구나 그곳은 대한극장 맞은편이라는 점도 놀랐다. 대한극장에는 중학생 때 단체관람으로 『벤허』를 봤던 이래로 시시때때로 다녔던 극장이다. 또한 충무로4가는 일

---

[1] 사실 메모를 못 찾아서 2000년대 초 찾았던 지번 '충무로4가 148번지'는 광희동사무소 관할(현재는 광희동주민센터 관할)이 아니었던 것 같은데 명확하게 기억나지 않는다. 아무튼 해당 주소지는 광희동과 필동의 경계에 있다.

제강점기에는 본정4정목(本町四丁目)이었고, 1946년 10월 1일 충무로4가로 개칭되었다. 다음의 그림 1934년경 경성관광협회가 제작한 「경성안내도」에서 본정통(本町通)이라고 되어 있는 곳이 오늘날의 퇴계로이고, 별표자리가 〈충무로4가 148번지〉에 해당하던 자리이다. 지금의 소공동, 회현동, 명동이 있는 본정1정목, 본정2정목 등에는 조선은행(현 한국은행), 경성우편국(현 서울중앙우체국)을 비롯하여 미츠코시 경성점 백화점(1930년 개점, 현 신세계백화점 본점) 등의 일제강점기 건립된 건물들이 빼곡히 들어서 있다.

▌경성안내도

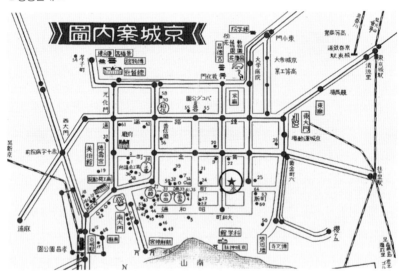

참고: ★(별표)가 충무로4가 148번지가 있던 근방.
출처: 경성관광협회, 「경성안내도」, 1934년(추정); http://egloos.zum.com/lalala52/v/9025200(재인용).

〈충무로4가 148번지〉는 위치로는 충무로역에 인접해 있으나 해당 주소로 들어가는 좁은 골목길은 왠지 음산한 느낌이 났다. 주소지 근처 땅에는 위의 약도처럼 '기종빌딩'이 들어서 있었던 것 같다. 기종빌딩의 구 주소는 〈충무로4가 148-1번지, 신(新)주소 퇴계로37길 14〉였다. 재개발 과정에 문제의 〈148번지〉는 어떤 이유에서인지 사라진 기록으로만 남은 주소가 되었다. 가장 근접한 주소인 148-1번지에 세워진 기종빌딩 경비실에 방문하여 경비원에게 그 건물이 한국전쟁 당시에 있던 건물이냐고 물었다. 그는 전해져오는 얘기로만 들었다며, 주소지에 원래 있었던 건물은 이미 1986년 아시안게임을 앞두고 도심재개발되는 통에 사라졌다고 이야기했다. 그에게 그 근방에 살고 있는 원(原)주민, 터줏대감을 아느냐고 묻자, 도심 재개발 과정에서 다 떠나고 없다고 했다.

동사무소(현 동주민센터)를 재차 방문하여 사라진 주소지의 건물이나 인근 지역의 사진을 문의했으나 찾을 수 없었다. 또한 그 주소지를 기억할 사람, 즉 충무로 인근의 원주민, 터줏대감을 찾고자 동사무소 직원들에게 협조를 구했다. 원주민들 중 대부분은 도심 재개발과 함께 흩어졌다고 했다. 몇 명의 원주민의 인적 정보가 있다고 하여 동사무소 직원의 협조로 전화통화를 할 수 있었다. 70대 노인 3명과 통화하여 2명 노인이 면담을 동의해 주었다. 70대 초반의 남성 노인은 충무로에서 철물점(?)을 운영하고 있었다. 그는 전쟁을 피해 부산으로 피난 갔다가 바로 군 입대를 해서 주소지와 관련된 내용을 모른다고 했다.

동사무소 직원으로 소개로 또 한 명의 원주민인 70대 말쯤으로 짐작되는 노인의 낡은 집을 방문했다. 70대 말의 노인이라 더 많은 기억을 하리라 기대했으나 그도 역시 한국전쟁 때 부산으로 피난 갔다고 했다. 그는 1956년경 귀경했는데, 충무로 일대에는 일제 때부터 워낙 유곽이 많았다고 기억했으나, 한국군'위안부' 얘기는 못 들었다고 했다. 다만 그 주소지에 원래 있던 건물은 예전부터 군대 건물로 사용된 것을 어렴풋이 기억해 냈다.

해병대 건물인지, 수방사(현 수도방위사령부[2]) 건물인지 그런 이름으로 불렸다고 했다. 왜 해병대 아파트냐, 군인들이 많이 살았느냐는 질문에, 그는 이유는 모르지만, 건물이 없어지기까지 서민들이 살았던 낡은 아파트 같은 게 있었는데 한국전쟁 때는 군대 소유였던 것으로 기억했고, 정확히, 해병대 소유인지 수방사 소유인지는 기억하지 못했다.

현재는 사라진 주소지를 찾아 헤맨 동기는 그 곳에는 한국전쟁기에 한국군'위안소'가 있었기 때문이었다. 즉 한국군'위안부'가 있던 곳이었다. 한국군'위안부'라는 역사적 사실을 지각하게 된 것은 우연한 계기로서, 속초 월남인과의 면담에서 출발한다.

기억 속의 한국군'위안부': 수수께끼의 단초

1996년 6개월을 상정하고, 이산가족 중에서 월남이산가족들이 주로 모여살고 있는 강원도 속초, 소위 '아바이마을'에서 수행한 현지조사는 나에게 있어서 판도라상자의 뚜껑을 열게 되는 계기가 되었다. 그 전까지 피상적으로 알고 느꼈던 은폐되거나 왜곡되거나 잊힌 현대사의 잃어버린 조각들이 판도라상자 속에서 여전히 은폐되거나 왜곡되었거나 낮은 목소리로 남아 있었다. 물론 그 판도라상자는 사람들의 '기억'이다. 기억 속에서 반

---

2) 수도방위사령부는 『위키백과』에 따르면 1949년 수도경비사령부(수방사 약칭)로 창설되었다가 한국전쟁 동안 수도사단에 편입되었다가 1961년 5·16 직후에 다시 수도방위사령부로 개칭되어 중구 필동으로 이전했다. 1991년 수방사는 서울 관악구 남현동 남태령으로 이전하게 되면서, 수방사 자리는 1989년 서울시유지로 되어, 1998년 4월 〈남산골한옥마을〉로 변신하여 개관하게 되었다. 『한겨레신문』 1998. 03. 05(참고: https://ko.wikipedia.org/wiki/%EC%88%98%EB%8F%84%EB%B0%A9%EC%9C%84%EC%82%AC%EB%A0%B9%EB%B6%80)

공이데올로기에 의해 억압된 이산가족의 기억과 망각, 아픔은 말할 것도 없고 북파공작원, 민간인 학살 및 납치, 성폭행, 강제동원, 한국전쟁에서의 혐의 짙은 세균전, 고질적인 군정경유착의 부패구조, 반공이데올로기의 연고망과 같은 문제들이 복잡하게 얽히고설켜 있었다. 그럼에도 불구하고 그 문제들은 '반공', 즉 '냉전'이라는 하나의 씨앗에서 싹튼 문제들이었다. 그 가운데 나에게 가장 충격을 주었던 것의 하나는 한국전쟁 당시 국군 내에 '위안부'와 군'위안소'가 있었다는 사실이었다.

위안부 문제와 처음 부딪히게 된 것은 1996년 11월, 속초의 월남인, 김씨 (1927년, 함남 이원군 출신, 남, 별세)와 인터뷰하던 도중이었다.

> (1950년 10월 중순인지, 하순이지 확실치 않는데) 내가 유엔군놈들 한테 잡혀서 손짓 발짓으로 내가 인민군이 아니라고 말을 하고, 국군 통역에게 호소를 해도, 나와 고향친구를 포로라고 해. 그게 평안북도 개천 무렵이었던가 싶어. 거기서부터 나와 고향친구는 포로가 되어 아군이 시키는 대로 했지. 아군들한티 밥도 하고 빨래 같은 일도 해주며 밥을 얻어먹었어. 그란디 이상한 거이 군'위안대' 여자들이 있었던 거야. 군'위안대' 여자들은 주로 이남사람인거 가타. 이북말씨를 안 썼던 건 분명해. 이남에서 군대 따라 온 것 같아. 그들은 군인들을 위문하는 일을 했어. 그들은 부근에 있던 민간인집에 묵었지만 군인들은 우리한테 그 여자들 밥도 해먹이라 시켰어. 그래도 내외하느라 얼굴은 잘 못 봤지. 당시 그들은 읍내 극장에서 공연을 하는 듯했어. 군인들하고는 친했고…

그는 미군에 잡혀서 몇 년간 거제도포로수용소에서 민간인 포로로 온갖 고생을 하면서 수용되어 있다가 정전협정 체결 직전인 1953년 6월 18일, 소위 이승만특명으로 불리는 국제법 상의 위법적인 포로 석방 때 남한 사회에 정착하게 되었다. 이북의 가족들이 행여 피난차 월남했으리라는 기대감으로 정착했으나 결국 이북의 가족들과는 영영 생이별을 하게 된 점을 못내 가슴아파했던 그런 김씨와의 인터뷰에서, 귀가 번쩍 열리는 예상치 못한 얘기를 접하게 되었다. 위의 지문처럼 공연도 하고 장병과 친했던 여성들이 있다고 말했다. 많은 남성 노인들과의 면담에서 섹슈얼리티 관련 문제가 나오면 압축적인 웃음으로 상황을 외면하려고 하듯이 김씨 노인도 위안 문제에 대한 추가 질문에 대해 상상에 맞기겠다고 했다.

한국군 베테랑의 이유 있는 의심

2018년 8월, 한 동료3)의 조력으로 재미 동포의 입에서 나온 한국군'위안부'와 관련된 얘기를 접할 수 있었다. 이씨(1933년생, 평남 용강군, 미국 거주)는 인민군으로 1950년 7월에 차출되어 10월에 황해도 지역에서 한국군의 포로가 되어 거제도 수용소에서 생활하다가 1953년 6월 18일 소위 '이승만 반공포로'로 석방되었다. 그는 반공포로 번호를 아직도 기억할 만큼 반공포로로서의 삶은 자신의 이후 삶에 깊은 영향을 미쳤다. 그의 입에서 '위안부' 얘기가 기억처럼 나왔다.

> 이씨: 이 위안부라는 말은 그 내가 말할 수 있는 거는 이거라고.
> 내가 포로 될 당시에… 이 인민군 여자 포로도 한 7~8명이
> 있었어요. 그중에. 대- 대부분은 남자고, 인민군 여자 포로가

---

3) 동료는 영화감독이면서 내가 한국군'위안부' 문제에 빠져 있다는 사실을 너무 잘 알고 있다. 반공포로 관련한 영화 작업의 일환으로 미국에서 만났던 반공포로 출신의 이씨와 인터뷰를 하던 중 한국군'위안부' 관련 얘기가 나와서 내게 귀띔을 해줬다. 이미 라포를 형성한 그에게 나의 부탁으로 인터뷰하는 것을 전제하고, 2018년 8월 29일, 국제통화로 한국군'위안부'와 관련된 인터뷰를 하게 된 것임을 밝힌다.

한 7~8명이 있었는데- 그 여자들은 어 우리 남자와 같이 그 포로수용소로 보내지 않고 그 국군이 자기네가 필요하니까 이 여자 포로들은 자기네하고 같이 있어야, 앞으로 같이 움직인다고 해갖고 그 국군 장교가 직접 말을 했어 그렇게. 나 기억해요 지금도. (……) 자기네가 필요하니까 자기네와 같이 움직인다고 그렇게 말을 했어요. 우리들은 이제 그 후방으로 해서 포로수용소로 보내고 이 여자들은 자기네가 필요하니까 자기네와 같이 이제 움직인다고 그렇게 말했어. 그거는 내가 기억해요. 한 7~8명 됐어요. 여자, 인민군 여자 그때 포로가 한 7~8명 됐어요.

질문: 그때 그렇게 봤을 때, 여자 포로들, 그렇게 가는 거, 따로 이동한다고 했을 때, 그 선생님 느낌은 어땠나요? 그 소감은?

이씨: 어-. 두 가지 가능성으로 봤죠. 하나는 그- 여자들을 위안부로 써먹는 거가 가능성이고, 또 하나는 그 여자들이 혹시 간호원이면 또 간호원은 써먹을 수 있잖아요. 자기네 군대가 이제 전쟁 하다가 부상당하면. 근데 두 번째는 가능성이 좁죠. 왜냐하면 그 뭐 간호원을 써먹으려면 남자 간호원도 있는데 남자 간호원을 데리고 간 건 없다고. (……) 하여튼 여자들, 여자들은 전부 다 무조건 자기네들이 데리고 간다고 그러고 거기 후방으로 안 보내고 남자들만 보냈어요. (……) 어 옷차림은 깨끗하게- 인민군대 그 군복 깨끗하게 입고 여자들. (……) 다 이북 출신이지. 이, 이남에서 잡힌 사람은 아마 의용군이 있겠지만 우리 있는 데는 황해도니까. 거 이북 땅이니까 거기에 이남 출신이 황해도에 있을 리 없잖아요.

이씨는 인터뷰 전까지는 한국군'위안부' 이야기를 들어보지 못했다고 했다. 그럼에도 불구하고 황해도에서 잡힌 여성 인민군 7~8명이 별도로 차출되었던 사실을 대단히 낯설게 기억하고 있었다. 당시에는 자신의 생명 보존 자체가 어려워 따져 묻지는 않았으나, 그 여성들이 차출되던 순간의 "**기억이 생생**"하다고 증언했다.

그는 논리적으로 여성 인민군의 차출 가능성을 짚었다. 우선, 간호병이 될 가능성은 없다. 왜냐면 남자 간호병이 있었기 때문이었다. 그렇다면 나머지 가능성으로서 이 여성들은 '위안부'로 써먹었을 것이라 추론했다. 그 여성들은 젊고 앳된 인민군인이었던 것으로 기억했다. 이씨는 아마도 그녀들의 순박하고 얼굴에 비낀 공포를 봤을 것이다.

김씨의 증언이나 이씨의 증언을 통해 1950년 가을~겨울 무렵 전장에서는 이미 여성들이 동원되어 있었음을 짐작할 수 있다. 그러나 아직 그 시기에는 한국군'위안부'제도가 공식적으로 만들어진 것은 아닌 것으로 추정한다. 한국군'위안부'제도가 공식적으로 등장한 것은 1951년 여름, 늦어도 가을이라고 보았다. 그 이유 중 하나로서 전선의 교착 상황으로 추론했다. 1950년 '여름'전쟁, 즉 6·25전쟁을 통해 인민군이 내려왔다가 1950년 '가을'전쟁, 즉 10월 1일 국군과 연합군의 3·1선 돌파, 1950년 '겨울'전쟁, 즉 12월 4일 연합군의 후퇴와 서울의 1·4후퇴와 이후 1951년 5, 6월에는 현재의 휴전선 중심으로 전선이 교착되면서 지루한 장기전이 진행되었던 시점에 한국군 '특별위안대'가 설치되었던 것으로 보인다. 특히 장교들의 성적 문란함과 전시 성폭력 사건을 떼고 얘기하기는 어려울 것이다. 이 이야기는 다음 장에서 살펴보도록 한다.

1951년 여름으로 추론하는 둘째 이유는 교착되던 시점에 군'위안부'제도를 활용할 만한 사람이 휼병감(후생감)으로 부임했다는 점도 다음 장에서 찬찬히 살펴볼 것이다.

한국군인들의 군'위안부'의 기억

1951년이나 1952년 무렵에는 군'위안부'를 목격했다는 증언이 여러 베테랑들에게서 나왔다. 한국전쟁 당시 일반 병사뿐만 아니라 위관급 장교였던 리영희 교수 외에 채명신 장군, 김희오 장군, 차규헌 장군 등에서도 나왔다.

채명신의 회고록 『사선을 넘고 넘어』 중에서[4]

당시 우리 육군은 사기 진작을 위해 60여 명을 1개 중대로 하는 **위안부대**를 서너 개 운용하고 있었다. 때문에 예비부대로 빠지기만 하면 사단 요청에 의해 모든 부대는 위안부대를 이용할 수 있었다. 그러니 5연대도 예외는 아니었고, 예비대로 빠지기도 전부터 장병들의 화재는 모두 위안부대 건이었다. (강조는 글쓴이)

차규헌의 회고록 『전투』 중에서[5]

(1952년) 3월 중순의 기후는 봄을 시샘하듯 쌀쌀했다. (……) 잔적을 완전히 소탕한 후 예비대가 되어 부대정비를 실시하고 있을 때 사단 휼병부(恤兵部)로부터 장병을 위문하러 **여자위안대**가 부대숙영지 부근에 도착하였다는 통보가 있었다. 중대 인사계 보고에 의하면 이들은 24인용 야전천막에 합판과 우의로 칸막이를 한 야전침실에 수용되었다고 하며 다른 중대병사들은 열을 서면서까지 많이 이용했다고 하였다. 그러나 우리 중대병사들간에는 전장에서 여자와 가까이 하면 불길한 액운이 따른다는 소문이 퍼져 대부분의 병사들은 선뜻 나서지 않아 위안목적 달성에 큰 도움을 준 것 같지는 않았다. (강조는 글쓴이)

---

4) 채명신, 『사선을 넘고 넘어』, 매일경제신문사, 1994, 267쪽.
5) 차규헌, 『전투』, 병학사, 1985, 234~235쪽.

김희오의 회고록, 『인간의 향기: 자유민주/대공투쟁과 함께한 인생역정』 중에서[6]

(강원도) 수도고지 전투도 잊혀지고 도망병 발생도 진정되어 갔다.

이제 FTX에 본격 돌입하기 위해 소화기 및 장비 점검, 보급품 정비 등이 한창 진행되는 어느 날 아침이었다.

연대1과에서 중대별 제5종 보급품(군 보급품은 1~4종밖에 없었음) 수령지시가 있어 가 보았더니 우리 중대에도 주간 8시간 제한으로 6명의 위안부가 배정되어 왔다.

이는 과거 일본군대 종군경험이 있는 일부 연대 간부들이 부하 사기 앙양을 위한 발상으로 일부러 거금의 후생비를 들여 서울에서 조변하여 온 것이다.

그러나 나는 백주에 많은 사람이 오가는 가운데 줄을 서서 분대천막을 이용하는 것이라던가 또 도덕적으로나 양심상 어정쩡하기도 해서 썩 내키지가 않았다.

먼저 소대에 2명이 할당되고 그중 1명이 먼저 소대장 천막으로 배정되어 왔다. 나는 출신환경 등 몇 마디 대화만 나누고 별로 도와줄 방법이 없어 그동안 모아놓았던 건빵 한 보따리를 싸서 선임하사관에게 인계하였다.

2006년 1월부터 2008년 1월경까지 겨울방학 때 2~3주씩 강화 지역과 교동면 지역을 조사했다. 그런 과정에 만난 분은 1951년 6월경 철원, 금화 지역 전선의 전투병이었던 안씨(1933년생, 강화 교동 출신, 교동 거주)였다. 그는 부농집 아들로, 해방되고 경성공립농업학교[7]를 다니던 중

---

[6] 김희오, 『인간의 향기: 자유민주/대공투쟁과 함께한 인생역정』, 원민, 2000, 70~80쪽.

[7] 경성공립농업학교는 서울 전농동에 1918년 개교되었다. 1950년 6월 서울농업초급대학으로 재설립되었고 1956년 4년제 서울농업대학으로 승격하였고, 1973년 농업대학에서 산업대학으로 개편하여 서울산업대학으로 개칭하였다. 1975년 설립자를 서울시교육위원회에서 서울특별시로 이관하였고, 1981년 서울시립대학으로 교명을 변경하였으며, 1987년에는 종합대학으로 승격하면서 교명이 서울시립대학교로 변경되었다(참고: 서울시립대 홈페이지, http://www.uos.ac.kr/kor/html/auos/history/history.do).

한국전쟁과 직면하게 되었다. 강화 교동면에는 인민군이 들어가지 않아서, 잠자코 지내다가, 1950년 12월경 국민방위군으로 소집되었다가 김해까지 갔다가, 국민방위군이 해체되는 과정에서 생고생을 다했다. 자원하지 않으면 안 되는 분위기에서 국군 현지 지원하여 입대하게 되었다. 제주도, 부산을 거쳐 훈련을 받고 일병으로 전방 김화, 철원지역으로 투입되었다. 그에게 질문을 부드럽게(?) 하기 위해 여자 군위문단을 보았는가를 물었다.

> 안씨: **위안부!** 위안부! 위안부 봤어요. (……) 그 위안대도 전방에 있을 땐 안 옵니다. 후방에 거시기가 되어야, 빠질 때- 그때 오는데- 뭐- 그- 그때두 사실 뭐- 그때 나이- 열아홉 살? 열아홉 살인데 뭐- 그- 여자생각 보담두 사실 숙녀사냥하고 그렇고 그렇지. 그리고 그- **성병관계** 땜에 사실 어렵더라구요. 총각들 이렇게 나가 있으니께 거기- 그- 위안대 들어와서 어떻게 하는 사람들도 뭐- 보긴 했는데- 안 되더라구. 북한군이 나와 살고- 여름이니께. 그런 걸 봤는데 그때 한번 딱 들어오는 거 봤어요.
>
> 김귀옥: 어- 그럼 이 위안소는 이제 간이로 쳐서 만들었어요? 천막으로 만들었어요?
>
> 안씨: 예. 그렇게 담요 같은 걸로 이렇게 쳐서.(……) 이렇게 막고. 평지에다가.
>
> 김귀옥: 평지에다가? 그 여자들은 나이가 몇 살이나 되 보여요?
>
> 안씨: 그거 뭐- 한 스물-, 스무 살부터-스물 대여섯 살? 그 정도?
>
> 김귀옥: 다 여성들도 촌 여성 같죠? 시골 여성들 같죠?
>
> 안씨: 그 알 수가 있나요? 뭐-.
>
> 김귀옥: 아니 그래도 얼굴 멀리서 보면 알죠. 사람들 보면- 옛날 사람들 보면- 화장도 찐하게 하고 뭐- 그런 양공주 같은 스타일인지?

안씨: 그렇지는 아니고. 보통 여자들 같은데- 난하게 화장하고- 머
　　리 파마-한 거 같아요. 네. 한번 밖에 우린- 그 후방에 내려가
　　서 그- 보충 받을려고, 병력이 소모되니까 보충받으려고 근
　　데 거기서 딱 한번하고, 에이한테 한번 들어보면 알드라고.
김귀옥: 그때 군표를 줬다던데? 위안부에서? 위안대에서 쓰라고.
안씨: 그건 몰라요. 저희들은 그런데 들어가 보지 않아-
　　(……)
김귀옥: 그건 아는데 미군한테도 따로 위안대가 있었다던데?
안씨: 그건 몰라요. (강조는 글쓴이)

　안씨의 이야기에서 몇 가지 정보가 나온다. 첫째, 1951년인지, 52년인지
여름에 한국군'위안부'를 처음 봤다. 둘째, 한국군'위안부'를 봤지만, 미군
'위안부'는 보지 못했다. 셋째, 교전 중에는 '위안부'가 오지 않고, 전투 쉴
때 여성들이 왔고 평지에 담요를 칸막이처럼 쳐서 군인들을 받도록 했다.
넷째, '위안부'들은 보통 여자들로 짐작되는데, 화장하고 머리 파마한 것으
로 기억된다. 다섯째, 당시 성병 문제가 퍼져 있어서, 경계심이 들었다. 여
섯째, 부대에서 군표를 받은 기억은 나지 않는다. 이러한 증언은 장교들의
증언과도 일치되었다.
　1952년경 중위였던 김희오 소장의 회고록에는 군'위안부'를 둘러싼 다음
과 같은 기억이 나왔다(제4장의 인용문을 재인용함).

　　연대1과에서 중대별 제5종 보급품(군 보급품은 1~4종밖에 없었음)
　　수령지시가 있어 가 보았더니 우리 중대에도 주간 8시간 제한으로 6
　　명의 위안부가 배정되어 왔다. 이는 과거 일본군대 종군경험이 있는
　　일부 연대 간부들이 부하 사기 앙양을 위한 발상으로 일부러 거금의
　　후생비를 들여 서울에서 조변하여 온 것이다.[8]

당시 위관 장교였던 김희오는 낯설었던 '제5종 보급품'[9]으로 통용되었던 군'위안부'의 경험에 직면하여, 군'위안부'를 이용하도록 지시를 내렸던 연대장이 관동군 출신자였으므로 군'위안부' 발상을 했다고 기억했다.

리영희 선생과의 인연은 길지만, 생전에 별로 친할 기회는 없었다. 2002년 2월 한국군'위안부' 문제에 대해 발표를 한 후였던 것 같다. 그해 여름으로 기억하는데, 인사동에서 학술단체협의회 회의를 파한 후 뒷풀이로 갔던 어느 찻집에서 우리 일행과 리영희 선생을 조우하게 되어 잠시 함께 어울렸다. 그 자리에서 리영희 선생은 먼저 운을 뗐다. '최근에 어느 젊은 연구자가 한국군'위안부'에 대해 발표를 했다는데, 사실 내가 강릉 부대에 있을 때 '위안부'를 만났지. 그때는 내가 인권 의식이 부족해서 전쟁 체험담으로 기록을 했는데……' 나의 가슴이 벌렁벌렁해졌다. '그 사람이 바로 접니다.'라고 하자, 모두 놀랐다. 일행은 다 진보적인 연구자들이었지만, 한국군'위안부' 문제에 대해 불편해 하는 기운이 역력했다. 리영희 선생에게 인터뷰를 요청하자, 자신의 화갑 회고록인 『역정』[10]에 있는 내용 이상의 이야기가 없다며, 인터뷰를 피했다.

미군 베테랑의 기억 속 군'위안소'

한국군'위안부' 이야기는 의외의 사람, 미군 베테랑의 기억에서도 만날수 있었다. 1999년, 강원도 속초는 국제관광EXPO 개최를 앞두고 홍보에

---

8) 김희오, 앞의 책, 70~80쪽.
9) '제5종보급품'에 대한 기억은 차규헌의 『전투』(병학사, 1985)에서도 일치하고 있다.
10) 리영희, 『역정』, 창작과비평사, 1988.

열을 내고 있었다. 속초 현지조사를 마치고 박사학위를 1999년 2월에 이미 받았으나, 틈틈이 속초를 다니며 새로운 자료들을 계속 찾고 있었다. 어느 날 속초 시청으로부터 한국전쟁에 참전하여 속초에서 위관급으로 군생활을 했던 미국인 폴 팬처(Paul Fancher, 1930년생)씨가 속초에 관광차 와서 누군가를 찾겠다고 하니 그를 도와줄 수 없겠냐는 요청을 받았다. 폴 팬처는 1953년~1954년 속초 미군부대에서 근무했는데, 같은 부대에 있던 한국인 노무자들 몇 명과 '마마상(mamasan, ままさん)'이라고 불렸던 여성을 찾았다. 그가 제시한 50년 전 사진의 인물들을 찾기가 쉬운 일이 아니다. 속초지역신문에 공고했지만 사진의 주인공은 나타나지 않았다.[11]

1999년 9월, 그를 만나 1953년 속초 미군부대에 근무했던 당시 상황에 대한 인터뷰를 할 기회를 가졌고 그 후 몇 차례 이메일을 통한 질의문답의 글을 주고받았다. 마마상이라는 별칭은 일본에 주둔했던 경험이 있던 미군들이 여성 노무자에게 붙여준 이름이었지만, 이 여성이 '위안부'라는 증거는 없다. 팬처 씨를 통해 한국전쟁과 관련된 여러 가지 새로운 사실[12]을 확인할 수 있었고, 그 가운데 하나는 속초시내에 한국군대가 운영한 군'위안소'가 있었던 사실이다. 팬처 자신은 '위안소'를 이용하지 않았으나 '위안소' 앞에는 대개 한국 군인들이 줄을 지어 있었다고 했다. 1999년 폴 팬처는 속초를 방문한 이래로 속초와 인연을 맺어 당시 군부대 생활을 하면서

---

11) 2001년 7월, 속초 현지조사에서 그 마마상의 소식을 접할 수 있었다. 과거 속초 척산리 미군통신부대 근처에서 미군과 같이 살던 양공주들을 하숙시켰던 한 부인의 증언에 따르면, 마마상은 그 딸과 함께 미군부대에서 일을 해주어 먹고 살았는데, 1956년경인가 미군부대가 이동할 때 이사를 해서 소식을 모른다고 했다.

12) 팬처 씨는 1953년 휴전 직전부터 1954년 8월까지 전화교환수로 속초 미군 항만통신 파견대에서 복무했다. 그가 속한 부대의 활동목표 중 하나는 대북첩보활동에 대한 지원 및 연락이었다. 그는 부대들 간에 통신 연락을 취하는 과정에서 대만에서 온 첩보부대인 소위 '타이완부대'가 속초 앞바다나 남한 전역에 걸쳐 15군데 정도 주둔해 있던 사실을 알게 되었다고 한다. 그것은 당시 철저하게 비밀에 붙여져 있었다.

속초지역의 사진을 찍었던 필름과 사진 총 272점을 속초시립박물관에 기증했다. 속초시는 그에게 속초 명예시민증을 수여하기도 했다.[13]

한편 속초 원주민인 박씨(1927년생, 속초 출신, 공무원, 별세)의 증언에서 폴 팬처와 일치되는 사실을 접할 수 있었다. 박씨와는 1996년 가을 첫 인터뷰 이래로 2011년까지 수차례 만남을 가졌고, 그의 인터뷰 중에는 아직도 정리하지 못한 많은 이야기들이 있는데, 그중 하나가 속초에 한국군 '위안소'가 있었다는 사실을 증언받게 된 사실이다. 그는 일제 말기부터 말단 공무원으로부터 일하기 시작하였다. 그는 세세히 기록하는 습관을 가지고 있었고, 여러 동사무소, 속초 읍사무소,[14] 시청 등을 근무하여, 속초의 변화에 대해 누구보다도 세밀히 기억을 하고 있었다. 2002년경 그에게 한국군'위안소'에 대해 묻자, 그의 입에서 현재 속초시 중앙동 시청 부근에 1군단 휼병부에서 운영했다고 알려진 '호라스[15]'라고 불리는 군'위안소'가 있었다는 증언이 나왔다. '위안소'에는 대략 15명 정도의 여성들이 있었다고 알려져 있고, 일반 사창과는 달리 민간인의 출입은 금지되었다고 한다. 속초 군'위안소'는 1951년 8월 군정[16]이 실시되면서 생겨서 1954년 11월 민정 이양 전에 없어졌다고 한다.

---

13) 『연합뉴스』 2010. 11. 25(참고: https://news.naver.com/main/read.nhn?mode=LSD&mid=sec&sid1=102&oid=001&aid=0004787029).

14) 1963년 속초가 '시'로 승격되기 전에는 속초는 읍이었음.

15) '호라스'는 여순주 선생님의 제안대로 'whore house'로 추측됨.

16) 강원도 속초와 양양에 실시된 미군정은 한반도에 실시된 세 번째 미군정이다. 만 3년간의 군정 기간 동안 그 지역은 유엔군의 관할이 되었으며 1954년 11월 비로소 대한민국 관할로 되었다. 이 문제에 관해서는 김귀옥의 「잃어버린 또 하나의 역사: 한국전쟁시기 강원도 양양군 미군정 통치와 반성」(『경제와 사회』 여름회통권 46회, 2000)을 참조바람.

군'위안부'와의 만남: 북파공작원과 '위안부'의 악연

한국전쟁 당시 많은 월남인들은 여러 가지 이유로 북파공작원[17]이 되었던 것 같다. 그들이 남하 피난(displaced to the south)하게 된 여러 가지 이유와 관계가 있다.[18] 북파공작원이 된 이유로는 우선 반공적인 이유가 있을 것이다. 공산주의자들에 대한 복수심으로 인해 북파공작원이 되어 복수하고 적을 타도하겠다는 이유가 '정답'에 가깝다면 내가 만난 월남인 출신의 많은 공작원들은 그 정답으로부터 멀었다. 그 정답은 공작원들이 대북첩보활동을 하는 동안 덧붙인 '명분'이고 처음에 공작원이 되었던 것은 고향의 가족들을 다시 만나기 위해서, 또는 납치되어 어쩔 수 없이 공작원이 되어야 했던 이유가 강했다. 공작원이 되는 것을 거절할 수 없었던가를 물으면 그들은 냉소를 띠면서 '총, 칼로 무장하고 있는 그들[19]이 죽으라면 죽는 시늉이라도 내야 했다'고 대답하곤 한다.

북파공작원 출신의 월남인들을 몇 명 인터뷰하는 가운데 그들의 활동 속에서 '위안부'라는 존재가 놓여있음을 발견하게 되었다.

북파공작원 1[20]은 비교적 큰 부대에서 공작원으로 활동으로 했고 대북공작이 한 번 끝나면 대개 본부가 있던 속초에 들어가 보고하고 나면, 속초

---

17) 한국전쟁 당시 북파공작원을 둘러싼 명칭이 분분하다. 회고록이나 군 관계 자료, 여러 자료들을 보면 무명용사, 군번 없는 군인, 유격대, 공작원 등의 용어가 사용되고 있으나 당시 국방부에서는 그들을 '징용자'로 분류하여 처리하였다(김귀옥, 「납치 북한인을 공작원, 위안부로 이용했다: 북파공작원의 현대사 증언」, 『월간 말』 12월호, 2000 참조).

18) 이 문제에 관해서는 김귀옥의 『월남민의 생활경험과 정체성: 밑으로부터의 월남민 연구』(서울대출판부, 1999)를 참조 바람.

19) 납치하는 정규, 비정규 군인들을 의미함.

20) 공작원 1(1928년생 원산 출신)은 1세대 HID 용사이다. 1997년 세 차례에 걸쳐 11시간 이상 소요된 면접에 참여해준 용감한 이다.

시내에 있던 '위안부'가 있던 술집으로 직행했다고 증언했다. 이는 폴 팬쳐나 박씨의 증언과 일치하는 부분이다.

북파공작원 2[21]와 북파공작원 3[22]은 북한으로부터 납치한 여성 '위안부'와 관계를 맺고 있다. 북파공작원 2는 자신이 북한 여성을 납치해 왔고, 북한공작원 3은 그 여성과 사촌관계였다. 공작원 2의 활동에 대해서는 『월간 말』 2000년 12월호에 밝혔지만 다시 소개하면 다음과 같다.

> 한편 1951년 5월경, 최씨가 원산 앞바다에 있을 때 어느 섬에서 여맹원들이 회의를 하기 위해 한 집에 모두 모여 있다는 첩보가 들어왔다. 대장의 지휘에 따라 그를 포함한 5명은 야음을 틈타 그 마을에 도착했다. 그 마을은 자신의 옆 동네이기 때문에 손바닥 보듯 훤하게 잘 알고 있었다. 그들은 신을 신은 채 동네처녀들이 있다는 방에 들이닥쳤다. 그 방에는 집주인인 듯한 남자가 있어서 저항하기에 그의 멱을 따 죽여 버렸다. 동이 틀 무렵 여성들 4명을 끌고 해안가로 나와 타고 온 배로 섬으로 돌아왔다. 도중에 오인한 미 전투기의 공습을 받고 어이없게도 여성 한 명이 죽었다. 3명의 여성들은 두려움에 완전히 기가 질려 울지도 못했다.
>
> 그들은 여성들을 여도 본부로 넘겨주었다. 그중 최씨의 소학교 동창이었던 문씨(1934년생, 함남 영흥)는 이아무 하사관에게 겁탈 당했다. 결국 문씨는 이 하사관과 정전이 될 때까지 여도에서 아이를 낳고 같이 살았다고 한다. 다른 여성들은 낮에는 군인들의 밥과 빨래를 해주었고 밤에는 위안부가 되어야 했다. 그러다 정전이 되자 문씨는 원래 본처가 있었던 이 하사관에게 버림을 받았다. 결국 결혼한 문씨는

---

[21] 공작원 2(1934년생, 함남 영흥 출신)와는 2000년부터 2002년까지 인터뷰를 하고 있는데, 인터뷰하는 과정에서 그는 자신의 활동의 의미와 전쟁 당시 북파공작원이란 존재에 대해 깨달아가고 있다.

[22] 공작원 3(1933년생, 함남 영흥 출신)은 1996년 속초에서 현지조사하는 과정에 만났고, 공작원 1과 2를 소개해 주었다. 그는 2018년 별세했다.

현재 서울에 살고 있다. 자그마한 구멍가게를 하고 있는 문씨에게 필자가 전화를 했을 때 그는 "나는 아이 둘 낳고 고생하며 산 것밖에 아무 것도 한 게 없어"라고 말하며 과거를 가슴에 묻어 놓고 있었다.

그런데 그와 같은 일은 양도에서도 있었다. 당시 대원들은 성진 부근에 살고 있는 여성 2명을 납치해 왔다. 그들은 유사시를 대비해 늘 유격과 첩보활동을 해야 했기 때문에 밥과 빨래하는 것을 싫어해 여성들에게 그런 일들을 다 맡겼다. 물론 밤에는 간부들의 성노리개가 되어야 했다. 누구 한 사람, 그것을 잘못이라고 말하지 않았다.

공작원 2(인용문의 최씨)는 부대 내에 '위안부'를 데리고 있는 것은 잘못이지만, 한국인인 '우리'가 '일본군'과는 다르지 않느냐, 우리와는 정이 통하지 않느냐며 납치한 '위안부' 문제에 대한 말꼬리를 흐렸다. 인터뷰하는 동안 나는 분노가 치미는 것을 참느라 숨소리도 죽여야 했다.

문씨는 몇 번의 전화 통화에서 전혀 '위안부' 얘기를 꺼내지 않았음에도 불구하고, 내가 자신의 이름을 알고 있는 것만으로도 언짢음을 표현했다. 그와 친척인 공작원 3으로부터 그의 처지에 대한 해명을 들으며 그의 불운한 처지를 이해하라는 충고를 들어야 했다. 하지만 문씨는 당시 지역에서 여맹원으로 활동할 만큼 활발하고 똑똑한 청년으로서 자신의 운명에 대한 강한 자의식을 가진 듯했다. 이 문씨가 돌아갔다고 들었다. 납치와 성폭력과 군'위안부'로 강제당했던 경험을 기억 저 편에 묻어버렸다.

군'위안부'가 될 뻔한 여성의 증언과 침묵

나는 납치 또는 강요에 의해 군'위안부'가 될 뻔했던 또 다른 여성과의 인터뷰를 할 수 있었다. 그와의 만남은 대단히 어려웠는데, 두려움과 귀찮

음이 혼합된 복잡한 감정의 문제로 인해 그는 계속 망설이다가 한 달여 만에 인터뷰를 허용하였다. 2001년 3월, 삼일 동안 진해의 그의 집에서 체류하며 인터뷰를 했다. 그는 인터뷰 내내 긴장했고, 끝내는 50년 전의 일로 인해 울음을 터뜨리고 말았다. 그는 지역사회에서 수십 년 동안 의사활동을 하고 있는 유명인사였던지라 극구 익명을 요구했다. 그를 정씨라고 하자.

1950년 당시 의과대학생이었던 정씨(1929년생)는 6·25 발발 당시 피난하지 못했는데, 서울에 들어온 인민군들에 의해 군의관으로 일을 했다. 당시 서울에 남아 있었던 많은 교수들과 학생들도 인민군에 협조하지 않을 수 없었다. 하루는 트럭에 올라타라고 하여 이화여자대학생들과 동명여자중학교 학생들과 섞여 정씨는 군용트럭을 타고 대전을 거쳐 왜관에 가서 낙동강전선에서 부상당한 인민군인들을 치료하게 되었다. 맥아더가 인천에 상륙했다는 소문이 돌고 얼마 안 있어서 후퇴 명령이 떨어져 그는 인민군대들과 후퇴의 길에 올랐다. 정씨는 수십 일에 달하는 인민군과의 생활에서 신기하게 기억되는 것은 인민군 누구도 자신이나 다른 여성들을 괴롭히지 않았다는 점이었다. 그는 반공주의자임에도 불구하고 국군과는 대조를 이루는 그러한 사실이 자신의 신념을 혼돈시키는 것 같았다. 대전부근의 어느 산에서 후퇴하는 사람들이 운집하였다. 사람들이 너무 많아 좌충우돌하던 무렵, 그는 인민군 장교에서 "우리는 서울에서 온 의과대학생들인데 전쟁이 끝나 여러분들은 다시 북으로 돌아간다고 하니 우리도 부모가 계신 서울로 가서 공부를 계속할 수 있게 해 주십시오"라고 무서운지도 모르고 요청하였다고 한다. 장교는 정씨를 포함하여 함께 있던 여성 3명을 선뜻 놓아주어 산을 내려왔으나 곧 인민군을 추격하던 국군들에게 잡혔다.

국군들이 민간인 포로들을 줄줄이 묶어 끌고 가고 있었다. 국군이 우리에게 뭐냐고 하길래 우리는 "○○의과대생들이다"라고 말했어. 당시는 ○○여대다, ○○여중생이다 하면 모두 빨갱이로 몰려 총살을 당하던 때였어. 그 부대의 대장은 우리에게 "차에 타"라고 해서 우리 4명은 짚차에 탔어. 그 짚차를 타고 길을 떠났지 뭐. 밤이 되어 어떤 초가집에 일시 정박을 했고 대장과 우리는 한 방에 있게 되었어. 그런데 글쎄, 그 놈은 내게 눈독을 들였던지 한 밤이 되어 내게 다가와 더듬었어. 그는 내게 덤볐어. 나는 결사적으로 반항을 하며 빌었지. "서울에 가서 결혼을 해도 좋다. 하지만 여기는 아니다." 지금 생각해도 어디서 그런 용기가 나왔는지 모르겠어. 그때만 해도 내가 수줍음 많이 타는 처자였거든요. 암튼 국군들은 우리를 인민군에게 버림받은 찌꺼기로 여겼어. 욕설을 퍼부며 '처녀'냐고 묻길래 나는 "진짜 처녀다"고 대답했어. 그는 안 믿는, 못 믿겠다는 눈치였고, 한참을 실갱이하다가 결국 그는 포기를 하고 다음 날 아침에 그는 우리 4명을 대대 부대에 인계를 했어. 그 부대에게 "서울로 가는 편에 데려다 주라"고 말하며 포로수용소가 있는 곳으로 떠난 것 같았어.

우리를 인계받은 그 부대 대장은 우리를 어느 초가집 온돌방으로 데려갔어. 그 방에 가니 여러 명의 장교들이 앉아 있었어. 속으로 '개만 못한 새끼들…' 욕하면서, 우리는 숨죽였어. 우리가 뭘 할 수 있겠어. 마당에는 총소리가 계속 들렸어. 빨갱이로 잡혀온 민간인들이 계속 즉결 처분을 당하고 있는 거야. 밤이 되자 우리 4명은 그 부대장교 각 4명에게 배정되었고, 나는 대대장에게 배정되었어. 그런데 다른 어떤 사람이 나를 한참 쳐다보면서 그 대대장에게 부탁했어. "나는 아직 총각이고 오랫동안 병원에 입원했다가 이제 퇴원했으니 저 처녀를 내게 달라." 대대장은 그에게 순순히 나를 맡겼지. 나는 그 남자에게 이끌려 어느 집으로 들어갔다. 그런데 이게 웬일인가. 그는 숫총각으로 여자의 경험이 전혀 없었던 것 같아. 나중에 그는 "여자의 가슴은 돌덩어리"라고 생각할 정도의 사람이었어. 그는 내가 불쌍히 보여 도와주고 싶었다고 했던 거야. 나는 내 경험을 얘기하며 다시 서울의 부모에게 돌아가기를 간청했지. 그는 서울로 가는 내내 나를 보호하여 주었어. 별자리 장성에게 그가 나를 서울까지 데려다 줄 거라고 말했어. 심지어 밤에는 다른 장교들이 겁탈하지 못하도록 방공호에 감춰주기까지 해서 내가 살았지. 낮에 행군하여 그의 짐차를 타고 갈 때는 군복을 입혀 눈에 띄지 않도록 해주었어. 얼마간 같이 길을 하면서도 그는 나의 손끝도 건드리지 않은 채 서울의 집으로 데려다 주었어. 집에 갔더니 부모님은 나를 죽었을 거라고 생각하면서도 어머니는 내가 무사히 돌아오기만을 빌며 치성을 올리고 있어서… 그때 헤어진 친구 3명은 다시는 만나지 못했어. 또 학교 다시 돌아갔을 때 전쟁 전에 같이 다녔던 사람들 중에서 없어진 사람들도 많았어. 어디 가서 뭘 하는지 몰라….

정씨와 헤어진 친구 3명은 그날 그리고 그 후 어떻게 되었냐고 몇 번 물어도 '상상에 맡긴다'고 대답할 뿐 그는 얘기할 수 없다고 했다. 정씨는 자신을 지옥에서 구해준 남편에 대한 감사의 마음으로 평생을 살았고 결혼 후 당시 경험은 남편과 정씨 사이의 불문율로 남았으며 정씨는 못 다한 얘기는 가슴에 묻은 채 관에 들어가려 한다고 했다. 이제 정씨도 암으로 고생하다가 별세했다.

결국 나는 아직도 자신이 스스로 한국군'위안부'임을 고백한 여성을 만나지 못했다. 그런데 여전히 곳곳에서 한국군'위안부'의 흔적, 기억을 만나고 있다.

제5장

한국군'위안부'의 진실

 『육·이오사변 후방전사(後方戰史): 인사편』(1956) 속에는 특수위안대, 즉 한국군'위안부'제도에 관한 기록이 있다. 대한민국 육군은 왜 이러한 결정적인 기록을 남겼을까? 육군이 한국군'위안부'제도라는 기록을 남긴 해는 1956년으로 휴전하고도 3년이 흐른 시점이다. 관련 기록을 『육·이오사변 후방전사(後方戰史): 인사편』(이하 『후방전사』)에 남긴 것은 군인을 위한 후생의 역사로서 의미가 있다고 당시 군사편찬위원회는 판단했을 수 있었기 때문일 지도 모른다. 당시 군사편찬위원회는 이 기록이 훗날 어떤 역할을 하게 되리라 전혀 생각하지 못했을 것이다. 또한 당시 육군 군부 역시 이 『후방전사』의 기록이 갖는 의미와 군부를 포함한 정부 책임 문제에 대해 전혀 성찰할 수 없었을 것이다.

 한국군'위안부' 관련 기록을 남긴 이유는 헐리웃 영화 『맨인블랙(Men in Black)』에서 인기를 끌었던 발칙한 상상력의 산물인 기억말소장치, 뉴럴라이저(Neuralyzer)가 당시에 없었기 때문일까? 당연히 기억말소장치는 없었지만, 그것이 없었기 때문이 아니다. 일제 조선총독부가 촉급하게 한반도에서 일본으로 건너갔지만, 한반도 어디에도 일본군'위안부' 관련 공문서를 남기지 않았다. 원래 공문서가 없었는지, 있었으나, 모조리 소각했는지, 아니면 일본으로 가져갔는지 알 수가 없다. 일제는 한국에 일본군'위안부'라는 기억을 남겼으나, 그 일본군'위안부'제도를 시행하게 된 주체나 그 관련 문서를 전혀 남기지 않았다. 그러기에 2015년 12월 28일 일본군'위안부' 관련한 한일밀약에서도 일본 정부는 '책임을 통감'한다고는 했으나, 실제로는 군부에게 책임을 넘겼을 뿐 일본군'위안부'와 관련된 어떤 진실도, 관련 문서도 공개하지 않았다.

나는 한국전쟁의 한국군'위안부'제도는 일제의 군'위안부'제도에서 왔다고 주장해 왔다. 다음 장에서 구체적으로 언급하겠지만, 일제로부터 해방되었다고 하여 일제로부터의 집단기억, 제도는 말할 것도 없고 문화, 삶의 양식 등이 버려지지도 않았다. 특히 1948년 출범한 국군의 주력, 특히 장교의 대다수는 일제의 침략전쟁에서 군 복무했던 사람들이다. 그들은 '군'이라고 하면 '일본군'이 하나의 롤 모델이었고, 설령 미군의 비호를 받고 있는 대한민국 국군에서도 일본군에 대한 기억을 체계적으로 이식하였을 것이다. 그 결과 한국전쟁에서 한국군'위안부'제도를 도입하는 것은 어색한 일이 아니었을 것이다. 그들이 일제 군대 경험에서 배운 것이었을 테니까 말이다.

그런데 한국군에 군'위안부'제도를 이식한 장교들, 주로 영관급 장교들은 일제강점기, 기껏해야 위관급 하급 장교들이었기 때문에 일본군'위안부'제도와 같은 비밀스러운 정보를 관리 및 처리하는 방법을 불행하게도(?) 배우지 못한 것이 아니었을까? 그 결과 『후방전사』에 자랑스럽게(!) 한국군'위안부'제도를 남겨버렸고, 후대 연구자에게 들켜버린 것이다. 내가 한국군'위안부'제도 문제를 공개적으로 이야기하기 시작했던 2002년 국방부 군사편찬연구소는 이 책을 이용하지 못하도록 했고, 현재까지 국회도서관에서도 이유를 알 수 없으나 『후방전사』에 대해 "이용불가"로 분류해 두고 있다.

■ '이용불가'로 분류된 국회도서관 소장본 『후방전사』

더 중요한 것은 『후방전사』를 남겼느냐 아니냐가 아니라, 한국전쟁기 한국군이 군'위안부'제도를 진짜 운용했느냐 아니냐일 것이다. 만일 이러한 제도를 운영하지 않았다면, 전시 성폭력은 있었더라도, 군'위안부'제도는 없을 것이다. 그 제도가 있지도 않았다면 한국군'위안부'와 관련된 수많은 기억들은 모두 허구이다. 수많은 베테랑을 포함한 사람들이 경험을 했기에 나는 그들의 기억 속에 남아 있던 한국군'위안부'제도를 만나게 된 것이고, 그런 과정에 그 기록을 발견한 것에 불과하다. 다만 내가 이 문제를 공개하려고 작정한 것은 우선은 이 제도의 진실 자체를 알게 된 한 덮어버릴 수 없기 때문이고, 다음으로는 늦었지만 지금이라도 국가는 이 제도의 피해자인 한국군'위안부' 여성들에게 사과를 하고, 배상을 해줘야 하기 때문이고, 다음으로 그러한 사실을 제대로 기록에 남겨 다시는 한반도에 전쟁이 없어야 하고, 전시에도 이러한 제도를 남길 가능성을 뿌리 뽑아야 한다. 나아가 일본군'위안부'의 뿌리인 일제의 잔재가 얼마나 고질적인가를 제대로 직시함으로써 아직도 남아 있는 일제 잔재를 확실히 청산해야 한다는 사실을 말하고 싶었다. 이러한 이유들로 나는 한국군'위안부' 문제의 진상을 남기고 정부에 책임을 묻고자 한다.

이 글에서는 후방전사에 남겨진 내용을 그대로 전사하여 일반인들이 원문을 그대로 보도록 할 것이다.

한국군'위안부'제도에 관한 공식 기록

1) 제3항 특별위안활동 사항[1]

정병감실(精兵監室)의 소관업무로서 육군 전 장병의 복지 및 사기 앙양을 위한 특별위안활동은 그 계획과 추진 및 실적에 있어서 구구한 바 있지만 그중에서 지속적인 것 내지 일정 기간을 계속 실시된 업적을 들어 그 업적을 소견하면 대략 다음과 같다.

2) 특수위안대(特殊慰安隊)

표면화한 이유만을 가지고 간단히 국가시책에 역행하는 모순된 활동이

---

[1] 육군본부, 『육·이오사변 후방전사(後方戰史): 인사편』, 육군본부 군사감실, 147~150쪽.

라고 단안하면 별문제이겠지만 실질적으로 사기 앙양은 물론 전쟁사실에 따르는 피할 수 없는 폐단을 미연에 방지할 수 있을 뿐 아니라 장기간 대가 없는 전투로 인하여 후방 래왕이 없으니만치 이성에 대한 동경에서 야기되는 생리작용으로 인한 성격의 변화 등으로 우울증 및 기타 지장을 초래함을 예방하기 위하여 본 특수위안대를 설치하게 되었다.

상기한 바와 같은 목적으로 설치를 보게 된 본대는 서울지구에 3개 소대 그리고 강릉지구에 1개 소대를 각각 설치하게 되었는데 서울지구에는 제1소대 서울특별시 중구 충무로4가 148번지, 제2소대 서울특별시 중구 초동 105번지, 제3소대 서울특별시 성동구 신당동 236번지에, 강릉지구에는 제1소대 강릉군 성덕면 노암리에 각각 설치하고 '위안부'는 서울서구 제1소대에 19명, 강릉 제2소대에 31명, 제8소대에 8명, 강릉 제1소대에 21명으로 계 79명으로서 운영 중 일선부대의 요청에 의하여 출동위안을 행하며, 소재지에서도 출입하는 장병에 대하여 위안행위에 당하였다. 그런데 그 외에도 춘천, 원주, 속초 등지에도 설치한 바 있다. 한편 '위안부'는 1주에 2회 군무관의 협조로 군의관의 엄격한 검진을 받고 성병에 대하여는 철저한 대책을 강구하였다.

여기에 여사(如斯, 이러)한 활동의 단기4285(서기1952)년도의 실적을 일람하면 별표와 같았는데(부표 제3호 참조) 동란 중 활동상황을 연도별로 보면 대차 없었으며 전쟁행위와 더부러 불가분의 관계를 갖인 것이라고 아니 볼 수 없다.

그러나 휴전에 따라 이러한 시설의 설치 목적이 해소됨에 이르러 공창 폐지의 조류에 순명하여 단기4287(1954)년 3월 이를 일제히 폐쇄하였다.

〈표 5-1〉 특수 '위안대' 실적 통계표

단기4285(서기1952)년도

부대별	위안부 수	월별 피위안자 수													1인당 하루 평균*4)
		1	2	3	4	5	6	7	8	9	10	11	12	계	
서울 제1	19	3,500	4,110	3,360	2,760	2,900	3,780	3,780	4,000	4,350	3,850	4,100	3,650	44,240	6.4
서울 제2	27	4,580	4,900	5,600	4,400	6,800	5,680	6,000	7,280	4,850	2,160	4,950	4,150	61,350	6.2
서울 제3	13	2,180	1,920	2,280	1,700	2,180	2,400	2,170	2,800	1,680	1,850	1,990	2,140	25,310	5.3
강릉 제1	30	6,000	6,500	7,800	8,000	5,950	4,760	7,970	8,000	4,880	3,900	4,200	5,700	73,660	6.7
계	89	16,260	17,480 *1)	19,010 *2)	16,860	17,830	16,620	19,920	22,080	15,760	11,760	15,240	15,640	204,560 *3)	6.15

참고: 틀린 계산으로서 실제는 다음과 같다.
　　*1)=17,430　　*2)=19,040　　*3)=204,440　　*4)1인당하루평균은 필자 자신의 계산임.
출처: 육군본부, 『후방전사(인사편)』, 150쪽.

정병감실(精兵監室)[2]

1) 연혁

정병감실은 단기4282(서기1949)년 7월 5일 육본일반명령 제26호에 의거하여 후생감실(厚生監室)이라는 명칭 아래 창설되어 서울특별시 용산구 한강로에 설치하게 된 바 초대감에는 육군 중령 박경원(朴璟遠, 현 육군대령)이 보직되었는데 당시의 기구는 행정, 원호, 체육, 후생 등 4과로 편성되어 주로 공비 토벌부대에 대한 위문과 위문품 수집업무 군체육행사 및 향상에 관한 업무 그리고 군후생사업과 매점 및 군인호텔 관리에 관한 업무 등을 장악하고 정병업무의 만전을 기하던 중 후생업무의 확충에 감(鑑)하여 단

---

[2] 위의 책, 320~322쪽.

기4283(서기1950)년 3월 1일에는 후생과를 다시 기획, 보급 양과(兩科)로 분할한 후 5과로서 업무수행의 완벽을 다하던 터에 불의의 6 · 25동란(動亂)을 맞이하게 되었던 것이다.

동란발발과 더부러 단기4283(1950)년 7월 7일에는 부산분실을 설치하고, 남하하는 군인가족의 구휼에 전력을 경주하는 한편 동 7월 15일에는 원호과 내에 군예대를 조직케 한 후 일선 장병에 대한 위문에도 본격적인 활동을 개시하였다. 또한 동란의 지구화에 대비하고져 동 9월 4일에는 제주분실을 설치하고 전재군인가족의 구휼에 당(當)케한 바 있었는데 9.15총반격작전 개시와 더부러 전세의 호전에 따라 동 9월 24일에는 인천분실을 동 10월 3일에는 대구분실을, 동 11월 21일에는 평양분실을 각각 설치하고 휼병업무의 최선을 다한 후 각각 동년 내에 해체하였다.

2) 발전경위

단기4284년(1951년) 2월10일에는 국본일반명령 제33호에 의거하여 후생감실을 다시 휼병감실로 개칭하게 되었는데 이는 당감실의 업무확충과 발전에 수반한 것으로서 이를 전후하여 부산 제주분실 이외에 대전, 광주, 전주, 청주, 서울, 강릉 등 지구에 각각 분실을 설치 한 후 군공무원 부양가족 미 배급을 취급케 하는 등 감실은 미증유의 대동란을 통하여 육군의 체육 위문 휴양 및 복지에 관한 광범한 업무수행에 정진하였다.

전년도에 뒤이어 단기4285(1952)년 7월 15일에는 감실기구를 행정, 기획, 관리, 휼병, 경리 및 체육 등 6과로 확충할 뿐 아니라 서울, 부산을 제외한 각 분실을 각병 지구사령부 양곡관리실로 개편하는 동시에 관리과 감독하에 서울, 경기, 강원, 충북, 충남, 경북, 경남, 전북, 전남, 제주 등 10개 병사구사령부소관 양곡관리실을 설치하고 지역별로 군공무원의 양곡배급

업무를 담당케 하는 한편 그 외에도 군인군속 및 기(其) 가족에 대한 생활 필수품의 염가제공을 목적으로 하는 육군 PX의 경영 사기 앙양을 위한 유흥 및 오락의 편의제공을 목적으로 하는 육군회관의 경영, 그리고 여행장병의 편의를 도모하고져 서울, 대전, 광주 및 대구에서의 침식소 운영 등 다각도로 비약적인 휼병업무를 개시하였다.

단기4286(1953)년도에 드러서는 9월 8일 군공무원 양곡지급업무를 재무감실(현 경리감실)로 이관함에 따라 각양곡관리실은 해체하였으며 동 11월 9일에는 관리, 휼병, 체육 각과를 통합 운영과로 발족하게 되고 민수과를 창설하여 군인 및 군속에 대한 생활부조사항 생활필수품의 조달제공에 대한 사항 및 각 지구 PX시설의 운영 또는 감독에 관한 사항을 장악 처리케 하므로써 감실기구를 행정, 기획, 운영, 민수 및 경리의 5과로 개편하였다.

단기4287(1954)년 1월 15일부터 7개지구(서울, 대구, 대전, 광주, 춘천, 강릉, 부산)의 휼병관리실을 설치하면서 각분실 육군PX 육군회관 및 침식소 업무를 이에 이관하였으며 동 4월 15일에는 기획, 민수 및 경리의 3과를 보급 및 체육의 2과로 개편하고 동 7월 6일에는 육본일반명령 제181호에 의거하여 정병업무의 전반적인 운영의 합리화를 기하는 의미에서 휼병감실을 정병감실로 개칭하게 되었다.

단기4288(1955)년 2월 1일 2군창설에 수반하여 각지구 관리실의 소관업무를 서울, 부산, 대구, 광주, 및 대전은 2군으로 강릉 및 춘천은 1군으로 각각 인계하고, 동 4월 18일에는 정병과 직접 감독하에 장병의 복지확충의 일단으로서 육군 중앙 목장을 창설하였으며 동 7월 25일에는 미군으로부터 육군체육관을 인수한 후 체육과의 관리하에 운영하게 되었다.

서상(敍上)에서 언급한 바와 같이 정병감실은 창설 이래 1재년 미만에 6·25동란을 치르게 됨에 따라 일시 전세의 불리로 말마 암아 전전 이동하면서도 꾸준히 그 중책을 무난히 완수하게 되었던 것이다.

다음으로 정병감실은 후생감실이란 명칭 아래 창설된 이래 그 주목적인 육군의 체육향상, 위원 휴양 및 복지에 관한 사항을 담당, 그 연구발전을 도모함에는 본질적인 변화가 있을 리 없겠지만, 최초 행정, 간호, 체육, 후생 등 4과로 발족하였던 것이 기구와 담당임무에 있어서 몇몇 변동 과정을 거쳐 현재 3과 7계이다.

■(부표 제1호) 연혁 일람표(후방전사 322)

年 月 日	歷 代 監	創設或改稱	部隊移動	機構變動	備　考
4282. 7. 5	初代 陸軍中領 朴 璟 瓛	陸軍本部 厚生監室	서울龍山區 漢江路		陸本一般命令第26號
〃 9.29				慰問團組織	陸本一般命令第45號
〃40 6.10	2代 陸軍中領 張 好 珍				
4283. 7. 3			大田으로		
〃 7.20			大邱로		
〃 9. 9			釜山으로		
〃 9.22			大 邱 로		
〃 10. 1			서울後歸		
12.22			大 邱 로		
4284. 2.10		陸軍本部 恤兵 監室로 政稱			陸本一般命令第33號
〃 3. 1	3代 陸軍大領 張 錫 潤				陸本一般命令第15號
					陸 本 一 般 命 令 第 121 號
4285. 6.20	4代 陸軍大領 金 炳 吉				
4286. 2.20			軍藝隊를 解 橅		陸 本 一 般 命 令 第 190 號
〃 9.10	5代 陸軍大領 金 鍾 寬				陸 本 一 般 命 令 第 125 號
4287. 6.10	6代 陸軍大領 李 永 周				陸 本 一 般 命 令 第 124 號
〃 7. 6		陸軍本部 精兵 監室로 改稱			
〃 10.25	7代 陸軍大領 趙 　 㻁		軍 藝 隊 再 編 入		陸 本 一 般 命 令 第 267 號
4288. 1.15			各地區精兵 施設 2軍에		
〃 2. 1			小讓		
〃 3. 3	8代 陸軍大領 金 容 珣			陸本中央改	陸本一般命令第41號
〃 3. 5			서울後歸	場創設	
〃 4.18				陸軍體育舘	
〃 7.25				引受	陸 本 一 般 命 令 第 146 號
〃 9. 7	9代 陸軍大領 李 珍 鎔				陸本一般命令第36號
4289. 2.25	9代代理陸軍大 領 金 內 季				

이제 한국군'위안부'제도의 실체와 관련된 『후방전사』로부터 빠져 나와 그 함의를 살펴보도록 하겠다. 이 부표에서 정병감을 만든 문제의 인물들로서 1대의 박경원 중령과 3대 정병감인, 특수위안대를 만든 장석윤 대령에 대해 6장에서 상세하게 살펴볼 것이다. 특히 장석윤(張錫閏)의 이름 '윤'은 『후방전사』 필자가 어떤 이유에서인지 알 수 없으나 오기를 한 것 같다. 즉 '倫'이라 기록해야 하지만, '閏'이라고 기록해 두었다. 아무튼 6장에서 상세히 장석윤(閏)과 장석윤(倫)의 차이를 정리해 보겠다.

톺아보기

1) 『후방전사』에서 특별위안 활동을 소개한 이유

한국전쟁 당시 육군은 '특수위안대'를 세워 한국군'위안부'제도를 운영하였다. 정병감실에서 특별위안활동의 하나로서 특수위안대를 설치한 것은 『후방전사』에 따르면 육군 전 장병의 복지와 사기 앙양의 목적이었다. 좀 더 세밀하게 보면, 특수위안대로서의 한국군'위안부'제도 운영의 목적은 첫째, 군인들의 사기 앙양, 둘째, 전쟁에 의해 피할 수 없는 폐단에 대한 예방적 조치, 셋째, 성욕 억제에 따른 욕구불만이나 성격 변화에 대한 예방이라고 정리하였다. 이러한 설치 목적은 일본군이 위안시설을 설치했던 주된 이유, 즉 "절제할 수 없는 성욕"[3]과 성범죄 예방 이유와도 별반 차이가 없다.

다만 설치 목적에서 "표면화한 이유만을 가지고 간단히 국가시책에 역행

---

[3] 안연선, 『성노예와 병사 만들기』, 삼인, 2004(2003).

하는 모순된 활동"이라는 언급을 한 것은 근대적 인권 의식의 작용 때문이라기보다는, 1947년 11월 14일 남조선과도정부 법률 제7호로 공창제 폐지를 발표[4]했던 문제와 연관된다고 볼 수 있다.

공창제도등폐지령

[시행 1948. 2. 13.] [군정법령 제7호, 1947. 11. 14., 제정]

제1조 본 영은 일정 이래의 악습을 배제하고 인도를 창명하기 위하야 남녀평등의 민주주의적 견지에서 공창제도를 폐지하고 일체의 매춘행위를 금지함으로써 목적함.

제2조 1916년 3월 경무총감부령 제4호(遊廓業娼妓取締規則)는 차를 폐지함.
종래 동 영에 의하야 취득한 유곽(貸座敷)영업, 창기가업의 허가 급(及) 유곽영업 자조합 설치의 인가는 자에 그 효(?)력이 상실됨.

제3조 좌의 각 호의 1에 해당한 자는 2년 이하의 징역 5만 원 이하의 벌금 우는 우 양자를 부(?)과함.
가. 본 영에 의하야 폐지된 제도의 업무를 계속하며 우(右)는 경영하는 자
나. 매춘의 행위를 하며 우(右)는 그 매개, 장소 제공을 한 자
다. 전호 전단의 자를 상대로 한 자
라. 타인에게 성병을 전염식힌 자

부칙 〈군정법령 제7호, 1947. 11. 14.〉
제4조 본 영은 공포일부터 3개월 후에 효력이 발생함. 단, 유곽영업 급 창기가업의 신규 허가는 본 영 공포일부터 차를 정지함.

출처: 〈국가법령정보센터〉(http://www.law.go.kr/lsSc.do?tabMenuId=tab36&query=#J2:0).

1948년 2월 13일 시행된 「공창제도등폐지령」 제1조는 '공창제도를 폐지하고 일체의 매춘행위를 금지'한다고 했다. 그러나 전시 계엄상태에서 1948년 2월 미군정에 의해 발효된 공창제폐지령은 사실상 무력화되었던

---

[4] 강혜경, 「제1공화국시기 매춘여성과 성병관리」, 『한국민족운동사연구』 63, 2010, 10쪽.

것으로 보인다.

위에 제시된 한국군'위안부'제도에는 남성 군인은 있지만, 여성은 보이지 않는다. 즉 설치의 목적에서 보듯 철저하게 국가주의적 관점, 남성 중심적 관점이 작동될 뿐, 동원된 '위안부'의 실체를 둘러싼 일말의 언급도 없다. 여성주의적 인식 자체가 부재했던 시대이므로 '위안부'의 인권은 고사하고 '위안부'는 어떻게 동원되고, 어떻게 처우했으며, 1954년 특수위안대가 폐지된 이후 그들은 어떻게 되었는가를 포함한 그들에 대한 최소한의 인적 사항 자체가 남아 있지 않다.

군이 '위안부' 여성과 관련된 언급이라고 한다면 유일한 것이 성병 대책 문제였다. 육군본부는 '위안부'들이 일주일에 2회, 군무관의 협조로 군의관의 엄격한 검진을 받도록 하여, 성병에 대한 철저한 대책을 강구하였다[5]고 강조했다.

그것은 어떤 근거에서 그리되었을까? 1948년 시행된 「공창제도등폐지령」이나 1947년 11월 25일 발효된 「유흥영업정지법」, 1948년 12월 제정된 「업태부해방령(業態婦解放令)」 등에서는 기생, 여급, 작부, 땐서, 매음부들의 영업을 중지하고, 어길 시 체형 또는 벌금형을 두었다.[6] '위안부'에 대한 성병 검진을 구체적으로 밝힌 것은 1954년 제정되어 1957년에야 시행되는 「전염병 예방법」의 제3종 전염병으로 분류한 성병 조항, 「전염병예방법시행령」 제4조의 '위안부 또는 매음행위를 하는 자 1주 2회' 성병 검진 조항이 있다. 그런데 한국군'위안부'제도는 1951년 하반기(추정)로부터 1954년 3월까지 운영되어 시작될 당시에 이 법령은 제정되지 않았다. 한국전쟁 당시 성병 검진 제도나 시설은 절대 부족이었고, 성병이 만연되었다고 당시

[5] 육군본부, 앞의 책, 148쪽.
[6] 강혜경, 앞의 글, 2010, 265~266쪽.

언론에도 계속 보도되고 있다. 1951년에도 보건부에서는 1주일에 2회씩 등록된 접대부에 대한 검진을 실시했다고 한다.[7] 이승만 정부 수립 이래로 공사창에 대한 금지 법령은 있었으나 관리하는 법은 발견되지도 않았음에도 불구하고 관행에 따라 접대부를 등록시켰고, 1주 2회라는 강제 검진도 시행되고 있었다.

그렇다면 당시 정부당국에 의해 공개되지 않았던 한국군'위안부'에 대한 성병 검진 시스템은 어디서 가져온 것일까? 어느 문서에도 그 기원을 밝히고 있지 않지만, 그 답을 찾는 것은 어렵지 않다고 본다. 조선총독부의 유산이 미군정과 이승만 정부로 그대로 흘러들어갔듯이 군'위안부' 성병 검진 시스템도 바로 일본군'위안부'제도에서 가져온 것으로 보인다. 일제의 전쟁 중에 세운 강제 검진의 규정과도 유사하여 일본의 방위연구소에서 발견된 문서에 따르면 일본군'위안부'에 대한 "건강검진은 월요일과 금요일 오전 8시부터 10시까지 시행"[8]되었다고 한다. 조지 힉스에 따르면 지역 군대의 규정 상 성병 검진 주기에 차이가 있다. 이러한 일본군'위안부'제도의 성병 강제 검진제도를 한국군에 가져온 것은 다름 아닌 일제강점기 일본군이나 관동군 출신들이었다. 이 문제에 대해서는 다음 장에서 구체적으로 살펴볼 작정이다. 다시 말해 한국전쟁기 한국군'위안부'에 대한 검진제도는 바로 일본군'위안부'에 대한 검진제도로부터 왔고, 이는 여성들의 위생, 건강을 위해서가 아니라 군인을 위한 위생 정책의 계승임을 알 수 있다.

물론 일본군'위안부'제도와 한국군'위안부'제도 간에는 몇 가지 차이가 있었다. 『후방전사』에 따르면 한국군'위안부'들은 상업적 포주의 존재는 전

---

7) 위의 글, 275쪽.

8) George Hicks, 『위안부: 일본 군대의 성노예로 끌려간 여성들』, 전경자 · 성은애 옮김, 창작과비평사, 1995, 106쪽.

혀 없이 군이 직영한 군인 전용 '위안소'였다. 일본군'위안소'제도에 대해서는 요시미 요시아키 교수는 세 유형으로 분류한 바 있다. 첫째 군 직영 군인·군속 전용의 '위안소', 둘째 형식상 민간업자가 경영하지만 군이 관리·통제하는 군인·군속 전용의 '위안소', 셋째 일반인도 이용하지만 군이 지정한 군 이용 '위안소'로 군이 특별 편의를 요구하는 '위안소' 등이다.[9] 이에 대해 수십 년간 일본군'위안부' 문제를 연구해 온 송연옥 교수는 요시미 교수가 '위안소'제도와 공창제도를 이분법적으로 보는 데에는 1930년대 일본 내에서의 폐창 결정에 영향을 입은 것으로 설명하고 있다. 일본 내에서는 폐창 정책이 추진되었으나, 1930년대 이미 조선과 대만의 군사시설에 공창의 형태의 유곽이 확산되어 군인에 대한 위안시설로 작동했다고 지적하고 있다. 송연옥 교수는 일본, 한국, 중국, 오키나와, 사할린 등의 '위안소' 형태를 연구한 결과 요시미 요시아키가 분류한 세 유형보다 더 복잡한 형태의 '위안소'를 발견했다고 했다.[10] 북한 지역의 일본군'위안부'제도를 연구해 온 연구자인 김영과 안자코 유카 교수도 "일제강점기 북한 지역을 포함한 한반도에 있던 '위안소'는 일제에 의해 군사도시에 세워진 유곽이 전쟁터로 들어온 것이 '위안소'였다"[11]고 지적했다.

또한 일본군'위안부'제도는 여러 형태를 취하고 있었으므로 '위안부'에 대한 성병 검진은 '위안소'의 조건에 따라 공립병원의 의사나 촉탁의, 공의, 군의 등에 의해서 시행되었던 것으로 보인다.[12] 그러나 한국군'위안부'는

9) 김영·안자코 유카(庵逧由香), 「함경북도의 군사도시와 '위안소'·'유곽'」, 『군대와 성폭력』, 선인, 2012, 93쪽.

10) 송연옥, 「일본에서의 위안부 문제 연구 현황과 과제」, 『식민주의, 전쟁, 군'위안부'』, 선인, 2017, 44~45쪽.

11) 김영·안자코 유카, 앞의 글, 95쪽.

12) 송연옥, 「세기 전환기의 군사점령과 '매춘'관리」, 『군대와 성폭력』, 선인, 2012, 178~179쪽.

육군본부에 의해 설치되었고, 군무관의 협조로 군의관에게 성병 검진을 받아야 했다. 더 세밀한 자료는 없으나 군의관에 의한 성병 검진의 장면은 마치 중국전선의 일본군 진영에서 근무했다는 군의관 아소 데츠오(麻生徹男)를 떠올리게 한다. 그가 정리했다는 『전선여인고(戰線女人考)』라는 자료집에는 아소 데츠오가 당시 상황을 제국주의적, 남성적 입장에서 '위안부' 여성들을 '일본왕이 군대 장병에게 준 선물'인 '위생적인 공동변소'로 만들려는 헌신적 노력을 여실히 보게 했다.[13]

이리하여 한국전쟁기 한국군'위안부'제도는 전시 정부인 육군본부에 의해 기획 및 설치되고 관리·운영되어 초법적으로 존재했다. 박정미 교수는 한국군'위안부'제도나 미군'위안부'제도는 묵인―관리 체제에 놓여 있었다고 보고 있다.[14] 대체로 동의하지만, 한국군'위안부'제도의 경우 포주나 개인적 차원에서의 임의적인 행위로서의 위안행위가 묵인된 것이라기보다는 전시 국가로서의 육군본부의 기획에 따라 제도화되고 관리되었다는 점에서 초법적·무법적 상황에서 전시 사실상의 국가인 육군에 의해 설치된 군 위안시설이자 군'위안부'제도였다고 보는 것이 더 타당성이 있다. 한마디로 말해 한국군'위안부'제도는 전시 국가(육군)에 의한 기획―관리 체제의 하나였다.

2) 한국군'위안소'의 조각 맞추기

『후방전사』에는 한국군'**위안소**', 즉 '**특수위안대**'가 폐쇄된 것은 1954년

---

13) 이동석, 「일본군 보고서, 그들은 위안소를 '공동변소'라 불렀다」, 『프레시안』 2017. 08. 15(참고: http://www.pressian.com/news/article/?no=165605&ref=nav_search#09T0).

14) 박정미, 「한국 기지촌 성매매정책의 역사사회학, 1953~1995」, 『한국사회학』 49(2), 10 ~17쪽.

3월로 기록되어 있다. 그러나 언제 설치되었는가는 밝히고 있지 않다. 그럼에도 불구하고 설립 시기를 추정할 수 있는 것은 1952년 특수위안대 실적 통계표가 제시된 것에서 힌트를 얻을 수 있다. 위에서 보듯 1952년도에 특수위안대 실적 통계표가 작성될 정도이면 최소한 1951년 중후반이라고 추정하는 데에는 무리가 없을 것으로 생각된다.

그러면 왜 1951년 중후반쯤으로 추정할 수 있는가? 1951년 여름 이후가 되면 전선이 고착되기 시작했다. 1951년 3월경에는 유엔에 정전 문제가 논의었고 7월부터는 정전회담이 시작되었다. 정전협정까지 2년이 걸린 전쟁은 휴전선 부근에서 남과 북 양측이 한 치의 땅이라도 더 빼앗기 위한 소모전 식으로 진행되었다.

현재의 휴전선 부근으로의 전선 고착은 새로운 문제를 낳은 것으로 본다. 1945년 8월 15일의 38선과 1953년 7월 27일의 휴전선은 큰 틀에서 보면 비슷하게 지나지만, 구체적으로 보면 휴전선 무렵의 전선은 경기도 파주군과 연천군을 지나가면서 38선이 만든 남과 북과는 다른 새로운 남과 북을 만들었다. 남측 군대(한국군을 포함한 연합군)는 38선 이남의 서부 지역을 빼앗긴 대신, 중서부 지역의 38선 이북 지역을 점령(수복)했다. 반면 북측 군대(북한인민군과 중국인민해방군)는 그 역의 상황이었다. 다시 말하면 남과 북 군대는 일정한 정도 자신의 영토의 일부를 적에게 점령당하는 대신 적의 일부 영토를 점령했다.[15]

휴전선 중심의 주요 전선을 배경으로 한 2년여의 전쟁 속에 군인들은 전투의 긴장을 갖게 되면서도 전쟁 상황이 지루하게 진행되었다. 그러는 사이에 여러 가지 문제가 생기게 되었다. 예를 들면, 민간인에 대한 학살과 성폭력 사건을 들 수 있다. 김학주(가명)는 속초 지역 대한청년단 간부였

[15] 대한민국의 관점에서 '점령'보다는 '수복'으로 불렸다.

다. 대한청년단과 남측에서 속초로 들어온 반공단체들이 기반이 된 치안대원들은 속초 지역 공산주의자나 그 가족들을 샅샅이 색출했다고 회고했다.

> 아군 후퇴 시 한청도 포항까지 후퇴했다가 1951년 8월 속초가 수복된 후 우리도 다시 들어와 한청을 재조직했다. 국군이 속초를 수복한 후 (……) 한청에서는 빨갱이를 구속하기는 하지만 선도 후 풀어주었고 가족은 별로 구속하지 않았다. 하지만 치안대에서 주로 처단을 많이 했다(김학주의 증언).16)

1950년 12월 유엔군 철수17) 때와 마찬가지로 1951년 초기 군정 당시의 참혹한 좌익 색출사업으로 인해 속초나 북양양군 일대에는 집단학살당한 사람들이 많이 발생했다. 그런 과정에 대대적인 성폭력 사건이 휩쓸었다. 속초의 'ㄱ'씨 할머니의 증언을 들어 보자.

> 남편과 생이별한 설움보다 더 무서운 것이 기다리고 있었다. 밤마다 국방군(국군)들이 젊은 여성들을 겁탈하고 돌아다닌다는 소문이 이웃 마을에서부터 돌았다. 그들은 낮이면 공비 소탕 작전임네, 뭐네 하면서 동네를 이 잡듯 샅샅이 뒤지며 돌아다녔다. (속초) 논산 마을은 말할 것도 없고 군부대 인근 마을의 처녀뿐만 아니라 과부들도 군인들에게 겁탈당했다. 특히 과부집은 남편이 월북한 빨갱이 가족이니 철저히 조사해야 한다는 핑계로 무사출입이었다. (……) 어떤 처녀는

---

16) 김귀옥, 「잃어버린 또 하나의 역사: 한국전쟁시기 강원도 양양군 미군정 통치와 반성」, 『경제와 사회』 여름호, 2000, 44쪽.

17) 속초 부월리(현재 속초시 조양동에 포함)에는 인공시절 좌익이 많았다고 알려져 있다. 1950년 12월경 국군이 후퇴하던 당시 국군이 인민군을 가장하여 빨갱이를 모았다. 부월리 오거리에 빨갱이를 세워놓고 전깃줄로 매어 놓은 채 따발총으로 내리갈겼다. 그래서 부월리, 논산, 온정리에는 제삿날이 같은 집이 많다고 한다(박태돈의 증언)(김귀옥, 위의 글(2000)의 각주 20, 44쪽).

3번 이상 겁탈을 당하고는 결국 마을을 떠나고 말았다. 여러 번 당한 처녀들이 많았다. 얼굴 고운 옥춘이는 당하는 게 무서워 거지처럼, '미친년'처럼 꾸미기도 했다. 동네 어른들은 군인들이 동네 처녀 씨를 말린다고 했다.[18]

수복 점령한 속초에서 한국군인들은 여성들이라면 처녀이건, 과부이건 상관없이 성폭력을 자행했다. 그러한 행위는 남성 군인의 여성에 대한 폭력을 의미함과 동시에 남한 사람의 북한 사람에 대한 점령이자 지배의 의미이기도 했다. 그 외에도 속초 지역을 점령했던 육군 1군단사령부는 월북자의 토지를 강탈하거나 빈민주민들에게 배급하기로 되어 있던 모포, 의류, 식료품, 소금 등과 같은 각종 물자들을 횡령하는 등으로 인해 주민들은 불만이 높았다.[19] 심지어 1군단사령부는 군단 부대를 세우기 위해 60여 세대의 민간인을 강제적으로 소개시켜 산으로 쫓아내어 주민들의 원성이 자자하기까지 했다.

속초 원주민들의 증언에 따르면 그런 과정에 군인들을 상대로 한 성매매업이 생겼다고 한다. 이러한 증언은 미국 하급 장교로 속초에 주둔했던 폴 팬처(Paul B. Fancher, 1926년생)의 증언과도 동일한 것으로 보인다. 한국군만 출입할 수 있었던 매매업은 사실상 군'위안소'를 가리킨 것이다. 『후방전사』(148쪽)에 기록된 대로 속초의 특수위안대는 사람들의 증언과도 일치되는 것이었다. 속초의 군'위안소'는 휴전 이후 사창으로 변모하였고, 금호동 그 일대에 성매매업소 집결지가 형성된 것으로 보인다.

이제 한국군'위안부'의 규모를 이야기해보자. 『후방전사』에 따르면, 특

---

18) 김귀옥, 「속초 세 할머니가 겪은 6·25전쟁」, 『민족21』 9월호, 2001, 117쪽.
19) 김귀옥, 「잃어버린 또 하나의 역사: 한국전쟁시기 강원도 양양군 미군정 통치와 반성」, 『경제와 사회』 여름호, 2000, 48쪽

수위안대는 소대형식으로 편재되었다. 군'위안대'는 "서울지구 제1소대에 19명, 강릉 제2소대에 31명, 제8소대에 8명, 강릉 제1소대에 21명으로 계 79명"(148쪽)으로 운영되었다고 했다. 그러나 그 책에서는 특수위안대의 규모나 전체 군'위안부'의 수를 정확하게 기록하고 있지 않다. 『후방전사』 148쪽에는 서울 1개 소대와 강릉 3개 소대에 79명이 있다고 했고, 표1에는 서울 3개 소대와 강릉 1개 소대 30명을 합쳐 89명으로 밝히고 있다. 이러한 기록에서 나타난 서울 3개 소대와 강릉 3개 소대를 합치면 대략 128명으로 추정할 수 있다. 여기에 춘천, 속초, 원주, 포천 등 포함되지 않은 '위안부'들이 있어서, 확실한 통계는 밝혀지지는 않았지만, 채명신의 회고록, 『사선을 넘고 넘어』에 따르면 "당시 우리 육군은 사기 진작을 위해 60여 명을 1개 중대로 하는 위안부대를 서너 개 운용하고 있었다"[20]는 말을 참고로 하면 대략 180~240명 전후로 추론되며, 1953년에 신설된 4개 위안시설의 군'위안부'까지 합치면 300명이 넘는 것으로 짐작할 수 있다.

그리고 『후방전사』(150쪽)의 특수위안대 실적 통계표는 대한민국 육군이 얼마나 인권 의식이 없었던가를 보여주는 사례라고 할 수 있다. 이 표에 따르면 89명의 군'위안부'들이 연간 204,560회 소위 '위안행위'라 불리는 성폭력을 당해야 했다. 1명당 1일 평균 6.15회인데, 매일 위안행위를 하는 것이 아니었다면 예컨대 일주일에 2, 3일 정도 위안을 강요당한다면 하루에 18.45~12.3회이므로 어마어마한 성적 착취를 당했음을 짐작할 수 있다. 한마디로 군대에 의해 강요된 성행위를 해야만 했던 일본군'위안부'와 거의 똑같은 '성노예'였다.

군'위안소'의 운영에 대해서도 명확하지는 않지만, 채명신의 회고록에 의하면 당시 한국전쟁에서 위안부대 출입은 '티켓제'로 운용되었다.[21] 그런

20) 채명신, 『사선을 넘고 넘어』, 매일경제신문사, 1994, 267쪽.

데 아무에게나 티켓이 주어지는 건 아니다. 전쟁터에서 용감하게 싸워 공을 세운 순서대로 나눠준다. 물론 훈장을 받았다면 당연히 우선권이 있어 부러움의 대상이다. 공훈의 정도에 따라 티켓의 숫자는 달라진다고 한다.

군'위안부'들의 위안행위는 두 가지로 이뤄졌다. 첫째는 군'위안소'에서 군인들을 받도록 하는 방식과 출동위안을 하도록 강요되는 방식이다. 후자에 대해서는 리영희 교수의 회고록, 『역정: 나의 청년시대』를 살펴보도록 하자.

> 그로부터 꼭 30년 만인 1980년 여름, 60일간의 남산 지하실 감금에서 풀려나와 아내와 함께 그곳(낙산사)을 다시 찾았다. (……)
>
> 30년의 세월은 자연은 그대로 둔 채 인간에게는 이렇게도 많은 변화를 남기는 것인가를 생각하면서 한가닥 인생의 무상함을 찝으며 발길을 돌렸다.
>
> 우리 부대가 진주하고 보니 낙산사의 대문이 남쪽을 향한 언덕배밭을 다 내려가 지면과 접하는 곳에 세 개의 굴이 있었다. 인공시대의 방공호이다. 입구는 허리를 굽혀야 들어갈 수 있었으나 속은 7, 9미터의 깊이에 머리를 들고 다닐 수 있을 만큼 높고 넓었다. 낙산사 주변 주민의 방공호로 쓰인 굴들이다.
>
> 연대는 설악산 소탕작전을 교대하고 휴식하는 사병들을 위해서 이 굴 속에 후방에서 여자를 데려다놓고 사병들의 동물적 욕구를 해소케 하는 은전을 베풀었다. 원하는 병사는 자기 월급에서 표를 사가지고 들어가면 되었다. 굴속은 가마니를 깔고, 그 위에 비닐 우비의 베드시트를 덮은 침대이다. 가마니를 드리운 굴 문 앞에는 언제나 병사들의 줄이 끊이지 않았다.
>
> "야 빨리 나와! 한 번 찍 싸면 되지, 뭘 꾸물거리는 거야!"
>
> 세 개의 굴 문 앞에 늘어선 줄의 맨 앞 순번이 되어 있는 사병들이

---

21) 위의 책, 267쪽.

참다못해 소리를 지른다. 잔뜩 긴장한 하복부를 움켜쥔 자세로 소리 지르는 사병의 모습은 희화라 하기엔 너무도 간절해 보였다. 열중에 끼여 서 있는 병사들은 와 웃으며 합세한다.

"저 자식, 몇 번 하는 거야! 이러다간 날 새겠다. 빨리 나와!"

어느 날 밤, 노중위와 함께 배밭기기 움막에서 자고 있는데, 그 위 언덕에서 고래고래 고함지르는 소리, 악쓰는 소리에 섞여 후다닥 뛰어가는 발소리들이 요란하게 들려 잠을 깨었다. 흔히 있을 수 있는 사병들끼리의 일이려니 하고 우리는 다시 꿈속을 헤맸다. 이튿날 아침 근무병에게 물은즉, 한 병사와 소위가 싸웠다는 것이다. 그 사병이 오래간 만에 부드러운 살침대를 즐기려고 굴속에 들어가, 만리장성을 쌓으며 이야기를 해보니, 바로 자기 고향 마을에서 흘러온 아가씨였다. 눈물에 젖은 두 남녀는 재회를 약속하고 굴 문을 나왔다. 그런데, 다음날 밤 약속한 시간에 굴을 찾아간 사병은 굴속은 비어 있고, 아가씨는 어느 소위가 데려갔다는 것을 알았다. 눈이 뒤집힌 사병이 달려간 것은 당연하다. 그렇게 해서 사병과 장교 간에 주먹다짐이 벌어졌다는 것이 근무병의 이야기였다. 전쟁터의 사병들에게 성문제는 예삿일이 아니다. 그 후 낙산사에 대한 이야기가 나오면 나도 모르게 웃음이 나며 생각나는 한 작은 일화이다.[22]

리영희 교수의 회고록은 1988년에 발간되었다. 리영희 교수(1929~2010)의 한국전쟁 일화를 읽으면서 한 편으로는 실망하게 되고, 또 한 편으로는 시대적 한계를 체감할 수밖에 없었다. 생물학적으로 아무리 뛰어난 개체도 계통발생을 넘을 수 없다는 공식을 생각나게 한다. 다시 말해 살아생전 진보 학계의 존경을 받았던 리영희 교수조차도 한국군'위안부' 문제를 둘러싼 인권의 관점은커녕, 한국군'위안부'제도를 둘러싼 의문이나 비판의식조차 찾아 볼 수 없다. 남성들의 억압된 성적 욕망에 대해서는 동정심을

22) 리영희, 『역정: 나의 청년시대』, 창작과비평사, 1988, 197~199쪽.

느끼게 하고, 심지어 군'위안부'의 제공을 '동물적 욕구를 해소케 하는 은 전', 즉 육군본부가 장병들에게 베푼 혜택이라고까지 이야기할 뿐, 여성에 대한 어떤 측은지심이나 인권 의식을 느낄 수 없었다. 또한 일제에 대한 비판을 하면서도 동시에 전쟁과 식민주의의 결합 속에서 만들어진 일본군 '위안부'에 대해서, 식민주의에 대한 근본 인식이 배제된 채, 여성에 귀책 사유를 묻는 '화냥년', '매춘부'라는 인식을 젖어 있던 것과 동일선상의 모 순된 모습이라 할 수밖에 없다. 다시 말해 진보적 지식인이라고 해도 일제 식민주의나 태평양제도, 강제동원 등의 문제에 대해 비판을 하더라도 군 '위안부'제도에 대한 인식과 비판을 하는 데에는 인식의 격차가 큼을 발견 하게 된다.

앞의 장에서도 보았듯이 1950, 60년대 신문 기사 속의 군'위안부', 특히 기사의 대부분을 차지하고 있는 미군'위안부'는 간혹은 가난하여 인신매 매를 당했거나 성을 팔아 가족을 먹여 살리는 가여운 사람들이지만 미군 에 의지하여 살아가는 '양갈보'면서 미군 물자를 빼돌려 한국 경제를 교 란하며, 성병으로 한국 사람들의 위생 보건을 오염시키는 사람으로 낙인 찍혀 있었다. 군'위안부'제도를 만들고 이용하거나 군'위안부'를 착취한 국가의 문제에 대해서 문제제기하거나 성찰하는 인식은 어디에도 발견되 기 어렵다. 더구나 강제검진과 같은 사건에서 군'위안부'의 신체와 건강 문제는 인권적으로 대하고 있는 기사는 전혀 찾아볼 수 없다. 어쩌면 한 국 현대사에서 대표적인 진보적 지식인으로 불린 리영희 교수와 같은 학 자에게서도 그러한 당대적 인식에 기반하여 성찰적 태도를 찾기는 어려 웠다.

그러한 전쟁과 가부장적 성인식에 가로지른 식민주의는 군'위안부' 문제 속에 살아 있었다. 그런데 한국의 일본군, 한국군, 미군으로 이어지는 군 '위안부' 문제를 가로지르는 인식을 가부장적 개념으로만 설명하기는 어렵다. 식민주의와 전쟁, 가부장적 여성 반인권적 인식이 맞물린 과정에 한국군'위안부'는 육군에 의해 기획되고 4년간 운영되었다.

이제 다음 장에서는 소위 '특수위안대'라 명명되었던 한국군'위안부'제도를 기획하고 만들었던 사람은 과연 누구인가를 살펴볼 작정이다.

제6장

한국군'위안부'의 식민주의적 책임

한국군과 군'위안부'의 불행한 만남은 어떻게 가능했던 것일까? 이러한 질문에 대해서 많은 남성들은 성욕은 본능이므로 전쟁과 성의 결합은 당연하다고 말한다. 성적 관리 시스템이 없으면 일반 여성에 대한 성폭력은 어쩔 수 없으므로 국가에 의해 운영되건 공창제 또는 사창제라도 허용되는 것이 오히려 일반 여성들을 보호하는 방식이라는 주장이다.

그러한 불행한 만남에 대해서 많은 군인들은 일본군'위안부'의 경험이 없었다면 한국군'위안부'나 미군'위안부'는 없었다는 주장을 했다. 얼핏 생각하면 한국군인들의 비겁한 핑계라고도 말할 수 있다. 개인주의적 접근법에서 보면 어느 일본군 또는 관동군 출신 군인(들)이 전시 상황에서 일본 군대 문화를 모방하여 한국군대에 '사기 앙양'이라는 목적으로 한국군'위안부'제도를 도입했다고 볼 수 있다. 과연 그러한 도입이 개인적 차원에서 가능한 것이었고, 일본군 또는 관동군 출신 군인(들)에 의한 우연적인 사건이었는가, 아니면 전쟁과 경험(자)의 결합을 넘어 개인주의적인 접근만으로는 설명하기 어려운, 시스템 수준에서 발생 가능한 사건이었는가? 나에게는 오랜 숙제였다. 솔직히 여전히 그 숙제를 풀기 위한 준비는 모자란다. 다만 전시라는 계엄령 상황에서 '특수위안대'라는 군대의 부차적 후방 조직이 개인의 경험이나 역량에 의해 임의로 만들어 질 수는 없었을 것이라고 생각하면, 개인주의적 접근은 한계를 가질 수밖에 없다. 이제 그러한 제도가 한국군대 속에 이식될 수 있었던 상황을 살펴보고자 한다.

계속되는 식민주의와 탈식민주의 문화

> 우리는 패했지만 조선은 승리한 것이 아니다. 장담하건대 조선민이 제 정신을 차리고 찬란한 위대했던 옛 조선의 영광을 되찾으려면 100년이라는 세월이 훨씬 더 걸릴 것이다. 우리 일본은 조선민에게 총과 대포보다 무서운 식민교육을 심어 놓았다. 결국은 서로 이간질하며 노예적 삶을 살 것이다. 보라! 실로 조선은 위대했고 찬란했지만 현재 조선은 결국 식민교육의 노예로 전락할 것이다. 그리고 나 아베 노부유키는 다시 돌아온다.[1]

이 말은 일제강점기, 9대 조선총독 아베 노부유키(1875~1953)가 했다는 말로 유명하다. 이 말의 진위 여부를 둘러싸고 많은 논쟁이 있다. 최근에는 출전도 없는 신빙성이 없는 말로 결론이 맺어지고 있다.[2] 그럼에도 불구하고 아베 노부유키를 포털 사이트에 검색하면 아베 노부유키의 말인 것으로

---

[1] 박병선, 「역사 속의 인물」 마지막 조선총독 아베 노부유키」, 『매일신문』 2009. 11. 24 (참고: http://news.imaeil.com/NewestAll/2009112407302845287).
[2] 이문영, 「조선총독이 남겼다는 예언, 진실인지 들여다보니」, 『매일경제』 2016. 08. 22 (참고: http://premium.mk.co.kr/view.php?no=15893).

곳곳에서 검색되고 있다. 심지어 아베 노부유키가 현 일본 총리 아베 신조의 조부라는 기사마저 곳곳에서 검색되고, 아베의 극우 신념과 행보의 동기로써 조부(?) 아베 노부유키와의 관계를 근거로 들고 있지만 이는 확실히 거짓이다.

그러면 아베 노부유키 현상이 계속되고 있는 이유는 무엇일까? 한국 사람들이 이 말을 싫어하면서도 그 진위와 상관없이 이 말을 계속 인용하는 이유는 21세기에도 계속되는 일제 잔재의 문제나 일본군'위안부' 문제와 같은 과거사 문제가 청산되지 않은 것과 관련이 있다. 오죽하면 2019년 3월 1일 문재인 대통령의 3·1운동 100주년 기념사에서 일제 잔재 문제가 수차례 언급되었을까?

▌철거를 알리는 구(舊)조선총독부 건물 공고와 다시 복원될 경복궁 조감도

인용/생산기관: 공보처 홍보국 사진담당관, 생산년도: 1995년, 관리번호: CET0066053.
출처: 국가기록원.

■ 철거 중인 조선총독부

인용/생산기관: 공보처, 생산년도: 1996년, 관리번호: DET0053432.
출처: 국가기록원.

돌아보면 한국은 해방이 되었을 때, 일제강점기가 끝나면서 일제의 정치, 경제, 사회 문화는 말할 것도 없고, 일제가 남긴 의식과 무의식, 개인적 태도와 삶의 방식에 이르는 모든 것이 청산되리라고 기대했을까? 해방된 지 두 세대가 지날 무렵 많은 논란 끝에 1995년 구(舊)조선총독부 건물이 해체되기 시작했을 때, 일제 잔재도 완전히 청산될 수 있으리라 기대했을까? 1995년 8월 11일, 교육부가 '국민학교' 명칭을 초등학교로 개칭한다고 발표하여 1996년 3월부터 '국민학교'는 역사 속에 남게 되었다. 1990년 외대 박창희 교수는 '국민학교'라는 명칭 제정의 역사적 경위에 대한 인지도와 개정의 필요성 및 개정 방법에 대한 의견을 알아보기 위해 교육실무자 집단(초중등 교수 및 교수)과 여론형성집단(언론, 종교, 의료, 법조, 정치, 학계)에 속하는 772명을 대상으로 설문조사를 한 바 있다. 이 조사에서 '국민학교' 명칭이 1941년 조선총독부의 '국민학교령'에 따라 그전의 심상소학교에서 '황국신민'을 만들기 위한 목적으로 학교명을 '국민학교'로 바꾼 것이라는 역사적 사실을 아는 사람이 18%, 전혀 모른다 53%, 들은 적 있다 34%였다. 또한 조사자의 72%가 '국민학교' 명칭을 고치는 데 찬성을 했고, 개칭 시기에 대해서도 '91년 3월' 48%, '지금 당장' 16%, '수년 후' 16%로 조사되었다[3]고 한다. 1995년 김영삼 대통령은 해방 50년을 맞아, '역사바로세우기'차원에서 구(舊)조선총독부 건물도 해체하고, '국민학교' 명칭을 초등학교로 바꿨다.

그러나 3·1운동 100년인 2019년에도 일제 과거사 문제는 말할 것도 없고, 일제 잔재 청산을 해야 한다고 얘기가 될 만큼 일제 잔재는 곳곳에 남아 있다. 독도영유권 분쟁이나 강제징용 배상 문제, 일제에 의해 밀반출된 유물, 문화재 문제는 말할 것도 없고, 일본군'위안부' 문제도 해결되지 않은 채 남아 있다. 또한 아직도 한국의 학교들에는 교가에서부터 시작해 사진, 동상, 교훈, 명칭, 관습[4] 등에도 일제의 잔재가 잔재인지도 모른 채 남아 있다. 또한 인천시 부평지역에는 최근까지 미군기지로 사용된 일본군 조병창,[5] 강제징병의 상징이자 대표적인 일제 전범기업인 미쓰비시(三菱)회사의 '줄사택',[6] 일본군이 판 토굴 등과 같은 일제의 잔재들이 아직도 명확한 계획 없이 남겨져 있다. 이처럼 일제 잔재들이 해방 75년 되도록 살아남아 있고, 지금도 한국 사회에서 문제가 되고 있는 것은 일본만의 잘못이 아니라, 한국에도 잘못이 있음에 틀림없다. 그런 의미에서 아베 노부유키의 예

---

[3] 박창희, 「일제잔재 청산 여론조사: '초등학교' 명칭에 관한 앙케이트 조사보고」, 『역사문화연구』 제3집, 161~173쪽.

[4] 『한국교육신문』 2019. 03. 26.

[5] 한만송, 앞의 책(2013), 62쪽.

[6] 위의 책, 74~75쪽.

언으로 알려진 그 말은 언제 누가 작문을 했는가는 전혀 알 수 없으나, 현재 한국의 문제를 정확하게 표현하고 있다. 일제가 식민교육을 통해 심어 놓은 일제 문제는 미군정과 이승만, 박정희 정권을 경유하며 한국 사회에 깊숙이 뿌리내려 현재에도 우리 사회의 문제가 되고 있는 남남갈등의 뿌리가 되어 있다. 대표적인 예가 2019년 3월 14일 나경원 의원(자유한국당 원내대표)이 "해방 후 반민특위로 인해 국민이 무척 분열했던 것 모두 기억하실 겁니다"라고 했던 발언에 애국지사와 독립유공자 후손 658명이 "토착왜구 같은 행동"이라며 나경원 의원을 비판하는 성명을 발표한 사건[7]이다.

　해방된 지 75년이 된 현재에도 이렇다면 하물며 한국전쟁 당시 한국군'위안부'나 미군'위안부'제도가 도입되는 것은 일제 문화가 거의 제대로 청산되지 않았던 시기에는 어쩌면 자연스러운 작동인지도 모른다. 에드워드 사이드(Edward Said)는 한 나라가 식민화되었던 것은 지속적인, 실로 그로테스하게 불공평한 결과를 민족 독립이 달성된 후에도 갖게 되는 운명을 안게 된다[8]고 했다. 사이드에 따르면, 식민으로부터 해방된 후에도 빈곤이나 식민 모국과의 종속, 저개발, 부정부패 등의 정치적 병리현상, 전쟁, 문맹 등의 혼합적 특징들이 남아 있다. 탈식민주의 담론들이 지적하듯, 문화로서 남아 있는 포스트식민성은 식민의 흔적과 기억에 의해서이다.[9] 식민으로부터의 해방이 되었을 때 많은 조선인들은 일제와의 결별은 새로운 사회의 도래를 기대했다. 포스트[post, 탈(脫)] 식민주의적 인식, 즉 일제가 만든 모든 것들과의 결별을 상상하는 것은 너무도 이상적이거나 비현실적일지도

---

7) 김이택, 「'반민특위' 망언, 후손들의 규탄 성명」, 『한겨레신문』 2019. 03. 26.

8) Edward Said, "Representing the colonized: anthropology's interlocutors", *Critical Inquiry*. Vol.15. No2(Winter), 1989, 207쪽.

9) Leela Gandhi, 『포스트식민주의란 무엇인가』, 이영욱 옮김, 현실문화연구, 2000(1998), 20쪽.

모른다. 35년간 식민화되었던 사회는 해방이 되고 대한민국이 수립이 되었지만, 과거의 것들과는 단절되기보다 흔적과 기억에 의해 남기 마련이다.[10]

예를 들면, 한국전쟁기 군대 생활을 했던 사람들을 구술생애사 조사를 하는 과정에서 일제강점기 군대문화와 다를 바 없는 강력한 구타문화나 기합문화에 관한 증언을 종종 듣게 된다. 그러한 군대문화는 일제의 군사문화가 전수된 것이다.[11] 일제의 군대문화가 전수되었던 구체적 상황은 제대로 훈련도 받지 않은 신병들을 충원했던 한국전쟁의 사정과 관련이 있었던 것으로 보인다. 한 예로 한국전쟁 당시 어느 최전방 부대에서는 치열한 남북 군대의 공방전 속에서 극도의 공포심과 불안에 휩싸인 신병들이 며칠 사이에 100~200명이 도망가는 사태가 벌어졌고, 잡히는 도망병의 경우 체포 즉시 즉결 처분할 수 있도록 하였다.[12] 그러한 사태를 막기 위해서는 정신교육과 함께 집단기합이나 구타문화가 필수적이었던 것으로 보인다. 한국 사회에서 군대의 구타문제가 불거져 나온 것은 정치·사회적 민주화가 본격화되었던 2000년대 이르러서이지만, 그 전에는 더욱 심각한 문제였다.[13] 구타를 비롯한 집합, 기합 등이 필요로 했던 것은 남북 간의 끔찍한 공방전 때문만은 아니었다. 윤정석(전 중앙대 교수)이 말하듯 한국군의 기초에는 일제강점기 일본군사문화가 작용했다.

> 한국군이 창설될 때, 그 창설의 구성원이 가지고 있는 문화는 과거 일본군에 종사했던 한국 군인들이 일본군으로부터 한국의 국방경비

---

10) 김귀옥, 앞의 글(2014), 86~87쪽.

11) 윤정석, 「한국군의 창설과 일본 군사문화」, 『한일군사문화연구』 제2호, 2004, 24쪽.

12) 김희오, 『인간의 향기: 자유민주/대공투쟁과 함께한 인생역정』, 원민, 2000, 74~76쪽.

13) 이계수, 「군대 내 구타 가혹행위 및 그로 인한 사고를 방지하기 위한 법적 제도적 방안에 관한 연구」, 『민주법학』 제23호, 2003, 285~286쪽.

대로 옮겨오게 되었기 때문에 한국군의 초창기에는 일본의 군사문화
가 많이 전수되었다. 왜냐하면, 한국군의 창설은 주로 일본제국주의
의 군대에서 훈련되고 근무하였으며, 그 정신적 기초를 연마한 한국
의 젊은이를 중심으로 이루어졌기 때문이다.[14]

윤정석은 2000년대 들어서도 한국 군대에는 일본의 군사문화를 가지고
있는 한국인이 많다고 보았다.[15] 윤정석은 일제가 남긴 군사문화의 하나
가 바로 일본군'위안부'제도로 보았는데, 구체적인 설명을 하지 않아, 일본
군'위안부'제도가 어떻게 남아 있는지 불분명하다. 그러나 논리적 구조로
보면 일본군'위안부'제도는 일본 문화로서 한국군에 남아 있는 것으로 보는
게 맞으니, 한국군'위안부'제도로 남아 있다는 것을 암시한다고 볼 수 있다.

즉 일제가 일본군'위안부'제도를 도입하게 된 것은 일본제국 군대의 군
사문화와 관련되어 있는 것으로 볼 수 있다. 일제군대의 대표적인 군사문
화는 아무 이유 없이 또는 사소한 이유로 신체적인 처벌을 가하는, 지옥훈
련과 구타문화에 있었다. 전시의 전체주의적 상황 아래서 계급서열적인
병사로서의 목적지향적인 집단 정체성을 형성하고 유지하기 위해서는 사
생활에 대한 감시와 통제가 보다 엄격해야 했다. 또한 신병, 특히 조선인
과 같은 신병을 복종시키기 위해서는 굴욕감을 느끼도록 하는 것이 필요
했다. 그야말로 자율성과 자기결정권이 박탈된 좌절적인 상황에서 성적
욕망과 결합된 분노와 좌절의 해소책의 하나가 군'위안대' 설립 문제와 관
련되었다.[16]

---

[14] 윤정석, 앞의 글, 4쪽.

[15] 김귀옥, 앞의 글(2014), 88쪽.

[16] 안연선, 「병사 길들이기: 아시아 태평양전쟁기 일본 군인의 젠더 정치」, 『대중독재와
여성』, 휴머니스트, 2010, 450~451쪽; 윤정석, 앞의 글, 21쪽.

한국전쟁기 한국군이 한국군'위안부'제도를 도입하게 되었던 상황은 기합과 강압적인 공포정치만으로는 자기 군대를 통치하기 힘든 상황이었던 듯하다. 한국군이 북한을 점령했을 당시 많은 지역에서 소위 인민군이나 빨갱이 가족들에 대한 학살과 린치를 포함한 그렇게 낙인찍힌 여성들에 대한 성폭력이 보고되고 있다. 그러한 사실은 필자가 조사했던 월남인들이나 대부분의 한국전쟁 관련 구술자들로부터 거의 빠짐없이 증언을 들을 수 있었다. "아군(한국군)이 우리 고향에 들어와서는 부락 처녀들을 많이 강탈하고 소·돼지를 빼앗아 먹는 등 무법천지였지"(김인철, 서평희 등의 1996년 구술). 그런 양상은 해방되어 한국전쟁 전까지 북한 관할 지역이었던 강원도 속초에도 벌어졌다. 미군과 한국군이 속초를 '수복'한 후 벌어졌던 일을 'ㄱ'씨 할머니의 증언(김순희 구술)을 통해 다음과 같이 재구성하였다(제5장의 인용문을 재인용함).

> 남편과 생이별한 설움보다 더 무서운 것이 기다리고 있었다. 밤마다 국방군(국군)들이 젊은 여성들을 겁탈하고 돌아다닌다는 소문이 이웃 마을에서부터 돌았다. 그들은 낮이면 공비 소탕 작전임네, 뭐네 하면서 동네를 이 잡듯 샅샅이 뒤지며 돌아다녔다. (속초)논산 마을은 말할 것도 없고 군부대 인근 마을의 처녀뿐만 아니라 과부들도 군인들에게 겁탈당했다. 특히 과부 집은 남편이 월북한 빨갱이 가족이니 철저히 조사해야 한다는 핑계로 무사출입이었다. (……) 어떤 처녀는 3번 이상 겁탈을 당하고는 결국 마을을 떠나고 말았다. 여러 번 당한 처녀들이 많았다. 얼굴 고운 옥춘이는 당하는 게 무서워 거지처럼, '미친년'처럼 꾸미기도 했다. 동네 어른들은 군인들이 동네 처녀 씨를 말린다고 했다.[17]

---

17) 김귀옥, 「속초 세 할머니가 겪은 6·25전쟁」, 『민족21』 9월호, 2001, 117쪽.

심지어 군부대 내부에서 군 장교에게 소위 '상납'하기 위해 일반 여성을 강제적으로 유괴하는 형태의 성상납(性上納) 문제도 발생되었다. 한때 한국군이었고 현재는 비전향장기수로서 2000년 9월 2일 북한으로 송환된 양정호는 군부의 체계적인 '성상납'을 다음과 같이 증언한 바 있다.

> (국군이 북한쪽을 점령해 있을 때) 선임하사가 소대장하고 중대장한테 (여성을) 저녁마다 바쳐요. 나는 도통 몰랐는데 보초 설 때 알았어. 내가 보초 설 때마다 밤중에 여자들이 중대장실에 (……) 보냈더라고. 소대장실엔 자주 본 건 아닌데 내가 몇 번 봤어요. 소대장은 어느 정도 내가 아는데 이 양반이 부산대학 나온 양반인데. (……) (여성은) 풀 죽어서 오죠. 그 선임하사가 여자를 데리고 왔습니다. 여자는 별 표정 없이 (……)[18]

양정호의 구술에 따르면 1950년 10월 이후 개성에서 평양으로 가는 동안 장교에게 성상납하는 일은 반복되었고, 끌려온 여성들은 머리차림새로 보건대 대개 일반 미혼여성으로 여겨졌다고 한다. 뿐만 아니라 좌익유가족들에게는 말로 다하기 어려울 정도의 가혹하고 악랄한 행위를 가하는 일에 대해 혐오하여 결국 그는 한국 군대를 탈영하였다고 증언했다. 그러한 분위기에서 1951년 여름, 전선이 현재의 휴전선으로 고착되는 과정에서 '특수위안대'로 기록된 한국군'위안대'가 설치되었다.

돌아보면, 한국군'위안부'제도는 해방된 지 6년 되던 한국전쟁 중에 만들어진 것을 생각하면 다른 요인을 생각하지 않아도, 식민주의적 기억과 탈식민주의적 그로테스크한 문화적 잔재의 결과로 이해하는 것은 무리 없는 해석일 수 있다.

---

18) 양정호 구술 · 김귀옥 면담, 『비전향장기수구술4』, 국사편찬위원회, 2007, 311~312쪽.

계속되는 식민주의로서의 한국군과 한국군'위안부'제도

그러나 식민주의 문화의 잔재로서 한국군'위안부'제도의 설립과 폐지를 설명하기에는 한국 역사의 중요한 문제가 제대로 설명이 되고 있지 않다고 생각된다. 해방 후 창설된 한국군의 성격과 구성에 대한 깊은 고찰이 필요하다.

잘 알려져 있듯이, 한국은 일제강점기로부터 해방되었지만, 즉각적인 독립조차 이루어지지 않았다.[19] 1945년 9월 9일, 태평양 방면 미 육군 총사령관 맥아더는 포고령 제1호 제2조, "정부 등 모든 공공사업 기관에 종사하는 유급·무급 직원과 고용인, 그리고 기타 중요한 제반 사업에 종사하는 자는 별도의 명령이 있을 때까지 종래의 정상 기능과 업무를 수행할 것이며, 모든 기록 및 재산을 보호·보존하여야 한다"[20]는 명령에 따라 정부는 일제의 조선총독부에서 미군정으로 바뀌었을 뿐, 과거 총독부의 직원이나 관료들은 그대로 자신의 자리를 지킬 수 있게 되었다.

또한 미군정의 비호 하에 창설된 한국 군대의 주력은 일본군과 만주국군,[21] 광복군 출신, 월남청년들로 이루어졌다. 그 가운데 주력 간부는 일본 육사 출신들이 대거 등용되었고, 다음은 만주국군들로 이루어졌다.[22] 창군에 참여한 일본군 출신 약 5만여 명 가운데 일본 정규 사관학교(일본육사)

---

19) 김귀옥, 앞의 글(2014), 87쪽.

20) 송남헌, 『해방삼년사』, 까치, 1985, 97쪽.

21) 만주국군이라는 용어는 한국에서 통상 만주군(滿洲軍)(한용운, 『창군』, 박영사, 1984, 31쪽), 만군(滿軍)(안진, 「미군정기 국가기구의 형성과 성격」, 『해방 전후사 인식3』, 한길사, 1987, 190쪽) 등으로 불리지만, 일본에서는 만주국의 군대라는 뜻으로 주로 만주국군(滿洲国軍)으로 불린다.

22) 한용원, 앞의 책, 30쪽; 안진, 앞의 글, 190쪽; 홍두승, 『한국 군대의 사회학』, 나남, 1993, 58~59쪽.

를 졸업했던 장교들은 대략 35명[23]이었고, 대다수는 일반 병사 출신이었다. 이들은 미군정 당시의 국방경비대에서나 대한민국 군대에서 핵심적인 군 간부로 진출했다. 만주국군 출신은 기술적인 자질에서는 일본군 출신보다 뒤떨어졌지만 만주국군 복무 시 일본인 고문관제도에 숙달되어 미군정 고문관제도에도 잘 적응할 수 있어서 그들도 일본군 출신과 함께 군 내부에 두드러지게 진출할 수 있었다.[24]

미군정기 사실상 한국은 맥아더 사령부 포고령 제1호에서 성격을 분명히 했듯, 미군의 점령 상태에 있었다. 미국이 해방 한국에서 일제 총독부 권력을 해체시켰고, 일본인들을 자국으로 돌려보냈으나, 총독부의 한국인 관료나 직원들에게 원래 자리에서 일하도록 명령했고, 영어를 공용어로 사용하도록 하면서 미국식 질서를 강요한 것은 일제의 패망으로 한국이 독립된 것이 아니라, 식민주의 지배국만 바뀐 것이지, 계속되는 식민주의의 연장으로 이해할 수밖에 없다. 따라서 탈식민주의적 문화가 작동한 것이라기보다는 제도로서 식민주의가 변형된 형태로 지배적인 성격을 띠고 있었고, 일제의 총독부 관리들은 말할 것도 없고, 경찰 조직, 군대 조직도 식민시대의 조직들이 계속된 것으로 볼 수 있다. 이런 맥락에서 한국전쟁과 같은 전쟁체제에 국가는 총동원체제를 선포하면서 한국군을 유지하기 위하여 여성들을 강제적으로 군'위안부'로 동원하여 성노예화했다고 볼 수 있다.

이제 한국군'위안부'제도를 만든 사람들을 구체적으로 살펴보도록 한다.

1) 한국군'위안부'제도와 일본군 출신

한국전쟁 당시 위관급 장교였던 김희오의 회고록의 서술 가운데 군'위안

---

23) 한용원, 앞의 책, 51~53쪽.
24) 안진, 앞의 글, 190쪽.

부'를 둘러싼 다음과 같은 지적에서 한국군'위안대' 설립과 관련되는 단서를 발견할 수 있다(제4장의 인용문을 재인용함).

> 연대1과에서 중대별 제5종 보급품(군 보급품은 1~4종밖에 없었음) 수령지시가 있어 가 보았더니 우리 중대에도 주간 8시간 제한으로 6명의 위안부가 배정되어 왔다. 이는 과거 일본군대 종군경험이 있는 일부 연대 간부들이 부하 사기 앙양을 위한 발상으로 일부러 거금의 후생비를 들여 서울에서 조변하여 온 것이다.[25]

당시 위관 장교였던 김희오는 낯설었던 '제5종 보급품'[26]으로 통용되었던 군'위안부'의 경험에 직면하여, 군'위안부'를 이용하도록 지시를 내렸던 연대장이 관동군 출신자였으므로 군'위안부' 발상을 했다고 기억했다.

김희오의 추론은 상당히 설득력이 있다고 보인다. 왜냐면 특수위안대로 알려진 군'위안대'를 기획 및 설립한 책임자는 군 고위 장교로 추정할 수 있는데, 해방 이후 창설된 대한민국 육군 간부의 상당수는 "일본제국주의의 대리전쟁인"[27]으로서, 일본군 계통과 만주국군 계통 등으로 구성되었기 때문이다. 일본군 출신은 대개 해방 직후 대한민국 국군 고위계급을 차지했다. 그중 한 명인 김석원은 일제강점기 만주지역에서 항일무장투쟁을 했던 북한의 최현 장군과 교전한 바 있다.[28]

해방 후 미군정 하, 초기 한국군의 설립에서 형식적으로는 일제 군대제도가 미국식으로 개편되어 갔다.[29] 그러나 미군정과 이승만 정부 하에서

25) 김희오, 앞의 책, 70~80쪽.
26) '제5종보급품'에 대한 기억은 차규헌의 『전투』(병학사, 1985)에서도 일치하고 있다.
27) 한용원, 앞의 책, 30쪽.
28) 차규헌, 앞의 책, 84쪽.
29) 백종천 외, 『한국의 군대와 사회』, 나남, 1994, 56쪽.

전체적으로 친일파가 정치권력을 잡게 됨에 따라, 군부에도 친일파들이 득세하게 되었다. 그리하여 한국군은 일제 군대 문화와 제도들을 사실상 답습하였다.[30] 일차적 이유는 일제 군 출신 간부들로 채워져 일제의 군대 문화는 그들의 의식과 무의식에 깊숙이 내면화되어 있었기 때문일 것이다. 이러한 조건과 분위기 속에서 일본군성노예제도를 당연시 여겨 왔던 그들로서는 그것을 모방한 것은 하나도 이상할 것이 없었을 지도 모른다.

한국에 있어서 식민주의는 1945년 8월 15일로 끝난 것이 아니라, 인적으로나 물적으로 계속되었다. 오히려 미국과의 불평등한 관계 속에서 더 복잡하고도 내밀하게 식민주의는 강화되어 왔다. 따라서 한국군'위안부'제도는 일본군'위안부'제도의 연장이라는 점에서 해방 후 계속되는 식민주의의 문제 중 하나로서 볼 수 있다.

그러면 한국군'위안부'제도, 즉 특별위안대 설치와 운영에 책임을 가진 사람은 누구인가? 계통상으로는 육군본부의 후생감실(1949년 당시)이다. 후생감실은 1951년 2월 10일에는 휼병감실로 개칭되었고, 1954년에는 정병감실(精兵監室)로 재 개칭되었다. 이들은 큰 틀에서는 같은 업무를 했다고 볼 수 있다. 육군본부가 『후방전사』를 집필할 당시의 명칭은 정병감실의 시작과 활동 내용은 다음과 같다.

> 정병감실은 단기4282(서기1949)년 7월 5일 육본일반명령 제26호에 의거하여 후생감실이라는 명칭 아래 창설되어 서울특별시 용산구 한강로에 설치하게 된 바 초대감에는 육군중령 박경원(현 육군대령)이 보직되었는데 당시의 기구는 행정 원호 체육 후생 등 4과로 편성되어 주로 공비 토벌부대에 대한 위문과 위문품 수집업무 군체육행사 및 향상에 관한 업무 그리고 군후생사업과 매점 및 군인호텔 관

---

30) 위의 책, 57쪽.

리에 관한 업무 등을 장악하고 정병업무의 만전(……)(320쪽)

다시 말해 육군 휼병감실은 전(全) 장병(將兵)의 '사기 앙양'을 위해 '특별위안활동(特別慰安活動)'(147쪽)을 하도록 설치되었다. 그럼 휼병감실 창설 이래로 한국군'위안부'제도와 관련된 역대 후생감의 명단과 일제강점기 경력을 정리해 보면 다음과 같다.

〈표 6-1〉 역대 육군본부 후생감(휼병감, 정병감) 기본 인적 사항[31]

厚生監 당시 계급	이름	재위 기간	출생 연도	일제강점기 경력
초대 육군중령	박경원 (朴瓊遠)	1949.7.5.~ 1950.6.10	1923년생	목포상업학교 출신, 간보후보생 지원병 출신
2대 육군중령	장호진 (張好珍)	1950.6.10.~ 1951.3.1	1922년생	보성전문학교 출신, 학병 출신
3대 육군대령	장석윤 (張錫倫(潤))	1951.3.1.~ 1952.6.20	1892년생	일본육사 27기, 일본군 중위, 만주군 중령, 1953년 육군 대령으로 예편
4대 육군대령	김병길 (金炳吉)	1952.6.20.~ 1954.9.10	1922년생	일본 주오대(中央大) 출신, 학병 출신

우선, 휼병감실의 전신인 후생감실을 1949년에 창설한 박경원(朴瓊遠 1923~2008, 전라남도 영광군 출신)을 살펴보자. 한국군사학의 대표적 학자인 한용원은 박경원을 학도병으로 분류하고 있다. 즉 그는 박정희 정권 하에서 4대에 걸쳐 내무장관을 포함하여 5번의 장관직을 역임했던 자로서, 일제강점기 목포상업학교 졸업 후, 학도병[32]으로 참전하여 해방 직전 소위

---

31) 이 표는 육군본부의 322쪽 기록과 한용원의 『창군』(박영사, 1984)과 『한국의 군부정치』(대왕사, 1993), 친일인명사전편찬위원회의 『친일인명사전』 등을 토대로 정리한 것임을 밝혀둔다. 앞선 각주에서 지적했듯이 박경원의 학병 출신 분류는 한용원의 분류를 따른 것이지만, 이후 심화된 연구를 통해 학병 출신과 간보후보생 출신 여부, 해방 당시 위관급 장교로 제대했음에도 불구하고, 친일인명사전에서 빠진 점 등에 관해 면밀한 검토를 할 필요가 있다.

로 제대하였고 해방 후 군사영어학교를 거쳐 중장으로 예편하여 박정희 정부에서 내무부장관, 체신부장관, 교통장관 등 요직을 두루 섭렵한 한국현대사의 지배세력의 한 사람이다.[33] 그러나 한국정신문화연구원(현 한국학중앙연구원)의 구술조사사업에 참여하여 그를 직접 구술조사했던 노영기 교수(조선대, 한국현대사)의 구술 내용을 보면, 목포상업학교 졸업 후 장교를 지원하여 간부후보생이 되었다고 하여 학도병이었다는 언급을 찾을 수 없다.[34] 그는 목포상업학교를 다니는 과정에서 충실하게 황민화교육을 받았고, 졸업 후 간부후보생으로 태평양전쟁에 참전하여, 규수(九州) 8061부대 고사포중대의 소대장을 역임했다.[35] 박경원의 구술생애사에서 그가 갖고 있던 일본관의 일단을 살펴볼 수 있다.

졸업 후에는 무엇을 했습니까?

- 일본 사람들이 나를 상당히 좋아했다. 일본 장교가 되는 것이 좋지 않겠느냐면서 장교가 되려면 간부후보생이 되어야 한다고 했다. 그래서 시험보고 합격했다. (당시에는) 후보생 갑이 되어야 장교가 되고, 을이 되면 하사관이 되었다. 간부후보생 갑종 후보생이 되었다. (⋯⋯)

황국신민이 되어야 한다는 등의 정신교육은 없었습니까?

- 정신교육은 철두철미하게 했다.

(⋯⋯)

일본인들이 '조센징'이라며 차별 대우를 하지는 않았습니까?

- 내 부하가 왜놈들이었다. 서울 지구 관측소장이던 후지하라라는

---

32) 한용원, 앞의 책(1984), 54쪽.
33) 한용원, 『한국의 군부정치』, 대왕사, 1993, 112쪽.
34) 한국정신문화연구원 한민족문화연구소 편, 『내가 겪은 해방과 분단』, 2001, 223쪽.
35) 한용원의 『창군』(1984)을 보면, 박경원은 학도병으로 분류(54쪽)되어 있다.

사람도 내 밑으로 배치되었다. 서로가 한국 사람인지 일본 사람인지 잘 몰랐다. 일본 이름으로 되어서 잘 몰랐다(222~224쪽).
(강조는 글쓴이)

박경원의 증언을 보면 그는 철저히 일본군인으로서의 페르소나(persona)를 쓴 채 일본군 생활을 했고, 얼마나 열정적으로 일본인에게 충성을 했던지, "일본 사람들이 나를 상당히 좋아했다"고 표현했겠는가. 그야말로 박경원은 황민화교육을 충실히 받았고 일제 군대(황군)의 군대문화를 잘 내면화시켰을 것으로 짐작할 수 있다. 그럼에도 불구하는 그는 친일인명사전에서 누락되어 있다. 어떤 곡절에서인지를 따져보면, 그는 한용원의 책에서 보듯, 지원병이 학도병으로 분류된 문제와 관련이 있다. 민족문제연구소에서 친일인명사전을 편찬할 당시 학도병은 일제에 강제로 동원된 것으로 분류되는 통에 그는 자발적 간부후보생 지원자임에도 불구하고 학도병 분류에 따라 친일인명사전에서 빠지게 된 행운아이다. 친일인명사전에서 설정한 학도병이라는 범주에 간부후보생지원자가 불포함되어야 하는가는 재론할 여지가 있다고 생각되지만, 아무튼 박경원은 황국신민으로 열성을 바치려 했던 면모를 엿볼 수 있다.

이제 좀 더 직접적으로 특수위안대인 한국군'위안대'가 설치되어 운영되었던 1952년 기준으로 볼 때 특수위안대를 만들고 운영·관리했던 휼병감실을 대표한 사람은 장석윤(張錫倫)[36]이다. 그에 대해서 살펴보도록 한다.

1950년대 한국엘리트 중에서 장석윤이라는 이름을 가진 사람은 두 명이다. 한 명은 인륜 윤(倫)을 가진 장석윤(張錫倫)이고, 다른 한 명은 윤택할

---

[36] 육군본부의 기록에는 張錫閏으로 기록되어 있으나, 전후 맥락에서 보면 '張錫倫'이 맞다(한용원, 앞의 책, 1993, 106쪽; 친일인명사전편찬위원회 엮음, 『친일인명사전』, 민족문제연구소, 2009, 333쪽).

윤(潤)의 장석윤(張錫潤)이다. 장석윤(張錫潤)은 1904년에 강원도 횡성군에서 태어나 미국으로 이주하여 1941년 미국 정보조정국을 거쳐 전략첩보국(OSS)의 대원으로 활동했다가 해방 후 미군 군속으로 귀국한 후 한국전쟁 중인 1951년에는 내무부 차관, 1952년에는 내무부 장관을 재임했다. 즉 장석윤(張錫潤)은 한국전쟁 중인 1951~1952년 당시 민간인 신분이 되어 있었다. 한국군'위안부' 설치 당시에 육군대령이었던 장석윤은 위의 〈표 6-1〉의 경력을 가진 장석윤(張錫倫)뿐이다.

마침 장석윤(張錫倫)에 관한 기록을 『친일인명사전』(333~334쪽)에서 발견할 수 있었다. 장석윤(張錫倫, 1892~1970)은 일본 육군사관학교 제 27기로서 1915년 일본육사를 졸업한 자이다. 그는 1928년 소화일본천황 즉위기념 대례기념장을 받은 바 있고, 1938년 만주 국경감시대에서 대위로 복무하였고, 일제가 패전할 당시 만주국군 중좌(중령)이었다.[37] 해방 후 귀국하여 군대 입대하여 한국전쟁 당시 제9예비 사단장과 교육총감부 참모장을 거쳐 1953년 육군 대령으로 예편했다. 그는 예편하기 전인 1951년 3월 1일부터 1952년 6월 19일까지 육군대령으로서 육군본부 휼병감실을 맡았다.[38] 1952년도 한국군'위안대'는 위안실적을 통계 처리할 수 있을 정도로 운영되었다는 점에서 장석윤이 휼병감을 맡을 당시에 설립된 것은 거의 확실하다. 그가 설립할 수 있었던 동기는 바로 10여 년 일본군, 만주국군으로서 복무했던 경험에서 나왔던 것으로 짐작할 수 있다.

한국군 '특수위안대' 창설과는 직접 관련이 없는 2대 후생감인 장호진이나 군'위안부'제도를 맡아 운영관리책임자였던 4대 후생감 김병길 모두 학병 출신[39]이다. 특히 김병길 후생감은 1953년 정정협정이 조인된 후인 11

---

37) 한용원, 앞의 책, 1993, 106쪽.

38) 육군본부, 앞의 책, 322쪽.

월, 이미 3장에서 봤듯이, 육군본부 서울분실로서 네 곳의 육군회관[40]을 증설하여 한국군'위안소'를 확대시켰던 책임자이다.

중요한 점은 후생감 창설자 박경원이나 한국군'위안부제도의 도입자 장석윤이나 이를 지속 및 확산시켰던 김병길 등과 같은 일본군 출신자들이 어떤 과정을 거쳐 부활하게 되었는가에 있다. 장석윤 후생감이 일본군'위안부'제도의 기억 때문에 한국군에 이 제도를 도입한 것으로만은 보기 어렵다. 육군계통상 한 대령이 자신의 기억만으로 그러한 제도를 도입한다는 것은 웬만한 특권이 아니면 어려울 것이다. 그러한 특권을 발휘할 수 있었던 것은 일본군, 만주국군, 관동군 등으로 구성된 한국군대의 특성과 그러한 구성을 가능하게 했던 미군과 이승만 정부에 결정적인 권한이 놓여 있었던 것이다. 그야말로 해방되고, 1948년 분단 정부가 수립되면서 국가 무력 기관인 군대체계의 주체들을 이와 같이 구성한 것은 미군의 점령 이후 계속되는 식민주의 체제의 작동으로밖에는 설명할 수 없다.

2009년 『친일인명사전』 3권이 발간되었다. 이 사전에는 한국 군부 내 친일반민족행위자 387명의 이름과 행적이 수록되어 있다. 이 사전에는 위의 네 명 후생감 중 장석윤만 등재되어 있다. 3명은 학병 출신이라고 하여 누락되어 있다. 다만 박경원은 간부지원병으로서 재론되어야 할 여지가 있다. 그런데 더 살펴봐야하는 것은 개인의 친일반민족 행위도 문제이지만, 그러한 친일반민족 행위, 예컨대 독립운동가들이나 항일부대들을 토

---

39) 태평양전쟁 당시 조선인 학도병 또는 학병은 이후 친일반민족행위자 범주에서 빠지게 되었다. 2009년 『친일인명사전』을 편찬했던 친일인명사전편찬위원회에서는 '학병은 장교가 된 경우에도 학병제도의 강제성에 비추어 (친일파 판정을) 보류하였다. 친일인명사전편찬위원회, 위의 책, 41쪽.

40) 『경향신문』 1953. 11. 16.

벌했거나 태평양전쟁 참전을 통해 일본에 충성을 다짐했던 친일반민족 군인들이 해방 후 부활하게 된 것은 개인의 노력만이 아니라는 점이다. 즉 점령군 미군정에 의해 그들을 대거 중용했고, 이승만 정권에 의해 친일반민족행위에 수행했던 군인들을 중심으로 군부, 군대 시스템을 만들었던 점을 생각한다면, 한국군'위안부'제도는 일본군'위안부'제도의 부활임을 간취하게 된다.

제7장

전시 성폭력도 국가폭력이다*

여성이 말하는 한국전쟁과 성폭력, 국가폭력

한국군과 군'위안부'의 불행한 만남은 어떻게 가능했던 것일까? 제6장에서는 일제에 의한 식민주의와 일본군'위안부'제도가 해방 후 계속되는 식민주의와 전쟁 속에서 한국군'위안부'제도로 부활했다고 보았다.

그런데 전쟁과 군'위안부'제도의 결합에 관련된 질문에 대해서 많은 남성들은 '성욕은 본능'이므로 전쟁과 같은 성적 자유가 억압되어 있는 상황에서는 성매매 행위는 당연하다고 말한다. 군'위안부'제도와 같은 성적 관리 시스템이 없으면 성폭력과 유사 사건들이 만연될 것이므로 국가는 필요악일지라도 공창제 또는 사창제라도 허용되는 것이 오히려 일반 여성들을 보

---

* 이 글은 2004년 7월 일본 와세대대학에서 처음으로 발표되었고, 그해 11월 한국여성학회 학술행사에서 발표되었던 원고를 기초로 재정리하여 『구술사연구』 2013년 게재된 원고를 토대로 하여 이번에 다시 정리, 집필했음을 밝혀 둔다.

호하는 방식이라는 주장을 펴는 사람을 종종 만나게 된다.

이미 반복적으로 얘기하고 있지만, 육군본부가 펴낸 『후방전사』에서도 '특수위안대'로서의 한국군'위안부'제도를 운영하는 목적을 다음과 같이 말하고 있다.

> (……) 실질적으로 사기 앙양은 물론 전쟁사실에 따르는 피할 수 없는 폐단을 미연에 방지할 수 있을 뿐 아니라 장기간 대가 없는 전투로 인하여 후방 래왕이 없으니만치 이성에 대한 동경에서 야기되는 생리작용으로 인한 성격의 변화 등으로 우울증 및 기타 지장을 초래함을 예방하기 위하여 (……)[1]

즉 설치의 첫 번째 목적은 한국전쟁으로 인해 징용된 군인들의 사기를 앙양하는 것이고, 둘째 목적인 '전쟁사실에 따르는 피할 수 없는 폐단'을 미연에 방지하는 것, 즉 성폭력을 포함한 폭력을 예방하겠다는 것이며, 미지막으로 군인들의 생리적·심리적 스트레스에 기인한 행위를 예방하는 것이라고 했다. 둘째, 셋째 목적에서 남성의 성적 욕망의 억압에 따른 심리적인 문제나 성폭력의 문제를 예방하기 위해서라는 한국군'위안부'제도를 설치하는 목적으로 전형적 남성 중심적 가부장적 성인식을 분명히 하고 있다. 사실상 한국전쟁 시기는 군'위안부'제도는 육군에 의해 초법적·공식적 지위 하에 관리·운영되었다.

또한 앞 장에서 보았듯이 일본은 패전 후 미군 점령과 주둔에 선제적으로 미군의 성적 위안시설을 설치했고, 설치 목적은 "양갓집의 자녀를 지키기 위해"[2]라고 했다. 미군은 1, 2차 세계대전이나 국제전에 참전하는 과정

---

1) 육군본부, 『후방전사(인사편)』, 육군본부 군사감실, 1956, 148쪽.

2) 『아카하타 赤旗』 2006. 04. 29; 한만송, 『캠프마켓』, 봉구네책방, 2014, 106쪽(재인용).

에서 성매매 금지정책을 취했다. 금지의 여러 가지 정책 중 가장 심각한 문제는 성병 만연으로 인한 병력 저하 문제에 민감했기 때문이다. 그런데 미군 오키나와 점령 후 오키나와 당국이 일부 마이너리티 일본 여성을 '매춘부'로 제도화하게 된 배경에는 미군으로 인한 많은 성폭력 문제로부터 대다수 여성들과 일반인들을 보호하기 위한 발상이었다.[3]

한국군'위안부'제도를 비롯한 한국전쟁기 여성의 문제를 연구하기 시작한 것은 얼마 되지 않는다. 한국전쟁에 대한 비교적 객관적인 연구가 나오기 시작한 것은 세계적 탈냉전 과정의 일이다.[4] 박명림 교수의 지적대로 국내외적으로 한국전쟁은 주로 정치학자들에 의해 연구되었고, 주로 국가적 관점에서만 보고 해석되고 연구되어 왔다. 주로 전쟁의 기원과 전개 과정 연구에 집중해 오는 가운데, 전쟁의 결과와 전쟁과 분단의 일상사나 전쟁과 갈등의 평화적 해결 전망 문제에 대해서는 소홀히 해 왔다. 그런 연구 환경에서 2000년 이전에만 해도 전쟁을 통한 수많은 학살과 국가폭력은 오로지 도발한 세력의 책임 문제로 간주하여 2백만 명에 달하는 민간인의 피학살 사건이나 여성이나 사회적 약자에 대한 피해의 사실에 대해서는 객관적으로 연구조차 할 수 없었다.

2000년대 전후로 해서야 전쟁과 여성의 관계를 접근하는 연구가 나오기 시작했다. 김성례의 "국가폭력과 여성체험"(1998)이나, 김귀옥의 "분단, 한국전쟁과 여성: 1950년대 한국 여성의 삶"(2004), "한국전쟁기 한국군의 '위안부'제도의 실체와 문제점"(2012[2002]),[5] "한국전쟁기 남성 부재와 시집살

---

3) 키쿠치 나츠노(菊地下野), 「내셔널리즘에서 식민주의로: 오키나와와 A사인 제도와 일본군 '위안부' 문제」, 송연옥·김귀옥 외,『식민주의, 전쟁, 군'위안부'』선인, 2017, 153~154쪽.

4) 박명림,『역사와 지식과 사회: 한국전쟁 이해와 한국사회』, 나남, 2011, 188쪽.

5) 글쓴이가 한국군'위안부'제도의 문제를 발표했던 것은 2002년이지만, 여러 가지 이유로 국내 학술지에 게재한 것은 2012년이었다.

이 여성", 이임하의 『여성, 전쟁을 넘어 일어서다』(2004)과 『전쟁미망인, 한국현대사의 침묵을 깨다』(2010), 함인희의 "한국전쟁, 가족 그리고 여성의 다중적 근대성"(2006)나 함한희의 "한국전쟁과 여성: 경계에 선 여성들"(2010), 최기자의 "여성주의 역사쓰기를 위한 여성 '빨치산' 구술생애사 연구"(2002), 이령경의 "한국전쟁 전후 좌익관련 여성유족의 경험연구: 여성주의 평화개념에서"(2003), 송연옥 · 김영의 『군대와 성폭력』(2012), 송연옥 · 김귀옥의 『식민주의, 전쟁, 군'위안부'』(2017) 등의 연구에서 전쟁이라는 폭력적 상황에서 여성은 어떤 존재이며, 어떤 위치에 놓여 있었으며 어떤 역할을 수행해 왔는가에 주목해 왔다. 이들의 연구에 비쳐진 한국전쟁의 모습은 이전까지 남성들에 의해 연구된 전쟁의 모습과는 판이하게 다른 모습을 띠고 있었다.

첫째, 한국전쟁에서 전쟁은 여성과 무관하다는 통념이 깨어졌다. 실제 전쟁에서 여성은 온갖 형태로 전장에 동원되었을 뿐만 아니라 남성 부재의 사회를 지탱하는 데 중요한 역할을 하였다.[6] 여성이 최초의 현역 군인이나, 해병대 군인, 여자의용군(〈한국전쟁 당시 행군하는 여자의용군〉 그림 참조)[7]이 된 것도 한국전쟁 당시의 일이다. 또한 여성은 일본의 침략전쟁 당시 건설된 일본군'위안소'와 유사한, 한국 육군부대에 의해 직접 운영된 공식 '한국군'위안소'에 '위안부'로서 강제동원을 당해야 했다. 비공식적인 군대 '위안부'도 적지 않았던 듯이 보인다. 또한 가장이 사라진 가족 해체의 가정을 유지했던 것도 '어머니'였다. 그 어머니는 삶의 방식으로서 자립적일 수밖에 없던 상황에서 강한 신념으로 가족을 지켜 나갔고, 그 결과

---

[6] Jean Bethke Elshtain, *Women and War*, Chicago: The University of Chicago Press, 1995[1987], 4쪽.

[7] '여자 학도호국대'가 만들어진 것은 1949년이다(참고: http://theme.archives.go.kr/next/chronology/yearRecord.do?year=1949).

가부장제도는 여성에 의해 유지될 수 있었다.

둘째, 국가폭력은 한국전쟁을 통하여 보호받아야 할 성과 보호받지 못할 성을 애매하게나마 경계를 지었다. 이것은 '양민' 개념과 유사하다. 즉 적성세력이 아니라는 인증 개념이었던 '양민'이 국가로부터 보호받아야 할 존재였다면, '비양민'은 국가로부터 무관심이나 폭력을 받아도 되는 존재였다. 이처럼 양민으로 인정받지 못하거나 적성세력으로 간주되었거나 부역한 가족의 여성들은 언제든 폭력을 당하고 강제 동원되어도 되는 성으로 존재했다.

■ 한국전쟁 당시 행군하는 여자의용군

인용/생산기관: 공보처 홍보국 사진담당관, 생산년도: 1952년, 관리번호: CET0034184.
출처: 국가기록원.

셋째, 전쟁을 통하여 여성은 더이상 하나의 범주에 속하지 않음을 입증하였다. 전쟁에서 기존의 기득권보다 더 큰 권력을 만들어 나간 상층 지식인테리 여성들이 있는가 하면 대다수 여성들은 수동적이거나 침묵하는 대중으로 존재했다. 그런 반면 소수의 여성들은 분단을 강요하는 미국과 이승만 독재 정권에 저항하면서 좌익계 '빨치산'으로서 활동했을 뿐만 아니라, 각종의 저항적인 사회활동을 하였다.

마지막으로 한국전쟁에서 여성은 성적 착취와 성폭력의 대상이었다. 지금까지 한국전쟁과 여성과 관련된 몇 편 되지 않는 연구에서 직접적으로 여성의 성폭력 문제를 다룬 글은 김귀옥과 함한희의 글 정도밖에 없다. 한국전쟁과 폭력의 문제를 정면으로 다룬 김동춘의『전쟁과 사회: 우리에게 한국전쟁은 무엇이었나?』에서도 성폭력을 다루지 못했다.[8] 목마른 자가 우물을 파듯이 전시 성폭력 문제의 판도라 상자를 여는 것은 결국 여성 자신이다. 이 글에서는 한국전쟁이 여성에게 기한 국가폭력으로서의 성폭력의 유형과 그에 따른 쟁점 등을 살펴봄으로써 여태껏 주목하지 않았던 한국전쟁의 또 다른 모습을 밝히고자 한다.

한국전쟁에서 성폭력의 유형

1) 반공국가의 수립과 국가폭력의 특성

한국전쟁은 한반도 문제가 남북 조선인의 손에서 떠났던 1947년 12년 이후, 본격적으로는 1948년 두 개의 조선이 한반도에 수립되면서부터 시작

---

[8] 김동춘,『전쟁과 사회: 우리에게 한국전쟁은 무엇이었나?』, 돌베개, 2006.

되었다. 1945년 8월 15일 조선은 해방되면서 동시에 분단되었으나 당시 한반도에는 친일파의 권력을 박탈하고 민주주의 사회를 수립하겠다는 '혁명적 열기'로 가득 차 있었다. 이러한 혁명적 열기는 반일 민족주의자들이나 좌익들에 의해 주도되었고, 일반 시민들에게도 강력하게 영향을 미쳤다. 일제강점기 반일독립운동의 정당성을 확보한 사회주의자들이나 반일 민족주의자들에 대한 정당성은 대다수 주민들에게서 확인될 수 있었다.[9]

해방 당시 여성계에도 이러한 분위기는 그대로 반영되어 주로 좌익계 여성들이 여성 대중의 지지를 받았다. 대표적인 여성우익단체라고 할 수 있는 '독립촉성애국부인회'나 '대한부인회' 등의 운동 노선은 현모양처를 강조하고 성별 분업 이데올로기에서 벗어나지 못한 채 참정권 획득, 여성문맹 퇴치, 여성의 능력 개발 및 교육 확대, 공사창제 폐지 등 여성권익 신장을 주요 과제로 삼고 있었다. 일제 잔재 청산이나 토지 문제에 대한 언급은 없었다. 반면 좌익단체라고 할 수 있는 '조선부녀총동맹'은 강령에서 여성의 해방을 제1의 과제로 제시하였고 동시에 친일파, 민족반역자의 청산을 여성해방의 조건으로 보았다.[10] 이러한 사실은 해방시기부터 한국전쟁기에 이르기까지 좌우 간의 대립축[11]은 여성계일지라도 예외적이지 않음을 시사한다.

또한 이러한 사실은 우익을 대변하는 미군정, 제1공화국의 국가폭력 기구인 군부, 경찰기구에 대한 좌익계, 중도 민족주의계 여성들과 대립하게

---

9) 국사편찬위원회, 『자료대한민국사 5』, 국사편찬위원회, 1972, 21~22쪽.

10) 민주주의 민족전선 편집, 『해방조선』, 과학과사상, 1988[1946], 220~221쪽.

11) 해방 공간의 대립의 축은 형식적으로는 좌우 대립으로 나타났지만, 내용면에서 보면 민족 대 반민족의 대립으로 나타났다고 본다. 좌익으로 분류되는 사람이나 단체들의 기본 문제의식은 대부분 친일파, 민족반역자 청산, 완전통일 자주독립국가 수립으로 나타나고 있기 때문이다.

되고 친미 우익계통이 국가권력을 장악하게 됨에 따라 좌익계와 민족주의계 여성들에 대한 탄압이 뒤따를 것을 암시하였다. 국가폭력 기구의 수족으로서 극단적 반공이데올로기로 무장했던 대한청년단은 대한여자청년단(박순천, 모윤숙 단장 역임)을 조직하도록 지원하였다. 대한여자청년단은 대여성 선무활동을 했을 뿐만 아니라,[12] 대한청년단의 여성단원들은 좌익계로 분류된 여성이나 그 유가족 여성을 처단하는 데 동원되었다.[13]

한편 한국 경찰은 미군정의 비호 하에 친일경찰기구가 부활되면서 내용상으로는 식민시기 국가폭력 기구의 운영 방식과 인맥을 그대로 계승할 수 있었다.[14] 그 경찰 권력의 강도는 일제강점기보다 더 컸다고 볼 수 있다. 왜냐면 일제강점기보다 해방 이후 국가권력에 대한 민중의 도전이 더욱 위협적이고 광범위했기 때문이었다. 또한 월남한 친일파들과 결합한 반공청년단체들은 반공국가 수립에 광적으로 매달렸기 때문이기도 했다.[15] 이러한 반공국가 하의 국가기구는 자신의 존립에 위협을 가하는 세력이면 남녀노소를 가리지 않고 공격을 했으며 여성에 대한 폭력은 대개 성폭력으로 나타났다.

이제 한국전쟁 전후한 시기 국가폭력으로서의 성폭력이 어떤 유형으로 나타났는가를 살펴보도록 한다. 즉 성폭력의 유형으로는 강간, 여성성 또는 모성에 대한 폭력, 강제 결혼 및 납치, 구금 과정의 성고문 등으로 나눠 그 실태를 짚어보도록 한다. 한편 이글에서는 성폭력의 사례는 그간 한국전쟁을 주제로 한 구술조사 과정에서 수집한 18명의 구술 자료를 바탕으로 하고 있다.

12) 김기진, 『끝나지 않은 전쟁 국민보도연맹』, 역사비평사, 2002.

13) 김두식, 『헌법의 풍경』, 교양인, 2004.

14) 안진, 「미군정기 국가기구의 형성과 성격」, 『해방전후사의 인식 3』, 한길사, 1987; Bruce Cumings, 『한국전쟁의 기원 상, 하』, 김주환 옮김, 청사, 1986[1975].

15) 이경남, 『분단시대의 청년운동』, 삼성문화개발, 1989.

2) 구술자의 간단한 인적 사항

이 글에 등장하는 17명의 구술자의 인적 사항을 간략하게 소개하면 다음과 같다.

〈표 7-1〉구술자 인적 사항

가명	성별	출생연도	고향	전시 직업	기타
김인철	남	1923	함경남도	어업	
서평희	여	1919	함경남도	주부, 어업보조	
경영철	남	1930	황해도	농업	
경의영	남	1921	황해도	농업	
고순영	여	1935	황해도	중학생	
김일만	남	1921	황해도	농업	
박정지(실명)	여	1929	서울	대학생	
김철영	남	1935	전라남도	농업	비전향장기수
양정호(실명)*	남	1931	경상남도	사무원	비전향장기수
'ㅇ'씨 할머니	여	1923	강원도	주부, 농업보조	
'ㄱ'씨 할머니	여	1927	강원도	주부, 농업보조	
김희오(실명)16)	남	1930	평안북도	육군장교	
변영희	여	1924	전라남도	주부, 농업보조	비전향장기수
철식	남	1935	인천시 강화군**	농업	소작농
최민길	남	1934	함경남도	사무보조원/북파공작원	
이연순	여	1947	서울	공장노동자	1960, 70년대 직업
이철민	남	1952	인천	공장노동자	1960, 70년대 직업

* 양정호의 구술은 2007년 국사편찬위원회에서 출간된 『비전향장기수구술4』에 포함됨.
** 인천시 강화군은 전시에는 경기도에 속했다.

17명 가운데 여성 8명, 남성 9명이고, 출생연도에 있어서 1910년대 1명,

16) 김희오의 경우는 2002년 1월, 자신의 남양주 자택에서 인터뷰를 했다. 인터뷰하기 전에 발표된 자신의 회고록인 『인간의 향기: 자유민주/대공투쟁과 함께한 인생역정』(2000)과 인터뷰 내용은 크게 다르지 않았다. 회고록을 쓰는 동안 자신의 기억 발굴 훈련을 거치면서 인터뷰와 회고록의 일치도를 높인 것으로 추측할 수 있다.

1920년대 7명, 1930년대 7명, 1940년대생 1명, 1950년대생 1명으로 구성되어 있다. 또한 직업에 있어서 농업(보조자 포함) 종사자 8명, 어업(보조자 포함) 종사자 2명, 사무직 종사자 2명, 노동자 2명, 군장교 1명, 학생 2명, 주부 4명 등으로 분포되어 있다. 또한 출생지역은 서울 2명, 인천 2명, 강원도 2명, 경상남도 1명, 전라남도 2명, 평안북도 1명, 함경남도 3명, 황해도 4명 등으로 분포되어 있다. 이연순과 이철민은 1970년대 상황을 증명하지만 나머지 15명은 한국전쟁 전후한 상황을 증명할 것이다.

이들의 구술 증언을 토대로 한 국가에 의한 전시 성폭력을 4대별 유형화를 시도하면 다음과 같다.

3) 성폭력의 유형화

성폭력은 '상대방의 동의 없이 강제적으로 성적 행위(언어 포함)를 하거나 성행위를 강요, 위압하는 행위'[17)를 말한다. 국제 사회에서도 성폭력에 대한 정의는 유사하다.

> 여성에 대한 폭력은 여자이기 때문에 여성에게 직접적으로 가해지는 폭력, 혹은 여성에게 불공평한 영향을 미치는 폭력을 말한다. 이는 육체적, 정신적, 혹은 성적인 피해, 고통, 위협행위, 강압, 그리고 다른 자유의 박탈을 포함하는 것이다. 성에 근거한 폭력은 뚜렷이 명시되어 있지 않더라도 국제협약의 특정조항에 위배되는 것이다.[18)

17) 이혜숙, 『여성과 사회』, 경상대학교 출판부, 2005, 171쪽.
18) Radhika Coomoroswamy, 「인권위원회의 결의안 1994/45에 따른 여성에 대한 폭력, 그 원인과 결과에 관한 특별보고관이 제출한 예비보고서」, 한국정신대문제대책협의회, 1995, 6쪽.

성폭력은 국내법으로 뿐만 아니라 국제법으로도 범죄로 규정되어 있다. 그런데 당시 한국 정부는 전시를 예외 상황으로 인식하여 국가주의적 명분 하에 불법적 행위를 자행해 왔다. 전시나 독재 체제에서 비상계엄령이 발표되면, 사실상 정상적인 법의 운영[19]이 중단되고 민간인에게조차 군법이 우선시 된다. 다시 말해 전시를 무법천지로 인식하는 것과 달리, 전시에도 군법이나 비상계엄령이 작동하여 법을 더 엄격히 적용할 수 있다. 그러나 한국전쟁에서는 민간인을 보호한다는 인식이 거의 작동하지 않았다. 따라서 거의 법적 절차도 거치지 않은 채 민간인 학살이 자행되었고, 여성에 대한 성폭력도 그런 상황에서 이루어졌다.

현지조사 과정에서 한국전쟁 당시 성폭력 문제를 조사하다보면, 그것이 얼마나 광범위하게 발생되었는가를 깨닫게 된다. 이 장에서는 빈번하게 발생된 성폭력인 강간, 모성성 또는 여성성 파괴, 강제 결혼, 성고문 등으로 범주화시켜 그 유형을 살펴보도록 한다.

(1) 성폭력 유형1: 강간

국가에 의한 한국전쟁 시기 성폭력을 형태별로 유형화하면 첫째, 강간이 가장 광범위하게 일어났다. 분단의 기색이 완연해지자 1948년 2월경부터는 이남 각지에서 야산대(빨치산, 우익적으로 보면 '공비') 활동이 일어났는데, 야산대 활동에는 여성들도 부분적으로 참여했던 것으로 보인다. 전라남도에서 빨치산으로 활동했던 김철영(가명)의 구술에서는 충격적인 사실이 발견되었다.

(전라남도) ○○면 ○○부락(마을)이란 데가 있어. 그 면은 우리가

19) 한상범·이철호, 『법은 어떻게 독재의 도구가 되었나』, 삼인, 2012.

활동하던 지댄데, 거기 있는 큰 동네가 거의 백여 호 가까이 사는데, 그 처녀들이 적어도 한 삼십 명 가까이 있었던 모양이여. 근데 처녀들이 산에 다 입산을 했거든. 처녀들 젊은 여자들이 전부 우리 활동대원이기 땜에, 끌어다가 집단으로 방에다 넣어놓고 한단 말여. 처녀들, 여자들을 강간을 다했어. 경찰기동대들이 처녀할 거 없이 유부녀 할 거 없이 (……). 그런 정도로 놈들―경찰기동대를 가리킴―이 말하자면 도덕적인 측면에서 아주 무지막지한 놈들이 그런데 와서는 그놈들 마음대로 하는 거야. 죽이고 살리고 하는 것을 그때는 맘대로 했었기 땜에 (……) (김철영 구술).

  빨치산 활동이 많았던 지역에는 빨치산들이 수시로 마을 인근으로 출몰했던 것으로 보인다. 위의 마을에서 수십 명의 젊은 여성들이 빨치산 대원이 되었고, 그 결과 마을 사람들이 빨치산을 지원하였다. 그러한 이유 때문에 경찰기동대는 수십 명의 마을 여성들을 집단 강간하였다. 그 결과 그 마을은 '더럽혀진 마을'이 되어 버리게 되었다.
  제주4·3항쟁 당시에는 경찰이나 서북청년회 단원들이 제주도 여성들에 대해 강간, 집단강간은 말할 것도 없고 강제 성교와 같은 반윤리적 폭력까지 서슴지 않았다. 즉 경찰이나 서청단원들이 총칼을 들고 에워싼 마당에 야산대가 있는 집안의 사위와 장모를 발가벗겨놓고는 성교를 하도록 강요를 하거나 반대로 시아버지와 며느리에게 성교를 하도록 강요하고 성교 후에는 죽여 버리는 일, 또는 시숙과 제수를 강제로 성교시킨 후 짚 명석에 말아 굴리는 등 반인륜적 만행은 비일비재하였다.[20] 이러한 강요된 성교는 가족관계를 분열시키고 더럽혀진 마을로 만들면서, 성폭력의 기억을

---

[20] 김성례, 「국가폭력과 여성체험: 제주 4·3을 중심으로」, 『창작과비평』 102, 1998, 340~352쪽; 김동춘, 『전쟁과 사회: 우리에게 한국전쟁은 무엇이었나』, 돌베개, 2000; 강정구 2002; 김종민, 「제주 4·3항쟁: 대규모 민중학살의 진상」, 『역사비평』 42, 1998.

'피해'에서 '가해'로 전환시키게 된다.

한국전쟁이 국제전으로 비화되면서 유엔군과 미군과 중국군이 참전했을 때 대조적인 성폭력의 양상을 보여 주었다. '해방군'으로 참전했던 중국군의 경우 여성에 대한 강간은 즉결 처분감이었다.[21] 반면 미군은 광범위하게 여성들에 대한 성폭력, 강간을 자행하였다. 김철영의 증언에 따르면 1950년 9 · 28 수복 과정에서 미군이 자신의 부락(마을)에 들어올 무렵에는 "이미 미군이 점령한 지역에 저질러진 강간, 약탈, 살인, 방화" 사건이 전해져 전쟁 전에 이미 경찰에게 당했던 김철영(당시 15세)의 가족이나 부락민들이 전부 가까운 산으로 입산했다고 했다.

그러한 양상은 한국군에도 그대로 반영되어 있었고, 적개심에 불탔던 군인들이나 반공청년들은 강간을 통하여 자신들의 분노와 권력을 표출하였다. 북한 점령 지역에서 인민군이나 빨갱이 가족이나 좌익 여성에 대해서는 거의 예외 없이 성폭력이 가해졌다. 이러한 사실은 반공컴플렉스에 빠져 있는 월남인들이 자신의 고향인 북한 지역에서 일어났던 일을 회고할 때면 인민군과 한국군에 대해 정반대의 증언을 하였다. 인민군의 경우 강간사건을 경험한 경우가 거의 없었던 반면, 한국군의 경우 내가 조사했던 월남인들이나 대부분의 한국전쟁 관련 구술자들로부터 거의 빠짐없이 증언되었다. "아군이 우리 고향에 들어와서는 부락 처녀들을 많이 강탈하고 소 · 돼지를 빼앗아 먹는 등 무법천지였지"(김인철, 서평희 등의 구술).

그런 양상은 해방되어 한국전쟁 전까지 북한 관할 지역이었던 강원도 속초에도 벌어졌다. 미군과 한국군이 속초를 '수복'한 후 벌어졌던 일을 'ㄱ'씨 할머니의 증언(김순희 구술)을 통해 다음과 같이 재구성하였다(제5장의 인용문을 재인용함).

---

21) 孫佑杰, 『압록강은 말한다: 한국전쟁에 대한 새로운 이야기』, 조기정 · 김경국 옮김, 살림, 1997.

남편과 생이별한 설움보다 더 무서운 것이 기다리고 있었다. 밤마다 국방군(국군)들이 젊은 여성들을 겁탈하고 돌아다닌다는 소문이 이웃 마을에서부터 돌았다. 그들은 낮이면 공비 소탕 작전임네, 뭐네 하면서 동네를 이 잡듯 샅샅이 뒤지며 돌아다녔다. 논산 마을은 말할 것도 없고 군부대 인근 마을의 처녀뿐만 아니라 과부들도 군인들에게 겁탈당했다. 특히 과부집은 남편이 월북한 빨갱이 가족이니 철저히 조사해야 한다는 핑계로 무사출입이었다. (……) 어떤 처녀는 3번 이상 겁탈을 당하고는 결국 마을을 떠나고 말았다. 여러 번 당한 처녀들이 많았다. 얼굴 고운 옥춘이는 당하는 게 무서워 거지처럼, '미친년'처럼 꾸미기도 했다. 동네 어른들은 군인들이 동네 처녀 씨를 말린다고 했다.[22]

전시 강간의 연속선에 있으면서 새로운 성폭력이자 한국군 군'위안부'의 전신이라고 할 수 있는 유형의 성폭력이 군내부의 '성상납(性上納)' 문제였다. 한때 한국군이었고 현재는 비전향장기수로서 2000년 9월 2일 북한으로 송환된 양정호는 군부의 체계적인 '성상납'을 다음과 같이 증언한 바 있다 (제6장의 인용문을 재인용함).

(국군이 북한쪽을 점령해 있을 때) 선임하사가 소대장하고 중대장한테 (여성을) 저녁마다 바쳐요. 나는 도통 몰랐는데 보초 설 때 알았어. 내가 보초 설 때마다 밤중에 여자들이 중대장실에 (……) 보냈더라고. 소대장실엔 자주 본 건 아닌데 내가 몇 번 봤어요. 소대장은 어느 정도 내가 아는데 이 양반이 부산대학 나온 양반인데. (……) (여성은) 풀 죽어서 오죠. 그 선임하사가 여자를 데리고 왔습니다. 여자는 별 표정 없이 (……)[23]

22) 김귀옥, 「속초 세 할머니가 겪은 6·25전쟁」, 『민족21』 6, 2001, 117쪽.
23) 양정호 구술·김귀옥 면담, 『비전향장기수구술 4』, 국사편찬위원회, 2007, 311~312쪽.

양정호의 구술에 따르면 1950년 10월 이후 개성에서 평양을 가는 동안 이러한 일은 반복되었고, 끌려온 여성들은 머리차림새로 보건대 대개 일반 미혼 여성으로 여겨졌다고 한다. 뿐만 아니라 좌익유가족들에게 가해진 말로 다하기 어려울 정도의 가혹하고 악랄한 행위를 혐오한 그는 결국 군대를 탈영하였다.

(2) 성폭력 유형2: 모성성 또는 여성성에 대한 폭력

두 번째 여성에게 가해진 폭력 유형으로는 모성성 또는 여성성에 대한 폭력이었다. 여성에 대한 성폭력 자체는 모성성 또는 여성성에 대한 폭력이지만, 보다 구체적으로 여성의 신체 중 여성의 생식기 관련 부분에 대해 직접적 폭력을 가하는 행위이므로 별도로 분류하였다. 이는 1980년 5·18민중항쟁에서도 군부에 의해 가해진 성폭력으로 한국전쟁 전후한 시기에도 종종 자행되었다. 여성의 주요 성기에 대한 폭력, 임부와 태아에 대한 반인간적 폭력은 4·3제주항쟁에서나 여수·순천 사태에서도 여실히 드러났다. 여성의 유방을 도려내는 일, 임신부의 배를 가르고 창으로 찌르는 일, 죽창으로 여성의 국부를 찌르는 일, 자식을 죽인 다음 부모에게 자식의 간을 물고 마을을 돌아다니게 하는 일이 있었다.[24]

실제 구술조사에서도 이러한 사실을 증언 받을 수 있었다. 여성 빨치산이었던 변영희(가명)는 다음과 같은 구술을 하였다.

> 우리 ○○면에서 같이 입산한 여성이 있는디, 그 남편은 구빨친데
> (구 빨치산인데), 6·25 전(前)에 죽었대요. 죽었대요. 그 여성이 나
> 모씨, 성이 나모씬디, 그 여성도 9·28 후퇴 때 우리랑 같이 입산을

24) 김동춘, 앞의 책, 2000, 235쪽.

했거든. 그런디 그이한테 아들이 네 명이라, 네 명을 띠어놓고 오니 오죽이나 걸리겠소. 산에서 아이들이 걱정이 되어 내려간다고 해서 우리는 첨에는 반대를 했어. "조금 더 있다가 내려가라. 지금 내려가면 죽는다. 지금 막 군인들이 들어오는 판인데…" 그런디 내려가자마자 군인들이 죽었어요. 죽어갔고 길에다가 양 다리, 양 팔을 딱 벌려다가 거꾸로 매달려 자궁에 막대기가 꽉 박아서 죽었지. (……) (변영희 구술)

적장을 효수(梟首)하는 것은 오래된 관행이지만, 이와 같은 국군의 사적인 처형은 '빨갱이'에 대한 극도의 적개심을 표출한 결과인 것으로 보인다.

입산했던 어머니는 아이들이 걱정되어 하산하였으나 그에게 돌아온 것은 모멸과 수치심, 무법적인 처형뿐이었다. 현재는 5, 60대 노인이 되었을 그 아이들에게 어머니의 죽음은 평생 잊히지 않을 사건이었을 것이나, 어머니의 처참한 죽음을 오랫동안 억울하지만 수치스럽게 회고하였을 것이다.

역으로 북한 지역에서 우익들이 빨갱이 가족에게 다음과 같이 모성애를 파괴시키는 행위를 했다.

우리 리에 치안대가 조직되어 대장은 홍○○으로 농사를 짓던 자로서 민주당원인데, 무식했어. (……) 빨갱이 가족 10여 명을 때려죽이거나 구덩이를 파라고 시키고는 생매장시켰어. 우리 누이는 노촌 노씨에게 시집을 갔는데 매부가 로동당원이어서 유엔군이 온 뒤로 누이는 아기(아들)를 데리고 친정으로 건너왔지. 치안대가 모녀를 잡아내어서는 아가를 보자기에 싸더니 어미더러 구덩이에 파도록 시키더니 보자기를 구덩이에 넣으라고 시켜 아이를 생매장시키는 거여(경영철 구술).

10월 초순 유엔군과 국군이 38선 이북으로 진격하면서 북한 전역에는 광범위하고 처절한 대량학살선풍이 일어났다. 국군이 북한 지역을 점령하고 인민군이 후퇴를 하자 각 지역은 월남 반공 지도자나 청년이 중심이 되어 지역 정권을 출범시켰고, 그 선봉에 선 것은 물을 필요도 없이 서북청년단—주로 '서청'으로 호명하고, 대한청년단,[25] 즉 '한청'이 더 큰 조직이다—이었다. 서청들은 각지에서 치안대나 청년자치조직원으로 활동을 하며 대학살을 주도하여 심지어 빨갱이 처단이 제대로 되지 않으면 압력을 넣어 처단하도록 강압하였다(경의영, 김일만 구술). 그런 강압적인 분위기 속에서 지역 빨갱이 유가족들이 각가지 방식으로 처리되었다. 아이를 생매장시킨 어머니 역시 치안대의 손에 죽임을 당했다. 아들을 생매장 시킨 것은 한마디로 마을 사람들에게 "빨갱이 씨를 말린다"는 의미를 함축하고 있었다.

(3) 성폭력 유형 3: 강제 결혼 및 납치

세 번째 성폭력 유형으로는 여성에 대한 강제 결혼 및 납치를 들 수 있다. 독립영화사인 '하늬바람'의 조성봉 감독이 제작한 기록영화, 『레드헌트』를 보면 4·3제주항쟁을 진압하기 위해 제주도에 들어간 '서청은 올 때 한 트럭을 타고 왔다면, 갈 때는 두 트럭을 타고 갔다'는 얘기가 나온다. 다시 말해 제주도 처녀들과 강제 결혼하여 육지로 돌아갔다는 말이다. 한국전쟁 당시에도 그러한 일은 비일비재하였다. 북한지역으로 올라간 반공 청년들이나 군인들 역시 강제 결혼을 하거나 납치하는 일을 자행하였다. 한 월남민 출신 여성의 경험을 들어보자.

---

[25] 1949년 12월 19일 서북청년회나 민족청년단, 대동청년단 등 20여개 우익청년단체가 이승만 대통령의 지시 하에 대한청년단을 만들게 되었다. 이승만 대통령이 총재였고, 신성모 국방장관이 초대단장을 역임하였다. 1950년 12월 '국민방위군'의 근간이 되었으나 부정부패와 분열, 횡포가 극심하여 1953년 9월 민병대로 편입되어 사실상 해체되었다 (이경남, 앞의 책, 1989).

치안대가 조직되어 우리 큰 오빠도 보초를 서면서 빨갱이나 그의 가족을 잡아들이는 일을 했어요. 처형하는 장소에는 동네사람들이나 아이들이 많이 모여들곤 했는데 오빠는 나한테는 구경하지 못하게 했어요. 너무 잔인하다는 거지. 치안대(한청)는 길목마다 지켜 서서 당원이나 당원의 가족을 잡아 창고에 가뒀다가 심사 후 죽였어. 가족 중 딸은 안죽였고 다른 가족들은 특히 아들들은 싹 다 죽었어요. 딸들 중에는 치안대원과 강제로 결혼 지워지는 일도 종종 있었어요. 아주 나쁜 놈들이지. 두 여자가 기억나는데 강제로 결혼한 후 남편과 함께 월남해서는 수원으로 나가 산 여자가 있고, 또 이○○이라는 여자의 경우는 남편 있는 여잔데, 남편이 로동당원으로 아군이 들어오자 도망갔는데 그 여자는 치안대에 의해 강제로 짝지어졌지 뭐(고순영 구술).

이러한 증언은 여러 사람들에 의해 이루어졌다. 특히 고급 장교일수록 그런 일이 많았는데, 그들은 1950년 12월 급박하게 전개된 후퇴 상황에서도 여성들을 데리고 다녔다. 한 예로 한국 군번 1번으로 유명한 이형근 장군 역시 인천수복 때 환영 꽃다발을 걸어준 여고 3학년생을 후처로 얻어 1951년 육군 1군단 관할 지역이었던 속초로 데리고 와서 살았다고 한다(속초 원주민들의 증언). 그러한 분위기는 1군단 참모들에게도 관행이 되었다고 한다. '1군단 사령부 인근의 속초 부월리 일반 주민들의 집을 무단으로 빼앗아 정실부인도 아닌 북한에서 후퇴할 때 데리고 온 어린 여성들을 데려다 앉혀 살았다'('○'씨 할머니 구술)고 한다. 또한 북파공작원 출신 최민길의 증언에 따르면 몇 차례 북측에서 여성들을 납치하여 낮에는 부대 살림살이를, 밤에는 '위안부'를 시켰다. 그중 최민길과 같은 고향 친구로서 납치된 여성을 북파공작원 관리자인 하급 장교가 데리고 살다가 정전협정 이후 제대를 하면서 버렸다고 한다.

2006년 조사를 시작한 인천시 강화군 조사에서도 비정규군인 KLO부대원들에 의한 성폭력과 강제 결혼 사례를 여러 사례 발견할 수 있다. '철식'

의 구술에 따르면, KLO부대원에 총살을 당하러 가는 남편의 부인에게 "몸을 허락하면 살려준다"고 하여 '여성은 살기 위해 몸을 팔고 그의 남편은 죽었다'고 한다. KLO부대원은 그 여성과 얼마간 살다간 그냥 버리고 육지로 떠나갔다고 했다(철식 구술).

군인들의 여성 납치 문제에 대해서는 필자가 발표한 "朝鮮戰爭と 女性: 軍慰安婦と 軍慰安所を 中心に"(한국전쟁과 여성: 군위안부와 군위안소를 중심으로)[26]에서 이미 다룬 바 있다. 여성 납치는 대개 성폭력과 강제 결혼으로 이어졌고, 심지어 군'위안부'로도 활용되었다.

(4) 성폭력 유형4: 성고문

마지막으로 여성에 가해진 성폭력의 유형으로는 체포 후 가해졌던 성고문으로 나타났다. 세계 각 국가에서 국가에 의해 저질러진 폭력의 가장 전형적인 성폭력의 유형이기도 하다.[27] 해방 이후 계속되는 민중항쟁 속에서 수많은 여성 진보인사이나 일반 여성들이 구속되었고, 여수·순천사태 때에도 적지 않은 관련 여성들이 구속되었다. 당시 여성 구속자들에 대해서 여러 가지 형태의 성고문이 자행되었다.[28] 또한 한국전쟁 전후로 한 발생한 빨치산 출신의 여성에 대한 성폭력과 무법적인 처형은 구속된 이후에도 계속되었다. 여성으로서 빨치산 활동을 하다 구속되면 수사받는 과정에

---

[26] 김귀옥, 「朝鮮戰爭と 女性: 軍慰安婦と 軍慰安所を 中心に」, 『東アジアの冷戰と國家 ナロリズム: 米日中心の地域秩序の廢絶をめざして』(공저), 東京: 御茶の水書房, 2004, 351~370쪽.

[27] Coomoroswamy, 앞의 글, 1995.

[28] 고문의 본질은 육체의 고통이 아니라, 피고문자로 하여금 고문을 통하여 정신적으로 수치심, 굴욕감을 느끼게 함으로써 정신을 파멸시키는 데 있다. 그런데 일제강점기나 한국전쟁 중에도 영웅적 여성에 대한 소문들이 전해지고 있다. 즉 극소수의 여성은 성고문에도 불구하고 국가폭력에 맞서 저항하였다고 했다.

도 대개 성고문이 자행되었다고 많은 빨치산 출신자들은 증언하였다. 그러한 성고문은 전시 간첩 혐의로 구속된 여성들에 대해서는 극단적인 적개심이 표출되었다.

전직 산부인과 의사이자 "잊히지 않는 사람들"이라는 시집을 낸 시인 류춘도(1927~2009)는 1952년 "부산여자간첩단" 사건에 무고하게 연루된 바 있다. 그는 '상상을 초월했던 고문이 횡행하던 시절' 겪었던 성고문 상황을 다음과 같이 묘사했다.

배추색 얼굴

컴컴한 복도 모퉁이에서
무시무시한 광경을 본다.

산발한 머리카락은 하늘로 치켜들고
초점을 잃은 눈동자에 얼굴은 배추색.
휘청거리는 걸음을 떼어놓을 때마다 풍기는 악취.
컴컴한 복도에 마치 유령이 지나가는 듯
그녀들은 끌려나가고 있었다.
나는 하마터면 그 자리에 주저앉을 뻔했다.

"너희들 두목이니 잘 봐둬라."
그 사내는 빈정대듯 말했다.
배추색 얼굴은 오십 년이 된 지금까지도
내 머리에 떠오르며 몸서리쳐진다.

그 중 한 사람 이름은 박정자.
또 한 사람 이름은 윤칠성.
박정자, 그녀는 긴 옥살이를 하고
지금은 어딘가에 살고 있다고 한다.[29]

류춘도는 "배추색 얼굴"에서는 직접적으로 성고문을 이야기하지 않았으나, 그의 회고집, 『벙어리새』(2005)에서 박정자 등이 받은 혹독한 성고문의 기억을 위와 같이 표현한 것으로 보인다.[30] 당시 『동아일보』(「괴뢰여간첩단 1당타진」 1952. 09. 15 참고)에 따르면 류춘도를 포함한 17명의 여성들을 잡아들여 "괴뢰 여간첩단/마타하리의 변요(變妖)"라는 기사[31]로 떠들썩하여, 박정자, 윤칠성 등은 실형을 살았으나, 집안 배경이 든든한 사람들은 집행유예로 석방되었다.[32]

2001년경 류춘도 선생의 소개로 박정자를 만날 수 있었고, 어렵게 구술 허락을 받아 2시간 구술을 했다. 2시간여의 구술면접 동안 박정자는 그때의 아픔과 피해의식, 두려움으로 제대로 말하지도 못하였다. 다만 그는 '간첩사건은 조작되었어'라고 되뇔 뿐이었다(박정자 구술). 한국전쟁 무렵 박정자는 이화여자대학생으로서 꿈과 호기심이 많고, 한국전쟁 발발 직후 평양의 김일성종합대학을 방문한 것이 빌미가 되어 여간첩단 사건의 수괴로 변신을 하게 되어 1980년대 중반까지 수감 생활을 했다. 내가 만날 당시 그녀는 60대 노인이 되어 석방되었으나 오갈 데 없어 전라북도 익산의 어느 부랑자 시설에서 무의탁 노인으로 있었다.

성고문이라는 말을 하면 1980년대 대학생들은 1986년의 성고문 사건의 주인공인 권인숙을 떠올리게 된다. 그는 이제 대학교수를 넘어, 2019년 현재 한국여성정책개발원 원장으로서 한국 여성 주류화와 성평등을 위한 중심에서 활동하고 있다. 개인적으로는 끔찍한 고통 속에서도 지옥의 문을

29) 류춘도, 『당신이 나입니다』(시집), 푸른숲, 2002, 193~194쪽.

30) 류춘도, 『벙어리새』, 당대, 2005, 378쪽.

31) 『동아일보』 1952. 09. 15.

32) 류춘도, 『벙어리새』, 당대, 2005, 379쪽.

열고 나온 듯 다행이며 여성인권의 산 증인이라고 할 수 있다.

　그러나 이 땅의 얼마나 많은 권인숙이 있었고, 좌절하고 낙망하여 살아왔던가? 1960, 70년대 박정희 독재정권이나 1980년대 전두환과 노태우 신군부정권 하에서 민주화운동을 했던 여성대학생들 및 운동가들이나 민주노조운동을 했던 여성 노동자들 중 여러 사람이 경찰이나 중앙정보부에 구속수사를 받았던 도중 성고문을 당하였다.[33] 1974년 경기도 인천의 반도상사에 '민주노동조합'을 건설하는 데 주역이었던 노동조합지부장은 중앙정보부나 관할 경찰서 수사를 받고 나올 때면 '파김치'가 되어 며칠을 앓곤 하였다(이철민 구술). 심지어 1973년 고려대학교 '민우지' 사건에 연루되었다는 혐의를 받은 어느 공장 여성노동자 2명은 중앙정보부에 연행되어 수사를 받던 과정에서 성고문을 받았다(이연순 구술). 또한 직접적인 성고문은 아니었더라도 1989년 "'국제평화대행진' 추진 및 임수경 씨의 방북과 관련하여 남편인 김현장 씨와 함께 구속된 김영애 씨"는 "수사기관은 임신한 부녀자에게까지 구둣발과 각목을 휘둘러 대는 야만성을 보이는 지경"까지 고문 수사를 당했다.[34]

　이미 1950년 거창사건이나 제주4·3항쟁, 5·18민중항쟁과 관련된 명예회복 및 보상 관련법이 제정되어 실시되고 있다.[35] 또한 1999년에는 '민주화운동관련자명예회복및보상심의위원회'가 설립되어 1968년 이후 민주화운동가들에 대하여 심의, 명예회복, 보상 등의 작업이 진행되고 있다.[36] 그

33) 이태호, 『불꽃이여 이 어둠을 밝혀라: 70년대 여성노동자의 투쟁』, 돌베개, 1984.
34) 「안기부의 고문과 김영애씨의 '유산'」, 『한겨레신문』 1989. 12. 19.
35) 서승, 「동아시아에 있어서 국가 테러리즘 희생자들의 명예회복·배상(reparation)에 관한 연구: 한국과 대문의 경우를 중심으로」, 서울대학교 대학원 사회학과 석사학위논문, 2000.
36) 정근식, 「과거청산의 역사사회학을 위하여: 한국의 민주화와 관련하여」, 한국사회사학회 엮음, 『사회와 역사』 61, 2002.

럼에도 불구하고 대개의 경우 냉전시대 민주화운동 과정에서 성고문을 포함하여 국가에 의해 성폭력을 당했던 여성들은 아직도 지난 냉전시대의 그늘에서 공포와 수치심으로 두려워하고 있다.

분단국가에 의한 성폭력 문제의 쟁점

전시 국가에 의해 여성에게 저질러진 성폭력을 성폭력의 형태에 따라 강간, 여성성 또는 모성에 대한 폭력, 강제 결혼 및 납치, 구금 과정의 성고문 등으로 나눠 유형을 살펴보았다.

최근 한국 사회에서는 1987년 민주화운동이 활성화되면서 유가족이나 사회 각계각층의 노력에 의해 한국전쟁과 냉전독재 시대 발생된 민간인 대량학살을 포함한 국가폭력을 규명하는 작업이 시도되고 있다. 2005년 5월 3일 '진실·화해를 위한 과거사정리 기본법안'(과거사법)이 국회를 통과하였고, 그해 12월 1일 그 법이 시행됨에 따라 '진실·화해를위한과거사정리위원회'(과거사위원회)도 출범하였다. 그러나 2008년 이명박 정부가 출범하면서 과거청산 문제 해결은 다시 요원하게 되어, 2017년 문재인 정부가 출범하게 되자, 한국전쟁 전후 피학살자 유족들은 다시 제대로 진실 규명을 요구하고 있다.

이제 한반도 분단국가가 저질러온 성폭력 문제가 안고 있는 함의를 규명하며 그에 따라 과제를 제시하고자 한다.

1) 가부장제 성문화와 국가폭력의 한 유형으로서의 성폭력

많지 않은 연구에서는 국가에 의한 성폭력을 민간인에 대한 학살에 포함시켜 설명하고 있다. 강정구[37]는 학살행위 유형으로는 총살, 생매장, 초토화작전, 수장, 일본도에 의한 참살, 굶어죽이기, 때려죽이기, 폭격이나 비행기에 의한 기총소사 등으로 분류하였다. 그는 학살의 복합성과 야만성, 또는 반인륜성을 강조하였다. 김동춘[38]이 학살을 작전/처형, 공식/비공식이라는 기준에 따라 2×2테이블을 적시하여 유형화한 것은 한반도에서 나타난 학살의 범주화하는 기준을 제시했다는 점에서 중요한 시도라 할 수있다. 그러나 그러한 유형화에도 그토록 광범위하였던 전시 성폭력을 어디에 위치지울 것인가라는 문제에 대해서는 불분명하다.

전시 성폭력은 억제할 수 없는 성본능의 결과라기보다는, 공식적으로건 비공식적으로 여성 민간인에게 나타난 국가폭력의 유형이다. 또한 여성 피해자에 대한 가해자의 적개심과 보복심의 결과라고 한다면, 기존의 학살 방식으로도 해소할 수 있었을 터이지만, 가해자가 성폭력을 택한 것은 어떤 의미인가? 성폭력 자체를 공식적 비공식적 기준에 의해 범주화할 수 있을까? 1949년 4개 제네바 협약 중 "전시에 있어서의 민간인의 보호에 관한 1949년 8월 12일자 제네바 협약" 27조[39]에서도 "Women shall be especially protected against any attack on their honour, in particular against rape, enforced prostitution, or any form of indecent assault"로 규정하여 강간, 강제 성매매, 기타 여성에 대한 부당한 폭행을 금지하였고 포로일지라도 무장해체되었다면 적용되는 규정이었기에 전시 성폭력은 전시범죄의 한 유형이다.

37) 강정구, 「한국전쟁 민간인 학살의 양태분석」, 한국산업사회학회 엮음, 『남북간 대립사회체제의 동요와 새로운 갈등구조의 이해』, 한울, 2001.
38) 김동춘, 앞의 책, 2000.
39) 한국은 1966년 이 제네바 협약에 가입하여 한국전쟁 중 제네바 협약 준수 의무가 없었는지 모르지만, 한국전쟁의 남측 주체가 미군, 유엔군이었으므로 제네바 협약 준수 의무가 없었다고 말할 수 없다.

가해자가 성폭력을 택한 것은 여성인 적대세력을 가장 철저하게 파괴시키는 방법이었다. 마키아벨리(Niccolo Machiavelli)에 따르면 "폭력의 효과적 사용은, 어떤 사람이 폭력의 적용을 통해 그 소기의 목적을 달성하고 또한 폭력의 공포를 적절히 심어 놓은 다음 더 나아가서는 (가능하다면) 폭력의 사용을 사회 구성원들이 구체적인 이익의 실현과 연결시킴으로써 다음부터는 폭력의 직접 사용보다는 사용 가능성을 상기시키기만 함으로써도 소기의 의도하는 바"[40]에 따른다.

즉 피해자를 철저하게 파괴시키는 가장 확실한 방법은 피해자가 피해의식이 아닌 '치욕감', '수치심', '굴복감'을 갖게 하여 육체적으로는 말할 것도 없고, 종국적으로는 정신적으로 굴복시키는 것이다. 가부장제 이중적 성문화가 지배하고 있는 사회에서 치욕감, 또는 수치심을 갖게 하는 가장 효과적인 방법의 하나는 남녀를 막론한 성폭력[41]이고, 그 극단적인 행위가 '성고문'이다. 한국전쟁 당시 여성들에게 가해졌던 광범위한 성폭력은 모든 여성을 향한 무차별적인 폭력이라는 보기는 어렵다. 오히려 그 성폭력은 빨갱이나 빨갱이 혐의를 둔 가족 여성이나 빨갱이 마을 여성들에게 보다 많이 행해졌다. 여성에 대한 성폭력은 결국 여성 자신은 말할 것도 없고, 그 가족이나 그가 속한 사회 자체를 무력화시키거나 파괴시키는 효과를 낳을 수 있다.

1960, 70년대에 발생한 성폭력 문제에 대해 당사자나 관련자에게 현재라도 문제를 사회화하거나 진상을 규명하는 것이 어떻겠냐고 질문을 하면 그

---

[40] 박상섭, 『국가와 폭력: 마키아벨리의 정치사상연구』, 서울대학교출판부, 2002, 236쪽.

[41] 최근까지 한국에서 미군에 의한 범죄에서 미군에 의한 강간을 포함한 성폭력 사건은 수없이 보고되어 왔다. 그 성폭력 사건은 주로 여성을 향한 것으로 보고되었다. 그러나 오끼나와에는 미군에 의한 동성성폭력 사건도 여러 건 보고가 되고 있다. 한국에서는 미국에 의한 1996년 6월 평택 '에바다 농아원생 성추행사건'에서 남아에 성추행 보고 정도만 있을 뿐이다(Duerr, 앞의 책, 2003, 351쪽).

들은 '한평생 수치로 살아왔는데, 모든 가족을 수치스럽게 하면서 어떻게 살겠느냐고 답한다. 가부장제 성문화가 만든 '피해자의 가해자로의 인식전환'을 이들에게서도 여지없이 발견한다.

그래서 지독한 수치심은 사회민주화가 되고 있지만 여전히 과거의 문제를 은폐시키도록 한다. 피해 여성들에게 아무리 '당신은 피해를 받은 것이지 당신의 잘못이 아니니, 사건을 세상에 알리자'고 해도 고개를 돌린 채 '관 속으로 갖고 가겠다'고 대답할 뿐이다. 자신의 치욕감만이 아니라, 후손에게 대를 물리게 될 치욕감에 더 두려워한다. 그러한 태도는 개인적으로는 육체적인 훼손과 고통과 함께 자기 왜곡과 자신감 결여, 대인기피증 등으로 나타난다.

이제 국가에 의한 성폭력 문제는 해결되어야 한다. 국가적 차원에서 이 문제를 해결하지 않는 한 그 피해자들은 개인적 수준에서 은폐되고 가려져 개인의 고통에서 해방되지 않을 것이고 사회적으로는 역사적 진실을 규명하지 못하게 되며, 이러한 문제는 미래에도 되풀이 될 것이다.

2) 성폭력 성격의 복합성

이제 성폭력의 성격을 둘러싼 복합성을 지적하고 싶다. 앞에서 인용한 1979년 유엔이 제정한 "여성차별철폐협약(CEDAW)"이 제시한 정의를 살펴보면, 성폭력의 보편성을 추상화하여 설명하기에는 적절하지만, 각 사회가 안고 있는 특수성을 드러내고 있지는 못하다. 또한 국가에 의한 성폭력에 있어서 남성중심적 국가가 여성일반에게 가해진 것으로 본다면 일반 성폭력과의 차이가 드러나지 않게 된다. 그렇다면 분단국가의 성폭력의 성격을 어떻게 볼 것인가?

첫째, 한국전쟁 시기 성폭력은 식민지 유재적 성격이 강하다. 민중에 대한 폭력 기술의 많은 것은 일제의 유재이다. 특히 경찰의 고문기술은 그러했다. 해방 당시 해외특파원으로 서울에 주재했던 한 기자의 증언이다.

> 나는 경찰이 각이 날카로운 나무몽둥이로 사람들의 정갱이를 때리는 것을 보았습니다. 경찰들은 사람 손톱 밑에 뾰족한 나무 조각을 쑤셔넣기도 했지요. 또 내가 기억할 수 없을 만큼 많은 사람들이 물고문을 받는 것을 보았습니다. 그들은 어떤 사람의 입에다 고무튜브로 계속 물을 퍼부어 거의 질식할 지경으로 만들어 놓았습니다. 또한 경찰들이 쇠뭉둥이로 한 사람의 어깨를 갈기고 쇠고리에 매달아놓는 것도 보았어요.[42]

일제의 고문기술은 광범위한 민중에게 천황제를 주입하고 굴종하도록 예방범에 대해서조차도 가혹한 처형이나 고문을 주저 없이 사용하였다. 그 가운데 일제가 개발하여 해방 후에도 지속된 고문의 하나가 성고문이다. 유관순 열사에게 가해진 것으로 알려진 고문 중에도 위의 인용문에서도 언급된 "손톱과 발톱 사이에 바늘을 찔러 넣는 고문이나 음부를 달군 쇠로 지지는 고문기법" 외에도 성고문이 빠지지 않았다. 그런 고문기법은 기술이나 고문교과서에만 존재하는 것이 아니라, 해방 후 미군정에 의해 일제 식민지 유재와 함께 부활한 인맥을 통해서 이어져, 극우 독재정권에 의해서 답습되어 왔다.[43]

둘째, 성폭력과 반공주의적 기제의 결합이다. 한국전쟁 시기 국가폭력에서 두드러지는 점은 아군=선, 빨갱이=적으로 설정되어 사실상 '동족' 개념이나 인간 개념도 존재하지 않는다.[44] 흔히 한국전쟁을 '동란'이라고 하여

42) Mark Gain, 『해방과 미군정 1946, 10~11』, 까치 편집부 옮김, 까치, 1986, 87쪽.
43) 김덕룡, 『고문의 정치학』, 동광출판사, 1988, 35쪽.

같은 민족끼리의 내전을 강조해 온 경향이 있지만, 한국전쟁 전부터 반공주의 이념을 유포해 온 지배 권력은 반공대열에 서지 않는 개인이나 집단에 대해 타자화시켜 왔고, 기독교와 같은 종교나 문화는 그러한 반공주의 이데올로기를 생산 및 보급하는 역할을 자처하였다. 한 예로 한경직 목사와 같은 사람은 십자군/악마 개념을 도입하여 제주4·3이나 여수·순천사태의 반란군(야산대)을 '악마'화하였다.45) 그러한 인식이 한국전쟁을 계기로 더욱 확대되어 적/아의 이분법을 거부하는 것조차도 불온시되었다. 강요된 채, 좌우의 자리에 서기를 거절했던 서울대학교 사학과 교수 김성칠의 죽음 역시 그런 의미를 가지고 있었다.46)

그런데 식민 유재와 반공이데올로기는 별개로 존재하는 것이 아니라, 해방 후 한국에서는 동일시되어 작동하였다. 다시 말해 일제강점기 친일파들은 미군정에 재등용되어 미군정 경찰 간부의 80% 이상이 친일경찰 출신이었다. 또한 그들 가운데에는 북한에서 월남한 자들이 많았는데, 대표적인 인물이 친일경찰이자 반공경찰로 악명이 높은 노덕술이다.47) 뿐만 아니라 경찰조직의 별동대가 바로 '서청'으로 악명을 떨친 서북청년회와 같은 월남한 반공청년들이었다. 경찰조직에 비해 온건하다고 한 군부에 있어서도 주력이었던 관동군 출신들은 극도로 반공주의자들이었다. 그들은 만주지역에서 항일단체들과 싸우면서 항일 민족주의자나 공산주의자들에 대한 적개심을 불태웠다.48) 대표적인 인물로 정일권과 백선엽, 김백일, 박정희, 김

44) 김동춘, 앞의 책, 2000, 235쪽.

45) 김귀옥, 앞의 글, 2004.

46) 김성칠, 『역사 앞에서: 한 사학자의 6·25 일지(개정판)』, 창작과비평사, 2009.

47) 한홍구, 『대한민국 史』, 한겨레신문사, 2003.

48) 류연산, 『일송정 푸른 솔에 선구자는 없었다: 재만 조선인 친일 행적 보고서』, 아이월드, 2004.

창룡 등을 들 수 있다. 일제강점기 친일 행각을 벌였던 친일 여성 역시 예외는 아니었다. 예를 들어 일제 말기 내선일체운동과, 징병 예찬활동을 하며 친일의 길을 걸었던 박순천과 박마리아는 해방 이후 대표적인 우익여성단체인 대한부인회의 지도자가 되었다. 특히 이기붕의 부인인 박마리아는 이승만 대통령과 함께 극우반공적인 활동에 앞장섰다.[49]

그러한 반공이데올로기가 한국전쟁 전후하여 급속하게 보급되기 시작하여 반공주의적 시각에서 민중은 타자화되었다. 적성(敵性)이 뚜렷한 지역의 여성이나 사회주의나 민족주의계 운동을 하는 여성, 그런 남성을 둔 배우자나 가족으로서의 여성 역시 모두 적대시의 대상이었다. 그런데 적대시되었던 여성들에게도 진보적 사회 건설의 이념에 기반한 '저항'이나 '항쟁', '정의' 의식이 나름대로 깔려 있었다. 앞에서 본 김철영의 증언에서 지적되듯, 한 마을 전체 여성들이 강간을 당하더라도, 얼마간 '저항' 정신을 잃지 않았다. 설령 김철영의 주관적 판단이 개입되어 있다고 볼 수 있는 여성의 행동에는 한국전쟁 전후 상황에서 자신의 마을에 숨어 있을 지도 모르는 사회주의자들을 소탕하기 위해 급습했던 친일세력에 의해 주도된 한국군이나 서북청년단에 대한 불신과 정부에 대한 비판의식이 내재되어 있었다. 또한 그 저항적 행동에는 이데올로기 대립을 넘어서는 여성의 가족과 생명에 대한 사랑과 성폭력에도 굴복하지 않는 정신이 엿보인다. 돌아보면 지난 냉전, 독재 시기 민주화운동이나 노동운동 등을 했던 여성에게 던져진 호칭, 소위 '빨갱이년'이라는 말이나 그러한 집안의 아이에게 호명된 '빨갱이새끼'라는 말은 같은 맥락으로 보인다.

한국전쟁 시기나 냉전시대에는 반공(反共) 세력과 비반공(非反共) 세력

49) 김귀옥, 「분단, 한국전쟁과 여성: 1950년대 한국 여성의 삶」, 정진성 외, 『여성주의 관점에서 본 한국현대사』, 한울, 2004a.

은 같은 민족 개념으로 묶기기 어려웠다. 그건 여성 역시 마찬가지였다. 성폭력은 남성 중심의 국가권력이 일반 모든 여성에게 가했던 것이 아니라 반공에 위해(危害)를 가하거나 가할 가능성이 있다고 볼 때, 또는 여성의 배우자나 가족이 그런 경우일 때 가해졌던 것이다. 국가에 의한 성폭력이 광범위하게 자행되었던 것은 해방 시기나 전쟁 시기 그 만큼 반공국가의 정당성이 취약했던 것을 반증하는 불행한 결과이기도 하다.

군'위안부'제도가 성폭력 가능성을 낮출 수 있었을까?

이 책의 주제인 한국군'위안부'를 포함한 미군'위안부'제도가 한국전쟁 시기의 성폭력과는 어떤 상관관계가 있는 것일까? 확실한 증거 자료는 어디에서도 발견되지 않지만, 추론컨대 조사 과정에서 접하게 되는 증언에 따르면 한국군과 미군을 위한 '위안부'제도와 무관하게 성폭력은 남북 곳곳에서 발생되었던 것으로 보인다. 다시 말해 군'위안부'제도가 민간인 여성에 대한 성폭력을 반감시키거나 예방한다는 주장은 전혀 설득력이 없는 것으로 보인다. 오히려 군'위안부'제도를 통한 성폭력의 학습은 민간인 여성에 대한 성폭력적 시도를 확대시킬 가능성도 있다고 짐작할 수 있다. 물론 추론이다.

더군다나 한스 페터 뒤르(Hans Peter Duerr)의 역작인 『음란과 폭력: 성을 통해 본 인간 본능과 충동의 역사』에서 짚고 있듯이 남성들의 여성에 대한 성폭력은 남성들 사이에서 여자들 앞에서 '남성다움'을 확보하려는 의도가 있거나, '반항하는 여자를 길들이기' 위해, 즉 굴복을 시키기 위한 수단으로서의 의미를 갖고 있기도 하다.[50] 한국전쟁에서 한국군대는 북한 인민군이라는 적만이 아니라, 38선 이남이나 이북 전역에서 한국군에 저항하는 민중과 그 절반인 여성들 속에도 수많은 적으로 간주되는 타자들을 만날 운명이었다. 한국군대의 지휘부나 주력의 상당수가 일본군이나 만주국군, 관동군 출신자들이었고, 그들은 일제 군대의 문화를 그대로 답습하고 있었다. 더욱이 서북청년회 또는 한국청년단들과 같은 열혈 반공 청년들은 제주4·3항쟁에서 보여준 3광·3진작전, "태워 죽이고 굶겨 죽이고 죽여 없앤다" 식으로 3만여 명을 죽이고, 또한 여자란 여자는 노소를 가리지 않고 성폭력을 가했던 경험을 가졌고, 또한 그들은 해방 공간에서 이미 수많은 사회운동세력들을 진압하는 과정에서 무자비한 폭력을 행했고, 그들의 경험은 한국전쟁으로 이어졌다. 군대나 경찰, 반공청년단체들은 반공이야말로 애국이라는 정당성을 갖고 비우호적이라고 판단되는 민중을 적대시했고, 그러한 여성에 대한 성폭력이나 각종의 린치행위를 가했다.

따라서 성적 욕망이 성폭력으로 이어진 것이 아닌, 민중을 굴복시키고 점령하고 때로는 초토화시키는 일환으로서의 성폭력이 성적 욕망으로 포장되었다고 말하는 것이 불행한 한국 현대사의 전시 성폭력의 진실에 가깝다. 성적 관리 시스템으로서의 군'위안부'제도 자체도 성적 욕망의 폭발 시스템일 뿐만 아니라, 여성에 대한 성폭력 시스템이 내장되어 있고, '사기 앙양'이라는 말로 남성성을 강화시키는 역할을 해 왔다. 사랑이나 신뢰가 없는 강제적 성관계가 군'위안부'제도 내에서 일어나거나 밖에서 일어나는 모두는 성폭력이다. 다시 말해 군부와 정부는 군대 안팎으로 성폭력을 조장함으로써 군인들을 통제하려 했다. 그리고 민간인 여성들에게는 성적 자기 결정권을 박탈했을 뿐만 아니라 최소한의 인권조차도 보장되지 않았다.

50) Hans Peter Duerr, 『음란과 폭력: 성을 통해 본 인간 본능과 충동의 역사』, 최상안 옮김, 한길, 2003(1992), 563쪽.

한마디로 분단과 전쟁 과정의 성폭력은 국가의 이름으로 자행된, 국가폭력의 하나였다.

더 나아가 2005년 어려운 과정을 거쳐 출범한 대통령 직속 〈진실·화해를위한과거사정리위원회〉는 항일 독립운동과 반민주적·반인권적 행위에 의한 인권유린과 폭력, 학살, 의문사사건 등의 왜곡되거나 은폐된 진상을 조사했으나 그러한 상황에서 국가폭력의 일환으로 자행된 성폭력 사건에 대해서는 침묵했다. 진실·화해를위한과거사정리위원회가 만들어 지는 과정에서 진행되었던 국회의 토론회에서 글쓴이는 성폭력 사건도 포함해야 한다고 주장했으나 시기상조라며 외면당했다. '아직은 안 된다'고… 그럼 도대체 언제 국가폭력으로서의 성폭력 문제를 말하는 것이 가능한가? 국가폭력 사건이 학살, 의문사로만 점철된단 말인가? 여성은 아직도 국가의 구성원이 아닌가? 이제는 국가가 분단과 전쟁, 독재 과정에서 일어난 모든 성폭력에 대해서 진상규명을 하고 사과를 해야 한다. 그래야 여성들도 진정으로 국가의 구성원이 될 수 있다.

제8장

속초 세 할머니가 겪은 6 · 25전쟁과 국가폭력*

1999년 2월 박사학위를 받은 후에도 일 년에 한두 번씩 속초를 방문하곤 했다. 1996년 9월부터 1997년 2월, 약 6개월간 박사학위 준비를 위해 속초 청호동, 월남 실향민들의 마을에 머물면서 그들과 맺은 인연으로 인해 종종 속초를 찾았다. 2008년 불의의 박왕자 피격사건으로 금강산 관광이 중단되기 전까지만 해도, 현대 그룹 덕분에 돈만 있으면 금강산을 갈 수 있어도 부담 없이 동해바다, 설악산과 호수를 즐기려면 속초가 제격이었다. 당시 내게 제2의 고향이 되어준 속초 청호동, 아바이마을에는 아는 사람들이 많았다. 그러나 당시 조사했던 월남인 1세대나 원로 원주민들의 상당수가 돌아가셔서 속초를 생각하면 추억이 되어버린 듯하다.

어쨌든 당시 속초와 청호동을 조사하고 난 후 청호동은 극적인 변화가 일어났다. 한류문화의 바람이 불어, 1990년대 후반의 어느 텔레비전 방송

---

* 이 글은 2001년 속초 원주민 조사를 바탕으로 르포식으로 작성되어 『민족21』 9월호에 「속초 세 할머니가 겪은 6 · 25전쟁」이라는 제목으로 발표된 글을 재편집한 글이다.

사의 드라마, 『가을동화』가 속초 청호동을 배경으로 촬영된 이래로 현재 속초와 청호동은 많은 중국 관광객들을 비롯한 국내 관광객의 관광리스트에 올라 있었다. 또한 2000년 남북정상회담과 6·15남북공동선언에 따른 금강산 관광 활성화로 인해 속초로부터 고성에 이르는 거리 곳곳에는 통일의 물결이 넘쳐났다.

1990년대 속초가 어업도시에서 관광도시로 거듭나는 가운데 번화해져 과거 농촌으로서의 면모나 어촌으로서의 면모는 사라져가고 있다. 속초 시내에서 만나는 사람의 2/3는 월남인과 그 후예들이고 나머지는 강원도 일대, 전국에서 모여든 사람들이다. 속초 토박이라고 할 수 있는 사람을 만나기란 정말 '가물에 콩나듯' 한다. "속초 이북사투리 경연대회"나 "(한국전쟁 당시)헤어진 가족을 찾아드립니다"라는 속초시나 속초경찰서의 공고가 '속초'의 정체성을 묻게 할 뿐, 속초 현대사의 비극과 진실은 여전히 가려진채 어떤 사람들의 기억 속에만 고통과 함께 남아 있다. 가려진 시간을 2001년 속초의 원주민 마을인 논산리(현재는 속초시 조양동에 편입) 할머니들을 통해 드러내보도록 한다.

전쟁 발발 후 3년간 미군정 겪은 속초

1996년 6개월간 청호동에 머무는 동안에도 나는 속초에 얼마나 민족의 애환과 설움이 서려 있는지 미처 깨닫지 못했다. 또한 그곳이 현대사에서 역사적으로 어떤 의미를 가진 곳인지 제대로 알지 못했다. 해방되고 38선 이북의 북녘에 속했던 속초는 한국전쟁 나던 초기만 해도 강원도 양양군에 부속된 중간 규모의 지역이었다. 일제 말기에 읍으로 격상되었다가 유동인구 때문에 해방되어서는 다시 면으로 격하되었다. 그런 곳이 1951년 8월 유엔군 점령지역이 되고 1954년 11월 '대한민국'으로 행정권이 이양된 이래로 1963년 강원도 내에서 4번째의 '시'로 승격된다. 이런 사실들의 배경을 하나하나 풀어 가는 사이에 뜻밖에, 하지만 조금만 역사적·사회학적 상상력을 펼친다면 너무도 쉽게 이해할 수 있는 사실들과 접하게 되었다.

속초와 양양군을 포함한 강원도 7개군, 경기도 2개군을 얻었을 때 미군은 쾌재를 불렀다. 물론 잃어버린 38 이북 경기도 땅이 아까웠겠지만. 점령하자마자 양양군에 미군은 '군정'을 선포하여 3년간 미군정을 실시하였다(「잃어버린 또 하나의 역사: 한국전쟁시기 강원도 양양군 미군정 통치와 반성」, 『경제와 사회』 여름호, 2000 참조 바람). 그 땅이 미국이 2차 세계대전 이래로 사회주의와의 열전과 냉전을 벌이면서 처음으로 얻은 사회주의 관할지였다. 미국은 요원이나 학자들을 그곳에 보내 "실험장"으로 만들겠다는 야심찬 기획을 하였다. "사회주의 관할 지역민들에게 어떤 방식을 써서 자유의 맛을 보이게 할까?" 그런 기획하에 그곳을 3년간 대한민국 행정권이 못 미치는 특수지역으로 묶어 놨다. 미군의 관할하에 대한민국 육군 1군단이 그곳을 대리통치하게 되었다.

청호동을 조사하는 과정에서 '군정'은 당시 1군단장이었던 이형근 장군의 '이형근독재공화국'이었다고 말하는 것을 종종 들었다. 미군과 국군, 치안대, 반공청년단 등에 의해 숱한 비법이 저질러졌고 '큰 모스크바'였던 양양군 조산리와 '작은 모스크바'라고 불렸던 속초 부월리(현재는 속초시 조양동에 편입)의 사회주의자들이나 그 가족들이 불법적으로 총살이나 수장을 당했다고 했다.

1996-1997년 조사 당시에는 소문만 무성할 뿐 진위를 가릴 여유가 없었다. 그때 과연 무슨 일이 어떻게 왜, 일어났을까? 의문만 부풀려진 채, 언젠가 조사할 기회를 만들리라고 다지며 속초를 떠나왔다. 2000년 6월에는 흩어져 있던 피학살자 유족 단체들이 중심이 되어 '한국전쟁 민간인학살 진

상규명과 명예회복을 위한 범국민회의'가, 또한 남북, 해외 인사에 의해 '미군 학살만행 진상규명 전민족특별조사위원회'가 만들어졌다. 2000년 8·15에는 남북이산가족의 역사적인 상봉이 있었다. 속초에서 알게 된 월북자 유가족 집에 전화를 걸어, 이산가족 상봉을 신청했냐고 물었더니, "아무 말도 마라"라며 말문을 막았다.

2001년 초에는 속초 지역신문에 "이제는 속초인이 말할 때이다"라는 제하로 3회 연재하여 분위기를 조성하고자 했다. 단 한 사람이 신문사에 전화 걸어 "그때 어떤 집의 남편이 처형당했다는 얘기를 들었다"고 말하며 연락처도 남기지 않은 채 황급히 끊었다고 했다. 속초인들은 아직도 아무 말도 없다. 마치 어떤 기억도 없는 듯, 그런 시절을 겪지도 않은 듯. 결국 그 조사는 나의 몫이라고 여겼다. 2001년 7월 보름간의 일정으로 다시 속초에 갔다.

미리 소문을 내놓고 연고를 동원해 만날 사람을 물색하는 데 꽤 많은 시간이 걸렸다. 분단 1세대들의 상당수가 세상을 떠났고 많은 학살자 유가족이나 월북자 유가족들은 속초를 떠나 산다. 그래도 속초에는 아직 만날 사람들이 있다고 지인들은 얘기했다. 그러나 당사자들은 아직도 두려움에 사로잡혀 인터뷰에 응하지 않겠다는 대답을 보내왔다. 변죽만 울리는 조사를 한 일주일 했다. 조사가 시작된 지 십일쯤 되었을 때, 50대 후반의 남성분이 기억력이 좋은 큰어머니와 고모를 소개해주겠다는 연락을 주었다.

인민군 가장한 국군, '훌치기 부대'

속초 조양동, 논산 마을. 청초호변의 조양동 대단위 아파트인 부영아파트의 바로 뒷마을이지만 당시 그곳은 전형적인 농촌동으로 남아 있었다. 주민의 대다수는 아직 농사를 지었고, 토지가 아파트나 상업 용지에 잠식

되어가는 걸 안타까워했다. 하지만 세월의 변화에는 어쩔 수가 없는 듯 그들도 자식이 대를 이어 농사짓기를 바라지는 않는다.

7월 중순 한낮. 매미 울음이 길게 드리워진 좁다란 농촌 길을 잠시 들어서자 오래된 시골집이 한 채 나타나고 마당에는 평상이 놓여 있었다. 평상 위에는 비녀를 낀 할머니 둘이 앉아 있었다. 노씨 할머니와 이씨 할머니. 사촌 동서지간인 그들은 남루한 옷차림이지만, 수줍음을 띤 얼굴은 나이와 무관한 시골 여성의 순박함을 그대로 간직하고 있다. "안녕하세요?" 인사드리자 기다리고 있던 그 남자분이 "숙모님들, 그럼 잘 말씀드려 주세요"라고 말을 맺고는 느린 걸음으로 떠났다.

어색한 시간을 줄이고자 준비해 간 간식을 꺼내 잠시 나누어 먹으며 분단과 전쟁의 시절로 함께 시간여행을 떠났다.

▌속초 논산리의 세 할머니

출처: 2001년 7월 글쓴이 촬영.

"우리 영감은 인민군대에 나갔다가 이승만특명으로 풀려나 집으로 돌아왔어." 운을 뗀 것은 노씨 할머니(86세, 양양군 출신)이다. 남편 'ㄱ'씨의 일가 친척은 속초 논산리에서 'ㅈ'씨네 일가와 함께 유지로 통하고 있다. 큰시아버지는 일정 때 양양군수를 역임한 적도 있다. 노씨 할머니의 남편은 1950년 8월 하순, 한참 더울 때 논산의 4, 5명의 장정과 함께 주민들의 환송을 받으며 인민군에 입대했다. 그 후 몇 년간 소식이 끊겨 죽은 지 알았는데 정전되고 몇 달 후 늦은 가을에 바싹 야윈 채 돌아왔다. 그는 몇 밤낮을 잤다. 그 후 그는 원산에서 유엔군을 만나 포로로 잡혀 거제수용소에서 죽을 고비를 무수히 넘겼다. 속초가 유엔점령지로 되었다는 걸 듣고 반공포로가 되어 1953년 이승만의 '6·18특명'으로 무사히 귀향할 수 있었다고 했다.

노씨 할머니는 남편이 정신을 차리자 자신이 지낸 일들을 얘기해 주었다. 1950년 겨울, 국군이 1차 속초를 점령하고 후퇴할 무렵이었다. 인민군복을 입은 군인 십여 명이 선발대원이라며 우리 동네로 들어왔다. 그들이 들어오자 숨어 지내던 몇 몇 남자들이 인공기를 꺼내들고 환영을 했다. 군인들은 환영대회를 열어달라고 하여 집집마다 젊은 남녀들이 환영차 나왔다. 그녀는 사촌 동서와 함께 나갔다. 논산리 바로 옆인 부월리로 환영대회를 가는 길에 군인들의 행색을 보니 왠지 불안했다. 군복은 인민군복이지만, 그들은 뭔지 몰라도 인민군대의 분위기와는 달랐다. 젊은 여자들은 하나, 둘씩 핑계를 대고 집으로 돌아왔다. 겁이 난 노씨 할머니도 소여물 주어야 한다는 구실을 대고 집으로 돌아왔다.

눈 덮인 부월리 '솔밭'(그림의 오른쪽 하단에 네모로 표시된 자리)에서 환영대회가 열렸는데 곧 이어 총성이 하늘을 진동했다. "앗…" 잠시 세상이 조용해졌다. 환영대회에 나간 사람들의 대다수가 집단 학살당했고 논산 사람도 7, 8명이 포함되었다.

▌속초 부월리 마을 전경과 '솔밭' 학살터

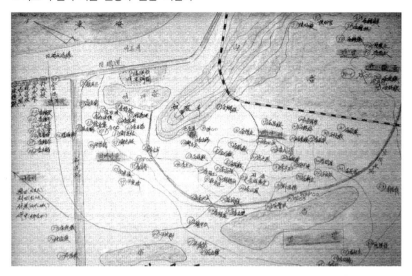

참고: 솔밭은 그림 오른쪽 하단에 네모 표시된 곳.
출처: 조양(가명) 직접 그림(복사본 기증, 2007. 11. 10).

학살터에서 도망쳐 나온 아랫집 여자가 말했다. 그들은 인민군을 가장한 국군이었다. 소위 '홀치기부대'라고 했다. 그들은 북에서부터 남으로 후퇴하는 길에 마을에 들어가 그런 식으로 민간인들을 집단학살시킨 정규 국군과 비정규군이 혼합된 부대였다. 속초에는 그들에 대한 증언은 무수히많다. 나는 이미 그 부대에 합류했던 북파공작원을 만났다. 그들은 강릉부근까지 갔다가 한 갈래는 북으로, 또 한 갈래는 남으로 갈라져 HID나 미군첩보부대 비정규 군인으로 들어갔다.

피학살자의 유가족들은 무서워 그 이듬해 봄이 될 때까지 부월리 솔밭으로 가지 못했다. 부월리 숲에는 시체가 나뒹굴었다. 군정 때가 되자 유가족들은 몰래 숲으로 들어가 시체를 수습하여 인근 야산에 묻었다. 그 이후부월리 솔밭은 주민들에게 '해골마을'로 통했다.

군정이 되어 속초와 논산리는 공포와 침묵의 시간이 흘렀다. 군단 사령부가 부월리에 세워지자 1군단장 이형근 장군을 비롯한 군단의 장교들은 부월리 주민들을 내쫓고 그들의 집을 차지하고 살았다. 심지어 논산리까지 들어와 남의 집 안방을 내놓으라고 했다. 주민들은 쓴 소리 한마디 못하고 군단이 하라면 죽는 시늉까지 냈다.

'흰 패'들 눈치보며 침묵으로 살았던 시절

'ㅈ'씨 댁에 전쟁 전에 시집온 새댁 이씨 할머니(79세, 양양군 출신)는 군정이 되어 월남했던 남편이 집으로 돌아온 것은 기뻤지만, 군장교들에게 안방까지 내주고 나니 화가 났다. 암탉이 알을 낳으면 장교의 젊은 애첩이 차지했다. 부역이나 행사 동원은 왜 그리도 많던지. 수시로 길 닦는다, 군수물자를 수송한다며 수시로 젊은 사람들을 동원했다. 인공 시절(38이북 북한 관할시기)에도 여맹 회원이니 회비를 내야 했지만 군정 시절 부녀회원비는 배로 뛰었다. 아이들 학비도 처음에는 깎아준다고 좋아했는데 얼마지 않아 인공 시절보다 비싸졌다. 모든 게 그랬다.

이씨 할머니의 남편 'ㅈ'씨 집안은 모두 빨갱이인데 남편만 일제 때 일본인 소유의 통조림공장에서 사무를 봤는데 해방되고 무슨 일이 있었는지 공산주의가 싫다며 결혼한 지 얼마 되지 않아 월남했다. 같이 월남한 시누의 남편은 일제 때 순사였다가 역시 해방되고 민족반역자로 찍혀 일찍이 월남했다. 전쟁 나고 그는 속초로 돌아와 치안대에서 활동하며 속초와 양양 인근의 사회주의자들이나 그들의 유가족들을 잡아 처단했고 설악산이나 오대산 등 양양 인근에 있던 공비를 잡는 일에 나섰다.

두 할머니에게 속초에는 걸출한 인물이 없을까 조심스럽게 질문했다.

국회의원이나 시장 등 속초를 대표할 만한 사람들은 토박이 출신보다는 정일권과 같은 월남인 출신이 많았다. 두 할머니는 "정말 똑똑한 사람들은 죽거나 (북으로) 들어갔어"라고 입을 맞춘 듯 얘기했다.

논산은 속초에서 두 번째로 부자 마을이라고 하여, 아주 특출 나지는 않았더라도 똑똑한 사람이 많았다. 전쟁통에 똑똑한 사람은 다 죽고 (휴전선 이북으로) 들어가고 없어졌다. 인민위원장이나 여맹위원장네는 들어가고 당세포위원장과 농민위원장은 학살당했다. 여맹위원장은 사람이 똑똑하고 처신을 잘했다. 인민군의 '일시적 후퇴시기'에는 피하지 못하고 속초에 남아 있었는데, 국군이 왔을 때 국민회장까지 했다. 그때 집집마다 돌아다니며 인공 시절 일을 사과했다. 인공 시절이건 군정 시절이건 마을 사람들끼리 보복하며 괴롭히는 일은 없었다. 일시적 후퇴시기, 월남했던 반공청년단들과 같은 '흰 패'들이 당원이던 오씨를 잡아 죽도록 구타를 했다. 그때도 이씨 할머니의 시아버지가 구명을 하여 살려주었다. 그 후 그는 인민군과 함께 북으로 들어갔다.

설령 후퇴하지 않고 마을에 남아 있던 자식들은 시달리고 눈치 보느라고 제대로 공부를 배울 수가 없었다. 학살 때 죽은 손씨네 아들 중 한 아들은 농약을 마시고 죽고 작은 아들은 시장에서 막노동을 했다. 그리고 일찍이 동네를 떠난 사람들도 많았다. 그런 사람의 자손 중 잘 된 사람은 거의 없고 그들은 지금도 숨죽이며 살고 있다고 했다.

"무슨 일이 났어, 누가 왔어?" 노씨 할머니 집으로 두 할머니와 전혀 분위기가 다른 또 한 할머니가 찾아왔다. 노씨의 과부 시누이였다. 그의 얼굴에서는 세파를 이겨낸 사람에게서 풍기는 억세고 거칠지만 당당한 풍모가 배어 나왔다.

노씨 할머니가 나를 소개하며 평상에 올라앉으라고 권했다. 그는 "뭐 이런 지난 간 걸 얘기해"하며 퉁명스럽게 한마디 던졌다. 노씨 할머니가 "우리 시누는 남편이 들어가서, 참 고생이 많았어"라고 말문을 열어주었다. "언니도 별 말을…."

그는 얼마간 내가 두 할머니와 얘기 나누는 것을 듣고 앉아 있었다. "우리 동네나 부월리, 인근에는 남정네들이 많이 들어가서 말짱 과부지. 과부들이 모여 앉으면 구들에 가득해. 노인정에 가봐. 남편 있는 여자가 몇 집밖에 안돼." "내 얘기 들어볼라우. 나는 23살에 남편과 생이별을 했어."

인민위원회 간부 등 속초 앞바다에 수장시켜

어느 듯 그도 우리 대화 속에 끼어들고 있었다.

속초 논산리 'ㄱ'씨 집안의 막내딸로 태어난 'ㄱ'씨(75세)는 해방된 이듬해 19살에 시집을 속초 시내에 사는 이씨(80세)에게 시집을 갔다. 논산 유지였던 'ㄱ'씨 할머니가 이씨를 고른 것은 이씨가 유지인 데다가 소학교를 마치고 왜정 때는 어업조합에서 일을 했고 시아버지가 해방되어 인민위원회에서 일을 한 덕택에 남편도 인민위원회에서 일하던 유망한 청년이었기 때문이었다. 일제 말기에 속초는 읍이 되었으나 해방되고 나서는 면으로 되었다. 몇 년을 행복하게 살았다. 전쟁 나기 직전에 아들을 낳자, 시아버지의 며느리 사랑이 이만저만 아니었다.

전쟁이 나자 이씨 남편은 군대 지원 물자를 만들랴, 선전 격문을 쓰랴, 눈코 뜰 새가 없이 바빠 집에 들어오기도 힘들어졌다. 처음 인민군의 일시적 후퇴시기에 남편은 면사무소의 서류나 물건을 챙긴 봇짐을 싸들고 '금방 올께'라는 말만 남기고 떠났다. 남편은 인민위원장, 내무서원들, 당원들과 같이 후퇴했다. 한 겨울 동지섣달, 시아버지는 장질부사에 걸려 아프지, 갓난애는 떼를 쓰지, 언제 반공청년단이 들이닥칠지 몰라 무섭기 그지없었다. 하루는 반공청년단이 집에 찾아와 남편을 내놓으라며 집안을 쑥대밭으로 만들었다. '없는 남편을 어디서 찾나?'

그 길로 다른 집들로 갔다. 그날 밤 총성 몇 발이 들렸으나 곧 잠잠했다. 그 악몽 같은 밤이 지나자 바람이 몹시 부는 이른 아침, 동네 사람 몇이 왔다. "○○엄마, 소식 들었어? 간밤에 농민위원장이 총에 맞아 죽고, 조선소장이었던 박씨, 인민위원에서 일하던 고씨, 이씨, 김씨 모두 6명이 (속초) 앞바다에 수장되었다고 하네." 그는 소리 한마디 지르지 못했다. 남편 얼굴이 떠올랐다. 남편이 후퇴할 때는 원망스러웠지만, 죽을 자리를 피한 게 천행이라고… '아이 아버지가 살아 있기만을 바랐다.' 총각이었던 고씨는 요행히 수장을 면하고 돌아왔는데, 반공청년단에게 또 다시 걸려 결국 군인 손에 총살당하고 말았다. 반공청년단들의 우두머리들은 8·15 나고 도망쳤다가 1950년 10월 국군과 함께 고향으로 돌아온 사람들이었다. 그들은 군인들의 힘을 믿고 빨갱이들을 처단하며 돌아다녔다. 학살당한 가족들은 이후 중공군과 함께 내려왔던 인민군들이 다시 후퇴할 때 모두 (북으로)들어가고 말았다.

인민군이 다시 내려오고 들어갔으나 남편은 오지도 가지도 않았다. 장질부사에 걸려 시름하던 시아버지가 이듬해 초봄에 죽자, 의지할 곳 없던 'ㄱ'씨 할머니는 갓난애를 데리고 23살, 시집간 지 4년 만에 논산 친정집으로 돌아오고 말았다.

"우리 영감을… 싫어, 싫어"

군정 시절 얼마 동안 밤마다 공포의 공기가 무겁게 내리눌렀다. 남편과 생이별한 설움 보다 더 무서운 것이 기다리고 있었다. 밤마다 국군들이 젊은 여성들을 겁탈하고 돌아다닌다는 소문이 이웃 마을에서부터 돌았다. 그들은 낮이면 공비 소탕 작전입네, 뭐네 하면서 동네를 이 잡듯 샅샅이 뒤지며 돌아다녔다. 논산 마을은 말할 것도 없고 군부대 인근 마을의 처녀뿐만 아니라 과부들도 군인들에게 겁탈당했다. 특히 과부집은 남편이 월북한 빨갱이 가족이니 철저히 조사해야 한다는 핑계로 무사 출입이었다.

어느 날 밤, 'ㄱ'씨 할머니 집 마당에도 낯선 발자국 소리가 들렸다. 가슴이 조마조마했다. 옆에 누였던 갓난애를 끌어안았다. 그 때 마침 안방에 불이 켜지더니, 아버지의 헛기침소리와 함께 "게, 방에 들어왔느냐"는 호통 소리가 들렸다. 그러기를 몇 번. 그리고 나서는 'ㄱ'씨 할머니 집에 국군들이 발길을 하지는 않았지만, 어떤 처녀는 3번 이상 겁탈을 당하고는 결국 마을을 떠나고 말았다. 여러 번 당한 처녀들이 많았다. 얼굴 고운 옥춘이는 당하는 게 무서워 거지처럼, '미친년'처럼 꾸미기도 했다. 동네 어른들은 군인들이 동네 처녀씨를 말린다고 했다.

그 후 'ㄱ'씨 할머니는 동네일이나 세상일에는 절대로 나서지 않았다. 허다하게 있던 부녀회 모임에도 나가지 않았다. 핏덩어리 하나 데리고 25년 간 콩을 갈아 바닷물로 두부를 만들어 팔았고 군수였던 큰아버지가 키우던 소 13마리를 맡아 길렀고, 채소를 농사 지어 시장에 내다 팔았다. 목돈만 생기면 땅을 샀다.

"할머니, 소원은 뭐예요?"

"우리 손주들에게 글 많이 가르쳐 높은 사람이 되는 거밖에 없어."

이쯤 되자 다른 할머니들이 끼어들었다.

"진짜 소원 말해봐. (영감) 데리고 살았으면 좋겠지?"

"(허허허) 나는 영감은 싫어. 나는 23살에 영감하고 헤어져서 남편 정을 몰라서 싫어."

작년에는 이산가족 상봉이 많았고 할머니는 건강하시니 앞으로도 그리

될 수 있지 않겠느냐고 말했다. 그는 갑자기 화를 내는 듯이 눈을 부라리고 얼굴이 울그락푸르락 해지며 화를 내는 듯하더니 급기야 눈물을 흘렸다. "우리 영감을…, 싫어, 싫어." 낮은 목소리에 그는 악몽을 되풀이하는 듯했다.

'ㄱ'씨 할머니가 진짜 싫어한 것은 무엇이었을까? 그는 남편과의 짧은 행복 이후에 긴 절망을 딛고 아들 키우고 가계를 세우는 데 청춘도 꿈도 받쳤다. 월북자 유가족이라는 '딱지' 때문에 하나밖에 없는 자식이 좌절하지 않도록 이를 악물었다. 다시는 좌절하지 않도록.

할머니들은 헤어지기 전에 내게 시와 노래를 들려주었다.

"붉었구나, 붉었구나. 오천 앵두가 붉었구나. 먼 앵두 다 따먹고, 앵두씨만 남았구나. 어-랴만수."

제9장

군'위안부'의 출구를 찾아

계속되는 식민주의

1991년 8월 14일, 김학순의 폭탄선언으로 일본군'위안부' 문제는 20세기가 남긴 문명과 야만, 전쟁과 폭력, 제국주의와 식민주의의 역사를 새로 쓰는 계기를 만들었다.

일본군'위안부' 문제가 전면에 떠오르기 전까지 한국을 제외한 세계 사람들로부터 일본이 괜찮은 나라로 호감을 받은 것 같다. 1868년 메이지유신 이후 일본은 소위 '천황 중심 민주주의'로부터 다이쇼 데모크라시[1]로 동아시아에서 최초로 소위 '민주주의' 국가로 호명되었고, 급속한 산업화와 제국주의로 변신 속에서 19세기 말, 20세기 초에는 청일전쟁과 러일전쟁을 통해 아시아의 맹주로 부상되었다. 영국이나 미국은 앞다투어 일본과 동

---

[1] 김웅진, 『일본의 민주주의: 나가타초의 사무라이들』, 르네상스, 2007, 20~33쪽.

맹, 즉 미국과 일본 간의 카쓰라-태프트 밀약, 영국과 일본 간의 영일동맹 등을 맺으면서 일본과 함께 동아시아 분할점령을 했다. 역사적 가정을 해본 다면 1941년 일본이 미국의 하와이를 건드리지 않았고, 영국 식민지 인도를 건드리지 않았다면, 미국이나 영국 등은 일본의 한국이나 대만, 만주국 등을 포함한 동아시아 나라들에 대한 점령을 더 오래 동안 인정해 주지 않았을까? 어차피 같은 제국주의자들이므로. 아무튼 일본 패전의 기운이 짙어질 무렵 미국은 일본에 원자탄을 투하하기로 작정했다. 1945년 3월 10일 B-29 폭격기 334대가 도쿄 대공습을 감행하여 시가지 밀집 지역에 융단폭격을 했고, 8월 15일 패전에 이르기까지 119개 도시가 공습의 피해를 입었다.[2]

원자탄 투하는 이미 패전이 노정되어 있던 일본의 운명을 한두 달 앞당 겼다. 한두 달 빠른 일본의 항복은 중요한 결과를 만들었다. 아시아 참전 선포를 했던 소련의 위세를 꺾은 대신 뒤늦은 미국의 대(對)아시아 위상을 높이게 만들었다. 맥아더 사령관은 일본에게 원자탄과 항복, 7년 점령의 대가로 '천황제'를 인정해 주면서 제국주의의 때를 벗기되 일본의 군국주의 문화를 남겨뒀을 뿐만 아니라 전범 재판에서도 히로히토 일본왕에게 면죄 부를 선물했다. 미국은 소련의 팽창주의를 허용하지 않고, 대소련 봉쇄전 략(Containment policy)을 추진하기 위해서 신뢰할 수 없는 중국보다는 말 잘 듣는 일본이 낫다고 판단했던 것으로 추정된다. 아시아에서의 봉쇄전략 과 일본의 파트너십 구상안은 바로 한국전쟁기 한국이나 중국은 초대도 받 지 못한 샌프란시스코 회담에서 드러났다. 1951년 9월 8일 서명된 샌프란 시스코조약에서는 일본의 전후 배상금을 사실상 면제해 주는 결정과 함께, 독도 문제나 센카쿠 열도 또는 중국 측의 댜오위다오 등의 식민지 영토 문 제에 대해서 처리하지 않고 넘어감으로써 오늘날까지 영토 분쟁의 불씨를

---

2) 구태훈, 『일본근대사』, 재팬리서치21, 2017, 548쪽.

살려놓았다.

샌프란시스코조약의 발효로 일본의 미군정은 끝났고, 주일미군도 발효 후 90일 안에 철수해야 할 상황에 미국은 묘안을 제시했다. 미군이 일본 영내에 주둔하도록 하는 "일본은 허용했고, 미국은 수용"하는 형식의 미일 안보조약을 1951년 9월 8일 체결하게 된다.[3] 이 미일안보조약으로 미국은 일본에게 미국의 후견 하에 동아시아 맹주가 되는 기회를 제공하면서 한국 전쟁이 계기가 되어 일본은 급속한 전후 복구를 할 수 있게 되었다.[4] 심지 어 1995년 일본 버블경제의 거품이 꺼지기 전까지, 일본은 서구인들로부터 "복지국가나 '복지사회'"[5]로 평가받기도 했다.

한편 미국은 일본을 자국의 파트너로 만들기 위해서는 전후 경제복구와 한국~일본~필리핀을 잇는 봉쇄망을 구축해야 했다.[6] 일본의 전후 복구를 하기 위해서 필요로 되는 '잃어버린 원료기지, 시장'들을 복원하기 위해서 는 식민의 악연이 있던 한국이나 대만, 필리핀, 인도네시아 등과의 구원을 풀어주는 일을 미국이 자처했다. 1961년 쿠데타로 탄생한 박정희 쿠데타 정부는 자신의 정권을 인정받는 대가로 미국의 요구에 따라 한일회담과 한 일수교의 길을 갔다. 맥아더 사령관의 친일반민족행위자들의 지위 보장이 나 이승만 대통령의 친일 대동단결 정부도 문제였지만, 일본과의 과거사 청산을 할 수 없는 상태를 만들어 버린 박정희 정부는 과거사 문제의 중심

---

3) 최정준, 「미국의 동북아시아 냉전전략과 샌프란시스코 체제의 형성」, 『동서문제연구』 제30권 1호, 2018, 125쪽.

4) 藤目ゆき, 「제2차 세계대전 후 일본의 '여성해방': 섬유노동자의 경험을 통해서」, 『동아 시아의 전쟁과 사회』, 한울, 2009, 153쪽.

5) Tobias Gombert, 『사회민주주의의 기초』, 한상익 옮김, 한울, 2012, 144쪽. 이 책은 독 일의 프리드리히 에버트재단이 사회민주주의의 이념과 가치, 경험 등을 공유하기 위해 만들어진 〈사회민주주의 총서〉 시리즈의 하나로서 간행되었다.

6) 최정준, 앞의 글, 126~127쪽.

에 있다. 즉 1965년의 한일수교는 강제징용·징병 문제는 말할 것도 없고, 일본군'위안부' 문제를 70년이 넘도록 해결할 수 없도록 만들었다.

단언컨대 우리에게 일본군'위안부'가 없었다면 한국군'위안부'는 없었다. 물론 나 역시 일본군'위안부'가 없었다면, 한국군'위안부'를 연구하게 될 줄은 상상하기도 어렵다. 아무튼 한국은 자주적으로 해방되지 못하여 식민주의를 충분히 청산하지 못했고, 설상가상으로 미군정의 3년간의 점령 기간은 친일반민족행위자들의 부활이 정치 사회 곳곳에서 일어났다. 친일반민족행위자들은 해방 후 죽을 줄 알았다가 미국에 의해 생명 유지를 하게 되었다. 또한 친일반민족행위자들 중에는 일제의 후광으로 차지하게 된 부와 교육적 배경, 미국의 후원에 힘입어, 일제 권력의 공백을 메우느라 고속 승진을 하게 된 많은 공무원, 경찰, 군인들, 기업인들이 있었다. 그러니 친일반민족행위자들은 기사회생했을 뿐만 아니라 더 많은 권력과 자본을 독식하게 되었으니 미국을 향해 무궁한 존경과 충성을 다짐하지 않았겠는가. 한편으로는 미국적인 것을 배우고, 또 한편으로는 일제강점기 때 배운 일본의 문화, 일본식 방법, 제도를 충실히 이행했다.

2005년 사회적 충격을 주었던 영화『그때 그 사람들』을 보면, 박정희 전 대통령과 '그 사람들'은 밤이면 궁정동 안가의 술판에 모였다. 술자리의 언어는 일본어였고, 일본 엔까가 풍악을 타고 울려 퍼졌다.[7] 이러한 영화적 상상력은 진위 여부를 떠나 서글픈 한국 풍경이다. 1979년 10월 26일 사건 당일, 현장에 있었다는 이유로 인해 청춘을 밀봉된 채 살아야 했던 가수 심수봉 씨는 고 박정희 전 대통령이 자신이 일본 노래를 부르는 것을 좋아했다고 회고했다. 심수봉 씨는 그가 "나는 일본 노래, 특히 '엔카'를 좋아한

---

7) 「베일벗은 10·26 소재 '그때 그 사람들'… '사생활 왜곡' 논란예고」, 『국민일보』 2005. 01. 25(참고: https://news.naver.com/main/read.nhn?mode=LSD&mid=sec&sid1=102&oid=005&aid=0000192781).

다"며 "일본에 가까웠던 사람들을 '친일파'라고 매도하는 것에는 의문을 느낀다"라는 말도 했으며, "식민지 시대는 비참했다. 약한 사람들이 자기의 생활을 위해 타협한 일도 많았을 것이다. 친구가 죽고 가족이 죽는 것을 보면 누구라도 (타협하는 일이) 이상하지 않다"고 덧붙였다며 회고한 바 있다.[8]

그런데 진실은 대다수 부활자들이 그냥 일제의 잔재를 차용한 것이 아니라는 데 있다. 해방 후, 주권을 찾았다고 하지만, 진정한 국가주권은 외국에게 맡겨진 또 다른 계속되는 식민주의였다. 계속되는 식민주의에서 이전 식민주의 때 썼던 법제도, 방법, 문화를 쓰는 것은 잘못된 것도, 문제시되지도 않았다. 그 결과 한국군'위안부'제도는 사실 일본군'위안부'제도의 부활로 등장하게 된 것이었다.

욕망과 성폭력, 국가폭력과 군'위안부'제도

욕망은 단순하면서도 너무도 어려운 말이다. 욕망은 끝이 없다. 그래서 라깡(Jacques Lacan)은 욕망 자체가 만족을 추구하지 않는다고 한다. 오히려 욕망은 자신의 지속을 원하며 더 한층 가속화되길 원한다.[9] 욕망은 보

---

8) 「심수봉 아사히 인터뷰서 10·26 비화 공개」, 『연합뉴스』 2006. 11. 02(참고: https://entertain.naver.com/read?oid=001&aid=0001456725).
심수봉 씨는 일본 아사이신문 회고록에서 이러한 기사가 국내에서 문제가 되자, 그 직후 심수봉은 박정희의 엔카를 좋아하지 않고, 일본노래를 부른 자신에게 화를 냈다고 말하며 아사이 신문이 자신의 말을 왜곡했다고 말했다. 『노컷뉴스』 2006. 11. 06(참고: https://www.nocutnews.co.kr/news/209725).
심수봉 씨의 3일 사이의 상반된 진술 중 무엇이 진실이건, 본의와는 무관하게 시대의 격랑에 휩싸인 한 명의 힘없는 젊은 여성 연예인은 10·26 이후 더 긴 고통의 시간을 보내야 했다.

9) Bruce Fink, 『라캉과 정신의학: 라캉 이론과 임상 분석』, 맹정현 옮김, 민음사, 2014(199), 96~97쪽.

편적임에도 불구하고, 그것이 발현되는 방식에는 보편성에 개입된 역사성과 사회성이 존재한다. 정치적으로 사회적으로 또는 문화적으로 상상되고, 시대적으로 재구성되면서 윤리가 개입되어 욕망의 표현을 사회적인 것으로 만들기도 하고, 비틀리게 하고 왜곡시키기도 하며 갈등을 조장하기도 한다. 예를 들어, 일반적으로는 동의하기 어렵지만, 아름다움이 인간의 본능이라고 가정해 보자. 아름답고자 하는 욕망이 현대 한국 사회처럼 성형수술에 대한 불타는 욕망으로 표현되는 것은 현대 의료 과학기술/한국사회/서구화적 미적 기준/자본주의의 만물의 사물화/계급주의 등과 같은 코드가 욕망으로 버물어지지 않는다면 가능하지 않다. 그리고 아름답고자 하는 욕망, 그것도 성형미인이 되고자하는 욕망이 한국 사람이면 대부분 갖고 있는 욕망이라고 치자. 그렇다 해도 한국의 5천만 명 중 실제로 성형수술을 받은 사람은 50% 정도가 될까? 30% 정도가 될까? 10% 정도가 될까?

　아름답고자 하는 욕망이 있는 사람들 중에 어떤 수단과 방법을 써서라도 성형미인이 되고자 하는 사람도 있겠고, 어떤 사람은 화장미인이 되는 방법을 택하기도 하고, 또 어떤 사람은 운동, 마사지 등을 꾸준히 하여 건강미인이 되는 걸 택하기도 할 수 있다. 또한 어떤 사람들은 종교적 신념과 삶의 철학 등을 재정립하여 그런 욕망의 헛됨을 받아들이며, 자연미인으로서 살려 할 것이다. 다시 말해 아름답고자하는 욕망이 본능이라고 하여 수단과 방법을 가리지 않고 성형미인을 택하지는 않는다.

　생물로서의 인간의 가장 기본적인 욕망의 하나가 식욕이다. 식욕 역시 보편적이다. 그럼에도 불구하고 식욕을 푸는 방법도 다양하다. 극빈의 장발장처럼 가족들을 먹여 살리려고 도둑질을 하거나 빌어서라도 식욕을 해결하려는 사람들도 있지만, 많은 사람들은 일을 하여 먹을 것을 장만하려고 한다. 또 어떤 사람은 일반적이지는 않더라도, 특정한 목적을 갖고 단식, 절식의 길을 택하여 식욕을 잊으려고 한다. 극단적인 경우에는 식인을 해서라도 식욕을 채우는 일도 있다. 반면 복지국가라면 국가의 구호체계를 통하여 배고픈 사람들을 구호할 것이다. 다시 말해 굶주림 상태에서 식욕 충족시키기 위해 사람들은 다양한 방법을 구하지, 무조건 도둑질하거나 사람을 잡아먹지만은 않는다는 사실이다. 원시시대도 아닌 현대사회에도 식인사건이 간헐적으로 보고되어 우리의 간담을 서늘하게 한다. 극단적 사건으로는 2차 세계대전 말기 일본의 치치지마 섬에서의 식인사건이라 할 수 있다. 급박한 상황이 아니었음에도 불구하고 일본군 장군과 부하들은 술파티에 안주로 미군 포로 인육고기를 먹었던 사건이 보고되어 장군을 포함한 4명은 종전 전범재판에서 사형을 당했다고 한다.[10] 이는 일종의 정치적 식인사건으로 분류될 수 있다.

　생물과 인간의 본능 중 가장 이해하기 어려운 것이 성욕이라고 할 수 있다. 성욕을 지배하는 무의식적 성적 본능인 리비도는 인류의 진화 속에서도 여전히 살아남아 한편으로는 인류를 재생산하고 문명을 건설하며 다른 한 편으로는 폭력과 전쟁을 일으키면서도 살아남아 있다. SF소설이나 영화 중에는 인간 감정의 변덕성, 불안과 우울증, 비일관성 등을 통제하면서 인간의 합리성, 규범성, 일관성, 능률성 등을 강화하여 인간 정체성을 바꾸는 주제의 내용을 담은 것들이 적지 않다. SF소설의 고전이라고 하는 1932년 올더스 헉슬리(Aldous Huxley)의 *Brave New World*[11]는 인간의 감성적 특성을 불필요한 것으로 전제하고 있을 뿐만 아니라, 사람들에게 인간의 섹스와 자유 등을 불결하고 위험한 것으로 주입하여, 미래의 인간은 실험용 인큐베이터를 갖춘 인간생산공장에서 대량생산되도록 하여 규범적이고 안정적인 세계질서를 기반으로 한 사회윤리를 최고의 가치로 삼고 있

---

[10] 『MBN』 2017. 09. 27; 『글로벌이코노미』 2019. 03. 01.

[11] Aldous Huxley, 『멋진 신세계』, 권세호 옮김, 서문당, 1972.

는 세계이다. 또한 1949년 간행된 조지 오웰(George Orwell, 1903. 06. 15~1950. 01. 21)의 SF소설, 『1984』역시 근본적인 주제는 비슷하다. 인간의 감정, 사랑, 섹스 등을 가진 반문명, 반체제적인 세계와 이를 거세하려는 빅 브라더의 전체주의 세계의 대립으로 구성되어 있고, 소설의 결말에서는 대개 후자가 몰락하고 만다. 그만큼 인간의 욕망이나 감정은 보편적이고, 이성뿐만 아니라 감정이나 욕망을 지닐 때 비로소 인간성을 가질 수 있다고 보는 인식이 지배적이다.

성욕은 보편적이지만 성욕이 실현되는 방식에는 역사성과 사회성이 개입되어 있다. 즉 성욕의 실현 방식은 보편적이고 무의식적이면서도 거기에는 문화적이고 사회적일뿐만 아니라 정치적이고 계급적인 요소들이 혼재되어 있다. 한스 페터 뒤르의 『음란과 폭력』이나 제주4 · 3항쟁에서 서북청년단이 민간 여성들에게 저지른 성폭력을 보면 군인들은 성욕의 폭발을 통해 '적의 모든 것을 파괴하고 모든 것을 굴복시키고 더럽히'고 있음을 목격하게 된다.[12] 한스 페터 뒤르가 '매춘부'[13]라고 표현한 것은 문맥상으로 보면 일본군'위안부'를 가리키는데, 1937년 일본군의 난징 점령 후 광범위하게 벌어진 성폭력이 일본군'위안부'를 투입하자 잠잠해졌다고 얘기했다. 한스 페터 뒤르는 『음란과 폭력: 성을 통해 본 인간 본능과 충동의 역사』라는 방대하고 과감한 저작을 남겼지만, 이 책에는 역사 사실 관계를 제대로 추적하지도 않아 일본군'위안부'와 매춘부와의 관계를 제대로 연구하지 않고 이러한 주장을 하는 오류를 범했을 뿐만 아니라, 임진왜란이 언제 일어났는지도 정확히 모르는 듯 했다. 또한 이 책의 497쪽에는 1937년 일본의 중국 전쟁에서 20만 명의 '위안부'를 배치했고, "1943년 7월 30일자 법령에 따

---

12) Duerr, Hans Peter, 앞의 책, 494~497쪽.

13) 위의 책, 497쪽.

라 다시 동일한 수의 한국 여자들을 강제로 모집"했다고 했지만 법령이 무엇인지 밝히지도 않았고, 동일한 수라면 추가적인 20만 명을 의미하는 '위안부'의 숫자가 40만 명이라고 근거도 없는 얘기를 하고 있다. 서구 학자들이나 비교 역사 연구자들이 범하기 쉬운 오류일까, 아니면 아시아 나라들에서 생산된 연구나 기본 자료를 충실하게 독서하고 고증하지 않은 결과일까? 아무튼 성욕의 문제를 성폭력이라는 오래된 현상과 1000년 이상의 시간을 두고 전 지구적으로 역사적으로 접근한다는 것은 불가능해 보인다. 그런데 프로이트와 같은 구조주의 학자에게는 인간의 심층 구조를 파헤쳐 보는 거창한 기획 속에서 인간은 단순해 보이기도 한다.

아무튼 역사적으로 성폭력과 전쟁의 해결 방식이 뒤르가 말하는 것처럼 매춘부나 군'위안부'제도의 도입으로 가능한 것인가에 대해서는 아직도 답을 내리기 어렵다. 전쟁의 주체는 권력자들이지만 전쟁에 동원되는, 그러나 전쟁에 동의하기 어려운 사람들을 '군인'으로 만드는 데에는 권력자의 입장에서 많은 조건이 필요로 해 보인다. 권력자가 용병으로 군인들을 사용할 수 있다면 '많은 돈'으로 전투와 피의 대가를 치르려 할 것이다. 권력자가 용병을 쓸 수 없다면 '정의'와 '자원성'과 같은 대의명분을 가져야 할 것이다. 그런데 권력자가 용병도 쓸 수 없고, 대의명분도 충분하지 않을 때라면 어떻게 할까? 예컨대 제주4·3항쟁에서 서북청년단은 왜 그렇게 많은 폭력, 성폭력을 저질렀을까? 마치나 오래 굶주린 투견을 투견장에 풀어놓고 먹이 잡아먹는 것이 보상인양, 폭력을 저지르도록 국가는 방임했고, 서북청년단들은 맘껏 폭력을 자행했다. 그러므로 이러한 폭력을 우리는 국가폭력이라고 한다.

1951년 7월 10일, 휴전회담은 시작되었으나 이승만 정부는 북진무력통일을 주장했고, 미군을 위시로 한 유엔군과 북한과 중국의 군대는 2년을 끌었다. 한국 정부는 2년을 끌기 위해서는 최전방의 군인들에게 지루한 전쟁을 견디도록 공포정치만을 할 수는 없었다. 군인들에게 탈영은 곧 죽음이라는 공포정치 외에는 정부나 군부가 가용할 자원이 많지 않다. 그럴 상황에 일제 군대에서 가져온 것이 바로 한국군'위안부'제도였고, 마침 한국 육군의 지휘부의 대다수는 일본군 출신자였고 미군정과 이승만 정부의 성격 자체가 계속되는 식민주의의 연장이었던 것이다. 또한 한국군'위안부'로 동원한 여성에 대한 국가폭력, 국가폭력으로서의 성폭력이었다.

더이상 한국군'위안부' 문제는 나만의 문제가 아니기를 희망한다

이번 책을 집필하는 문제를 둘러싸고 마음먹는 데 10년 넘게 걸렸다. 그 사이 여러 출판사에서 책을 내자고 요청을 했지만, 선뜻 해보겠다고 마음먹지 못했다. 개인적으로 너무 바빴다. 학생들 가르치고, 학교 일도 해야 했다. 현지 조사를 포함한 연구는 연구자의 마음과 형편을 쪼들리게 하는 듯하다. 그 외 학술적인 차원이나 사회참여적 차원에서의 적지 않은 일들을 하는 통에 한국군'위안부' 주제는 불가원 불가근의 위치에 있었다. 연구 주제의 경이성으로 인하여 많은 사람들이 연구 자료를 달라고만 할 뿐 같이 연구하자거나 연구 지원을 하겠다는 사람은 거의 만나지 못했다.

나를 찾아오거나 연락을 준 사람들은 기자들, 영화감독들, 연극인들, 대학원생으로부터 고등학생들까지 망라하고 있다. 그들은 여러 가지 형태의 결과물을 내고 있다. 어느 틈엔가 한국군'위안부' 문제가 나만의 문제가 아니게 되었다. 그래서 용기를 내었다. 제대로 추가적인 자료도 충분히 조사하진 못했으나, 이제 세상이 한국군'위안부' 문제를 내놓자고 결심하게 되자, 마음이 바빠졌다. 비록 늦었지만 이제서라도 내가 끝낼 수 있는 작업을 마무리 짓기로 작정했다.

김귀옥 교수님께 받은편지함 ×

☐ < ☐ @naver.com>   2018년 7월 20일 (금) 오후 8:20   ★   ↩   ⋮
나에게 ▾

안녕하세요! 저희는 ☐ 고등학교에 재학중인 ☐ 입니다.
저희가 학교탐구대회 주제를 선정하려고 위안부에 대해 찾아보다가 한국전쟁에도 전쟁강간피해자가
있다는 사실을 알게 되어 이를 주제로 선정 하였습니다.
김귀옥 교수님께서 이에 관해 조사를 하신다고 들어서 연락 드리게 됐습니다.
혹시 찾아뵈서 인터뷰 가능하신가요?

어떤 고등학생팀들은 플래시몹으로 이 문제를 풀기도 했고, 어떤 대학생들은 한국군'위안부' 주제로 짧은 동영상물을 만들기도 했다.

■ 유튜브의 한국군'위안부'

한국군위안부를 아시나요?

출처: https://www.youtube.com/watch?v=LuIYuAHTjU8

이 작품은 대학생의 진지한 역사의식의 단면이다. 〈한국군'위안부'를 아

시나요?)라는 문제의식 외에는 드러난 것이 없었다. 그냥 한국 정부, 또는 육군에게 책임만 물으면 될 문제인가? 그런데 이 작품을 보면서도 내 책임을 통감했다. 내 논문으로만 남아 있기 때문이라는 생각이 들었다. 물론 누군가가 "내가 바로 한국군'위안부'였소", "나를 끌고 간 것은 대한민국 군인이었소"라고 고백해줬다라면 문제 전개 양상은 너무도 달랐을 것이다. 이제 나의 연구를 대중들과 공유하기 위한 노력을 해야 한다는 결심을 하고 실천하기까지 너무 많은 시간이 흘렀다.

그러나 작심하고 쓴 이번 책에서는 내가 꺼낼 수 있는 자료와 문제의식은 펼쳐나갔지만, 한국군'위안부'의 목소리를 담은 증언과 같은 자료는 없다. 그럼에도 불구하고 한국군에 의한 성폭력 문제를 제기하고 군'위안부' 제도를 문제 제기하는 것만으로도 대단히 불편하고 기저에는 두려움이 깔려 있다. 어쩌면 성폭력 피해 여성이 자신의 피해사실을 고발할 때 드는 두려움에 가까운 감정이라고 할까. 사실을 조사하고 글을 쓰는 내내 사실로부터 일정한 거리두기를 하려고 대단히 노력해 왔으나, 여전히 거리두기에 성공하지 못했음을 인정하지 않을 수 없다.

양파껍질에 둘러싸인 전시 성폭력과 군'위안부' 문제

그러나 한국전쟁이 발발된 지 70년이 되어가고, 2018년부터 시작된 남과 북 정부, 북한과 미국 정부의 대화로써 북한과 한반도의 비핵화 선언은 말할 것도 없고, 정전협정을 끝내고 평화협정으로 가자는 분위기가 형성되었다. 이러한 상황에서 우리가 정말 한반도 평화를 가져와야 할 많은 이유 중에서 성불평등과 성폭력의 문제가 있다. 전시 성폭력 문제와 한국군'위안부' 문제가 해결되지 못한 것은 첫째, 가부장제 이데올로기의 영향 때문이다. 근대화 과정에서도 국가는 가부장적 문화의 하위문화의 순결이데올로기를 온존시켜 왔다. 순결이데올로기는 여성이나 사회적으로 여성의 성적 수치심과 굴욕감을 부추겨 성폭력의 피해 사실을 은폐시키는 기제를 만들어 왔다. 심지어 일본군'위안부'의 대다수 여성들은 이러한 이데올로기가 오랫동안 깔려 있던 사회적 분위기 때문에 군'위안부'였던 사실을 발설도 하지 못했던 분위기를 생각하면 한국군'위안부' 역시 마찬가지였다.

심지어 일제 독립운동을 했거나 민주화운동을 했던 여성들이 구속되어 국가에 의한 성폭력의 사실을 오랫동안 발설하지 않았거나 않고 있는 배경에도 그러한 영향이 작용하고 있었음은 두말할 나위가 없다. 특히 나이가 많다고 하여 가부장제 이데올로기의 영향력으로부터 자유롭지 않았으리라고 고려할 때, 한국전쟁 전후 성폭력의 피해 여성이 그러한 사실을 밝히기란 개인 몇몇의 노력만으로는 어렵다. 나아가 가부장제 이데올로기는 순결을 가족의 명예로 여기는 분위기에서 국가폭력에 의한 성폭력 피해자나 군'위안부' 피해자 역시 자신의 피해를 드러내는 것 자체가 가족들에게까지 피해를 주는 것으로 여겨졌을 것이다.

둘째, 반공이데올로기와 반공콤플렉스의 영향 때문이다. 반공주의 시대 정부에 반대되는 어떠한 말이나 행동만이 아니라 생각만으로도 국가보안법의 저촉되었던 시대를 생각하면 성폭력의 피해자나 희생자의 유가족은 피해 받았다는 생각조차 하지 못했을 것이다. 오히려 범죄라는 인식을 했을 수 있다. 더욱이 많은 성폭력의 피해 여성들이나 군'위안부'로 끌려갔던 것으로 추정되는 좌익 여성들이나 부역혐의자들은 피해자임을 고백하는 것 자체가 자신을 '빨갱이'라는 고백하는 결과를 낳게 된다는 점도 진실에 다가서지 못하도록 하였을 것이다.

셋째, 이데올로기화된 '동족'의식, 즉 분단 민족주의의 영향 때문이다. 일본군'위안부'의 진실이 나올 수 있었던 배경에는 일제의 전범이라는 인식이 작용하였다. 한국전쟁 전후한 냉전시대 한반도에서 벌어진 국가에 의한 모든 성폭력의 기저에는 사실상 '동족'이라는 개념이 사상되어 있었다. 그럼에도 불구하고 이데올로기로서의 동족이라는 논리는 성폭력 사실을 '운명'으로 돌리게 만들어 왔다. 마치 가정 내 성폭력이 세상에 알려지기 어려운 문제와도 유사하다. 돌아보면 일본에서 정확한 규모는 알 수 없으나 일본군'위안부'로 동원당했던 일본인'위안부'가 애국이라는 미명하에 그 피해상이 드러나지 않는 것과도 유사하다.[14] 일본이나 한국에 동시에 작동해 왔던 민족주의와 애국주의는 피해자를 억압하는 족쇄가 되었다. 이러한 가부장적 민족주의는 강간 또는 성폭력을 여성 자신의 부적절한 행동의 결과로 규정하여 일상적인 성폭력 문제는 말할 것도 없고 국가에 의한 성폭력 문제를 보지 못하게 만들어 왔다.

마지막으로 전시 성폭력 문제와 한국군'위안부' 문제가 해결되지 못한 것은 일제로부터 영향을 받은 식민주의, 전쟁과 성폭력, 군'위안소' 문제가 연속적임을 간과하였기 때문이다. 분단과 전쟁 중에 성적 관리 시스템은 사실상 한국군'위안부'와 미군'위안부'라는 이름으로 일본군'위안부'제도가 부활하였던 것으로, 군대의 여성에 대한 폭력은 말할 것도 없고 사회적 폭력 또한 그치지 않았다. 이 문제는 뒤르의 매춘제도나 '위안부'제도가 전시 성폭력을 감소시켰다는 주장을 뒤엎는 것이다. 오히려 한국전쟁 과정에서 한국군과 미군의 군'위안부'제도가 부활되었음에도 불구하고 3장이나 7장에서 보았듯이 군대의 성폭력 사건은 그치지 않았다. 한 예로 1965년 8월 14일 밤에는 미군 20여 명이 팽성면 대사리 산짓골 부녀회(안정리 부녀회 대사 분회) '위안부' 회원 10여 명을 남산리 C·P·X 훈련장 숲속으로 납치하듯 끌고 가, 윤간 및 고문 등 집단 난동을 부렸다. '위안부' 몇 명이 탈출

---

14) 西野瑠美子·小野沢あかね, 『日本人慰安婦』, 現代書館, 2015.

하여 '부락재건청년회' 청년들에게 신고하였고 마을 주민들이 미군들의 만행을 항의, 제지하려 하자 이들은 주민들에게 칼부림을 하고 민가를 습격하는 등과 같은 만행을 저질렀다.[15] 앞의 3장에서 보았듯이 1968년 한미행정협정이 체결된 이후에도 미군의 성폭력을 포함한 범죄는 그치지 않았다. 또한 주한미군범죄근절운동본부가 엮은『끝나지 않은 아픔의 역사: 미군범죄』만 보아도 1960년대와 다르지 않은 폭력, 성폭력 사건들이 1980, 90년대에도 속출하고 있음을 알 수 있다.[16] 다시 말해 일본군'위안부'제도로부터 한국군'위안부'제도나 미군'위안부'제도 역시 명분상 일반 여성을 보호하겠다는 명목으로 세워졌으나, 일반인들을 보호하기는커녕 오히려 폭력의 학습장이 되어 주었다고 평가함이 마땅할 것이다.

한반도 평화와 성폭력의 상관관계

한반도에서 실질적인 평화가 실현되어야 할 수많은 이유가 있다. 현재와 같은 흑백 논리에 서있는 한국형 대의제 민주주의가 아닌 이념의 자유, 양심의 자유, 사상의 자유라는 기본적인 자유가 보장되는 실질적인 민주주의가 보장되려면 현재와 같은 남북 대치 상태가 평화로 대전환되어야 한다. 완전한 통일이 되기 전, 적어도 중국과 대만 정도의 상대를 존중하는 평화로운 상태가 보장되어야 전쟁의 가능성을 낮출 수 있지 않겠는가? 그리고 현재와 같은 편향된 한미동맹에서는 탈피해야 한다. 잘 알려져 있듯

15)『동아일보』1965. 08. 18.
16) 주한미군범죄근절운동본부 엮음,『끝나지 않은 아픔의 역사: 미군범죄』, 개마서원, 1999, 49~91쪽.

이 1953년 체결된 '대한민국과 아메리카합중국 간의 상호방위조약'과 1966년 체결된 '대한민국과 아메리카합중국 간의 상호방위조약 제4조에 의한 시설과 구역 및 대한민국에서에서의 합중국 군대의 지위에 관한 협정'(한·미 주둔군지위협정, SOFA)은 불평등조약 중 불평등조약이다. 필리핀, 일본의 미국과의 군사동맹에 기초한 상호방위협정과 비교해도 불평등조약이다.

예를 들어 "미국은 필리핀에 영구적인 군 주재나 군사기지를 만들 수 없고, 핵무기의 필리핀 진입도 금지"되고, "미군은 이 협정에 따라 필리핀 정부가 허가하는 지역, 주로 필리핀군에 의해 소유, 통제되는 지역과 시설만을 이용할 수 있다. 환경 보호 조치 등에서도 미군은 필리핀 법규 등을 준수해야 한다."[17] 그러나 한국의 경우엔 1940년 한국전쟁 과정에서 급조했던 소위 '대전협정' 수준에서 체결된 '상호방위조약'은 나라를 들어 다른 나라에 갖다 바치는 수준으로 체결된 조약이다. 1966년 어렵게 체결된 SOFA 협정문은 한국과 미국 간의 전반적 불평등한 관계를 전혀 피할 수는 없었고, 그 협정가운데 최악의 조항 내용 중 하나가 제22조 형사재판권 조항이다. 미군, 군속과 그 가족에 대해서는 "미국의 재산이나 안전에 대한범죄와 미국군대·군속 및 그 가족의 신체나 재산에 대한 범죄, 공무집행 중의 작위 또는 부작위에 의한 범죄에 대해서는 미국이 제1차적 재판권"[18]을 갖도록 하고 있다. 미군'위안부' 여성들의 끈질긴 시위와 한국 시민사회의 반대의 목소리로 합의 의정서에서 '대한민국 당국이 재판권을 행사함이 특히 중요하다고 결정하면 재판권 행사가 가능하다'고 여지를 남겨 주기는 했

---

17) 고승우, 「필리핀, 일본보다 못한 한미 동맹 관계」, 『프레시안』 2019. 02. 15(참고: http://www.pressian.com/news/article/?no=228971&utm_source=naver&utm_medium=search#09T0).

18) 주한미군범죄근절운동본부 엮음, 앞의 책, 29~33쪽.

다. 그러나 2002년 미선이 · 효순이 사건 때 한국 정부는 미군에게 재판권 포기를 처음으로 요청했으나, 미군은 이러한 중대차한 일에도 그 요청을 거부했을 만큼 실질적인 의미가 없다. 아무튼 SOFA는 윤금이 살해사건을 비롯한 최근까지의 미군'위안부'에 대한 거의 모든 성폭력과 살해, 상해 사건들에 대해 오히려 미군에게 면죄부를 주고 있을 뿐이다.[19]

또한 국가폭력과 성폭력에 대한 각성과 함께 꾸준한 운동과 연대 활동이 필요하다. 일본군'위안부' 문제는 '2000년 일본군성노예 전범 여성국제전범법정'(Women's International War Crimes Tribunal for the Trial of Japan's Military Sexual Slavery in 2000)을 계기로 하여 이 문제는 국제운동으로 발전하게 되었다.[20] 2019년 현재 일본 정부는 일본군'위안부' 문제를 국가적으로 인정하지 않고 있으나, 이 문제는 한국과 중국, 동아시아를 넘어 세계적인 문제로 되고 있다. 유엔이나 국제노동기구(ILO), 유럽연합을 비롯한 당사국인 한국, 북한, 중국, 네덜란드, 필리핀 등은 말할 것도 없고 미국, 독일, 호주, 캐나다 등의 정부에서도 일본군'위안부' 문제에 대해 일본 정부가 사과하도록 결의안을 채택했다. 그런 분위기 속에서 2014년 4월부터 일본군'위안부' 관련 한일 외무국장급협의가 진행되기 시작하여 2015년 12월 28일 밀약을 감춰 둔 한일 '합의'는 결국 문재인 정부 들어서면서 국민적 "무효" 선언에 의해 좌초된 상태이다. 일본군'위안부' 문제를 둘러싼 30년 가까운 꾸준히 문제제기와 한국 내 운동과 국제적 운동에 힘입어 '국가폭력'으로서의 일본군'위안부' 문제의 세계적 공감을 받아 냈다. 또한 최근의 미국에 의한 보스니아내전에서나 아프간침공, 이라크침공에서 모두

---

19) 「불공정 SOFA'… 韓, 주한미군 피의자에게 재판권 행사도 어려워?」, 『국민일보』 2017. 06. 25(참고: http://www.kukinews.com/news/article.html?no=463771).

20) 정진성, 『일본군 성노예: 일본군위안부문제의 실상과 그 해결을 위한 운동』, 서울대학교 출판부, 2004, 190쪽.

성폭력 사건이 눈에 두드러지고, 2004년 이래로 폭로되고 있는 미 여군을 포함한 미군의 이라크 포로에 대한 체계적이고 엽기적이며 반인간적인 폭력 및 성폭력 사건 앞에서 수많은 지구인들은 모멸감과 분노로 치를 떨었다. 그런 환경에서 2000년 10월 31일 유엔 안전보장이사회에서는 전쟁과 내전 등 분쟁으로 고통받는 여성들을 보호하고 분쟁 해결과 평화구축 과정에서의 여성 참여를 보장하기 위한 '여성, 평화, 안보에 관한 안보 결의안 1325호'(UNSC 1325, 이하 결의안 1325호)를 채택한 바 있다.[21] 더이상 전시 성폭력의 문제는 사적이거나 우발적인 여성 개인의 문제가 아닌, 국가 폭력의 하나이며 시효가 없는 반인륜적 범죄이다. 따라서 일본군'위안부' 문제나 한국군'위안부' 문제, 미군'위안부' 문제는 시효 없는 반인륜적 범죄로서 진상 규명을 파헤치고 일본, 한국, 미국의 국가가 사과하고 재발 방지를 약속할 때까지는 계속될 수밖에 없는 문제로 남아 있다.

김학순 할머니의 용기 있는 고발로 침묵의 문을 활짝 열어 제친 일본군 '위안부' 문제는 국가폭력의 문제로 공감받고 있고, 유엔으로부터 결의안 1325호를 받아내어 한국에서도 여성과 평화의 관점에서 안보와 안전을 실현할 수 있는 국가적 노력을 하도록 되어 있다. 피해자와 각성된 사람들의 일관성 있고, 끈질긴 주장이 세상을 바꾼다. 비록 느리더라도 공감대를 넓히고, 연대를 확산시키면서 2018년 본격적으로 전개된 #미투운동과 같은 노력이 필요하다. 이러한 성불평등 반대운동은 결국 전시만이 아닌 일상의 성폭력, 성불평등을 없애기 위한 노력과 제도화로 이어져야 한다. 그러할 때 전시나 그 유사한 상황에서도 국가와 권력에 의한 모든 폭력을 반대할 수 있는 코드와 상상력, 지식, 그리고 힘이 생길 수 있다. 이런 맥락에서 한국군'위안부' 문제와 미군'위안부' 문제를 제기하고 잘못된 국가의 폭력에

---

21) 『여성신문』 2010. 06. 19; 김정수·조영주, 앞의 책, 2018.

대한 진상을 규명받고 사과와 배상을 받아야 하며, 다시는 이런 일을 국가가 하지 못하도록 재발을 방지하는 법제도와 교육, 문화가 자리 잡아야 한다.

나아가 국가폭력으로서의 성폭력은 여성에 대한 남성의 폭력을 의미하는 이상의 것이다. 철저하게 피아, 점령과 굴복이라는 이분법적 개념만이 존재하는 국가폭력으로서의 전쟁을 어떻게 넘어설 것인가? 전쟁과 구조적 폭력에 저항하여 평화의 관점에서 평화의 수단으로 어떻게 저항할 것인가는 여성만의 문제도 아니지만, 여성이 주장하지 않으면 누구도 대신해주지 않는 물음과 대답이다.

맺음말: 군'위안부' 문제 해결을 위한 과제

역사는 역사다. 반인륜적 역사는 시간이 흐른다고 해서 바뀌지 않는다. 국가는 역사 앞에 진실 되고 겸손하지 않으면 국민은 국가를 신뢰하거나 충성을 바칠 수 없다. 잘 알려졌듯이 1970년 당시 서독 총리였던 빌리 브란트는 폴란드 바르샤바 유대인 위령탑 앞에 무릎 꿇고 헌화하며 역사적 과오에 대한 진정성이 담긴 사죄를 했다. 또한 2013년 8월, 독일의 메르켈 총리는 뮌헨의 다하우 강제수용소를 찾아 4만 1천여 명의 희생자들을 추모하고 나치의 만행을 다시금 반성했다. 빌리 브란트나 메르켈 총리가 유태인 학살에 직접적인 책임자이기 때문에 사과를 한 것인가? 그렇지 않다. 자연인 빌리 브란트나 메르켈이 아닌 국가의 대표로서 역사와 역사적 피해자 앞에서, 사과하고 화해를 청한 것이었다. 그들이 역사적 잘못을 이해하고 사죄하고 배상을 함으로써 독일의 전체 정치와 기업들도 사과와 배상을 했다. 그 결과 독일은 유럽 사회, 나아가 세계 사회를 통해 신뢰를 얻을 수 있었다.

앞에서 봤듯이 한국의 한국군'위안부'제도는 1954년 3월 표면상 폐지되었고, 글쓴이가 문제제기할 때까지 몇몇 군인들의 회고록에도 기록되고 있었으나, 완전히 사회적으로 침묵되었다. 국가는 군'위안부'들에게 아직도 사과하지 않고 있다. 그러한 침묵에는 친일반민족행위자들이 한국의 지배층으로서 이룩했던 한국 사회의 국가주의와 식민주의에 깊은 영향을 받은 한국의 가부장적 문화가 큰 영향으로 작용했던 결과라고 할 수 있다. 그런데 조금만 돌아보면 한국 사회에서도 1991년 김학순 씨가 "나는 일본군'위안부'였다"고 고백을 하기 전까지 일본군'위안부' 문제는 공공연한 비밀로 간주되었고, 소수의 여성운동가들이나 연구자들을 제외하고는 간과되는 경향이 있었다.

2002년 글쓴이가 한국군'위안부' 문제를 발표하자, 사실 자체는 명확했기 때문에 많은 사람들이 인정할 수밖에 없었지만, 일본과의 문제 때문에 공론화되는 것을 주저하는 기색이 명확했다. 어떤 사람들은 한국군'위안부' 문제 제기가 일본 당국이나 일부 일본인들이 일본군'위안부' 문제를 왜곡시키는 데 빌미를 제공할 수 있다는 우려마저 했다. 그러나 나는 일본인들이 한국군'위안부' 문제를 인정하는 한 다음과 같은 조건에 처하게 된다고 생각하고 있다.[22]

첫째, 일본인들이 한국군'위안부' 문제를 인정하는 한, 일본군'위안부' 문제도 인정하는 결과를 낳게 된다. 현재 일본 정부나 일부 일본 극우세력들은 일본군(국가)에 의한 군'위안부' 납치와 강요된 성행위는 없었음을 주장하는 게 핵심이다. 그들의 주장에 따르면 한국군(국가)에 의해 설치된 한국군'위안부'의 실체도 부정해야 한다. 따라서 일본이나 한국의 극우세력들

---

[22] 아래 내용은 글쓴이가 2014년에 발표한 「일본식민주의가 한국전쟁기 한국군위안부제도에 미친 영향과 과제」(『사회와 역사』 103호) 중 111~112쪽의 주장을 재정리하여 수록하였음을 밝힌다.

은 한국군'위안부'도 일본군'위안부'와 함께 부정하든지, 한국군'위안부'를 인정한다면, 일본군'위안부'도 인정할 수밖에 없는 논리적 모순에 빠지게 된다.

둘째, 한국군'위안부'를 모든 인간의 역사에서 성욕과 성폭력이 보편적으로 존재한다고 하는 예로 사용할 수도 없다. 인도차이나 전쟁 당시 프랑스군의 '이동식 창녀촌'이나 베트남전쟁 당시 미군 전용의 베트남 여성 고용의 유곽, 독일 나치 치하 프랑스 점령지의 독일 군대 전용 성매매 시설[23] 처럼 모든 전시, 모든 사회에 필요악처럼 존재해 온 것인가? 한국군'위안소' 설치라는 사건은 이러한 보편성의 단면에 불과한 것인가?

『음란과 폭력』의 저자 한스 페터 뒤르는 역사에 걸쳐 성욕은 음란과 성폭력과 함께 항상 존재했다고 주장했다. 성욕이 보편적 본능이라는 점에는 당연하다고 본다. 그러나 뒤르는 성욕과 성폭력을 거의 동일시하는 어리석음을 범하고 있다. 다시 말해 인류가 존재하는 한 성욕은 존재했으나 성욕이 표현되는 방법이나 문화는 시대와 사회, 개체, 관계마다 차이가 있을 수밖에 없다. 성폭력이 두드러지는 사회도 있으나, 성폭력의 징후가 거의 나타나지 않는 사회도 있다. 또한 성매매를 은밀하게 인정하는 사회는 많을지라도 제도로서 공식적으로 인정하는 사회는 근대적으로 제한적이다. 그런 점에서 성욕이 있는 사회에 성폭력이 존재한다는 도식은 과도한 일반화일 수밖에 없다.

셋째, 해방 이후 한국에서는 과거 식민주의가 청산되지 못한 채, 분단 근대 국가가 수립되는 운명을 맞이했다. 쉽게 말하면 일제식민주의를 경험했던 한국군'위안부' 문제는 기이한 문제가 아니라, 미 청산된 식민주의의

---

23) 정용숙, 「전시 성폭력, 제2차 세계대전의 사례로 보다: 나치 강제 성매매의 실제와 그것이 다루어져 온 방식」, 한양대 비교역사문화연구소 주최, 『트랜스내셔널인문학 시민강좌: 전쟁과 여성인권』 발표문, 2016, 2쪽.

하나였다. 그러기에 한국군'위안부' 문제는 과거사 청산 문제의 일부로 존재할 뿐 낯선 문제도 일탈적인 문제도 아닌 것이다. 물론 한국군'위안부' 문제가 최근까지 침묵된 기저에는 일본군'위안부' 문제와 함께 한국의 가부장적 성문화를 포함한 가부장제 이데올로기가 작동하였다. 그럼에도 불구하고 군'위안부'제도가 한국전쟁기에 육군에 의해 시행되었던 데에는 일제 식민주의를 내재화한 만주국군이나 일본군 출신의 한국군 간부들이 있었기에 가능했다.

한국군'위안부' 문제를 한국인 스스로 드러낸다는 것은 스스로 잘못을 인지해야 할 운명을 만든 것이다. 그러나 스스로 잘못이나 치부를 드러낸다는 것은 과거를 잊지 않겠다는 의지이며, 다시는 과오를 반복하지 않겠다고 하는 교훈이자 각오의 표출이라고 본다. 늦었지만 한국 정부는 한국전쟁 당시 한국군'위안대'를 만들어 운영했던 사실을 인정하고 군'위안부'로 강제 당했던 여성들에게 사과하고 적절한 배상을 해야 하고, 희생당했던 여성들에게 애도를 위한 여러 가지 노력을 해야만 한다. 이 문제에 연결된 한국의 미군'위안부' 문제에 대해서도 한국 정부는 사실에 대한 인정과 희생당했던 피해 여성들에게 사과하고, 손해를 배상하며, 억울하게 희생당한 여성에게 애도하지 않으면 안 될 것이다. 이러한 노력이 결국은 일본 정부에 의해 왜곡되어 있는 일본군'위안부' 문제를 바로 잡고, 역사적 진정성 있는 사과와 실효성 있는 배상, 진정한 과거청산을 할 수 있도록 압력을 가하는 데 기여할 것이다.

나아가 일본군'위안부'제도는 일본 정부와 식민지 시대 조선(한국) 여성만의 문제가 아니다. 조선인 여성이 대다수였지만, 일본 본도, 오키나와, 대만, 필리핀, 인도네시아 등 일본이 점령했던 많은 나라의 여성들의 인권과 생명 자체가 유린당했던 상징적인 제도이다. 일본 정부는 일본군'위안부'제도에 대한 책임이 있을 뿐만 아니라, 한국군'위안부'제도에도 간접적으로 책임이 있을 수밖에 없다. 정말 늦었지만, 이제서라도 일본 정부는 일본군'위안부'제도에 의해 희생당한 여성들의 인권을 바로 세우고, 역사적 참회를 할 기회를 가져야 한다.

참고
문헌

강로향, 「종장(鐘匠)」, 『백민』 10월호, 1948.

강정구, 『분단과 전쟁의 한국현대사』, 역사비평사, 1996.

강정구, 「한국전쟁 민간인 학살의 양태분석」, 한국산업사회학회 엮음, 『남북간 대립 사회체제의 동요와 새로운 갈등구조의 이해』, 한울, 2001.

강정구, 「한국전쟁과 북한사회의 사회구조 변화」, 경남대학교 극동문제연구소, 『한국 전쟁과 북한사회주의 체제 건설』, 경남대학교출판부, 1990.

강혜경, 「일제시기 성병의 사회문제화와 성병관리」, 『한국민족운동사연구』 59, 2009, 87~125쪽.

강혜경, 「제1공화국시기 매춘여성과 성병관리」, 『한국민족운동사연구』 63, 2010, 257~296쪽.

강현식, 『꼭 알고 싶은 심리학의 모든 것』, 원앤원북스, 2010.

고본권, 『잊혀질 권리』, 한국방송통신대학교출판부, 2011.

고상진 · 전도명, 『조선 전쟁시기 감행한 미제의 만행』, 사회과학출판사, 1989.

광주매일正史5 · 18특별취재반, 『正史5 · 18』, 사회평론, 1995.

구태훈, 『일본근대사』, 재팬리서치21, 2017.

국사편찬위원회, 『자료대한민국사 5』, 국사편찬위원회, 1972.

김경학 외, 『전쟁과 기억』, 한울, 2005.

김귀옥, 「식민적 디아스포라와 저항하는 여성: 이은숙과 정정화를 중심으로」, 『통일인문학』 제62호, 2015.

김귀옥, 「일본식민주의가 한국전쟁기 한국군위안부제도에 미친 영향과 과제」, 『사회와 역사』 103집, 2014, 83~114쪽.

김귀옥, 『구술사연구: 방법과 실천』, 한울, 2014.

김귀옥, 「구술사와 치유: 트라우마 치유의 가능성을 모색하며」, 『통일인문학』 제55집, 2013, 131~165쪽.

김귀옥, 「한국전쟁기 한국군의 '위안부'제도의 실체와 문제점」, 송연옥·김영 외, 『군대와 성폭력』, 선인, 2012.

김귀옥, 「한국전쟁과 이산가족: 지역에서의 이산가족의 기억과 고통」, 『동아시아의 전쟁과 사회』, 한울, 2009, 63~109쪽.

김귀옥, 「한국 구술사 연구 현황, 쟁점과 과제」, 『사회와 역사』 통권 71호, 2006, 313~348쪽.

김귀옥, 「왜 월남 실향민은 반공수구 세력이 되었을까」, 고종석 외, 『인물과 사상』 30, 개마고원, 2004.

김귀옥, 「"朝鮮戰爭と 女性: 軍慰安婦と 軍慰安所を 中心に」, 『東アジアの冷戰と國家ナ□リズム: 米日中心の地域秩序の廢絶をめざして』(공저), 東京: 御茶の水書房, 2004.

김귀옥, 「분단, 한국전쟁과 여성: 1950년대 한국 여성의 삶」, 정진성 외, 『여성주의 관점에서 본 한국현대사』, 한울, 2004a.

김귀옥, 『월남민의 생활경험과 정체성: 밑으로부터의 월남민 연구』, 서울대학교출판부, 2002[1999]. 김귀옥, 「속초 세 할머니가 겪은 6·25전쟁」, 『민족21』 9월호, 2001, 112~117쪽.

김귀옥, 「납치 북한인을 공작원, 위안부로 이용했다: 북파공작원의 현대사 증언」, 『월간말』 12월호, 2000.

김귀옥, 「잃어버린 또 하나의 역사: 한국전쟁시기 강원도 양양군 미군정 통치와 반성」, 『경제와 사회』 여름호, 2000.

김귀옥, 「지역 조사와 구술사 방법론」, 『한국사회과학』 22권 2호, 2000, 37~75쪽.

김기진, 『끝나지 않은 전쟁 국민보도연맹』, 역사비평사, 2002.

김덕룡, 『고문의 정치학』, 동광출판사, 1988.

김도민, 「1956년 헝가리 사태에 대한 남한의 인식과 대응」, 『역사비평』119호(여름), 2017, 302~333쪽.

김동춘, 『전쟁과 사회: 우리에게 한국전쟁은 무엇이었나?』, 돌베개, 2000.

김두식, 『헌법의 풍경』, 교양인, 2004.

김성례, 「국가폭력과 여성체험: 제주 4·3을 중심으로」, 『창작과비평』102, 1998, 340~352쪽.

김성례, 「한국 무속에 나타난 여성체험: 구술생애사의 서사분석」, 『한국여성학』7호, 1991, 7~43쪽.

김성칠, 『역사 앞에서: 한 사학자의 6·25 일지(개정판)』, 창작과비평사, 2009.

김연자, 『아메리카 타운 왕언니 죽기 오분 전까지 악을 쓰다(김연자 자전 에세이)』. 삼인, 2005.

김웅희, 「한일기본조약의 의의와 한계: 한일관계 50년의 성찰」, 『일본연구논총』제43권, 2016.

김정수·조영주, 『여성·평화·안보 역량강화를 위한 교육 매뉴얼 개발』, 여성가족부, 2018.

김정자·김현선, 『미군위안부: 기지촌의 숨겨진 진실』, 한울, 2013.

김종민, 「제주 4·3항쟁: 대규모 민중학살의 진상」, 『역사비평』42, 1998, 27~52쪽.

김현조, 「범죄의 도시화에 관한 사회학적 고찰」, 서울대학교 사회학과 석사학위논문, 1965.

김희오, 『인간의 향기: 자유민주/대공투쟁과 함께한 인생역정』, 원민, 2000.

동아시아 평화인권 한국위원회, 『동아시아와 근대의 폭력 1: 전쟁, 냉전과 마이너리티』, 삼인, 2001.

문경희, 「도일과 히로시마 원폭피해, 귀환: 일제강점기 합천 출신 이주 1.5, 2세대의 경험」, *Homo Migrans, vol.19*, 2018, 6~51쪽.

류연산, 『일송정 푸른 솔에 선구자는 없었다: 재만 조선인 친일 행적 보고서』, 아이월드, 2004.

류춘도, 『당신이 나입니다』(시집), 푸른숲, 2002.

류춘도, 『벙어리새』, 당대, 2005.

민주주의 민족전선 편집,『해방조선』, 과학과사상, 1988[1946].

리영희,『역정: 나의 청년시대』, 창작과비평사, 1988.

박명림,『역사와 지식과 사회: 한국전쟁 이해와 한국사회』, 나남, 2011.

박상섭,『국가와 폭력: 마키아벨리의 정치사상연구』, 서울대학교출판부, 2002.

박정미,「한국 성매매정책에 관한 연구: '묵인−관리 체제'의 변동과 성판매여성의 역사적 구정, 1945~2005」, 서울대학교 대학원 사회학과 박사학위논문, 2011.

박종희 · 권영미,「트랜스포메이션 경제시대에 있어서 힐링의 관광 상품화 가능성에 대한 연구」,『한국관광 · 레저학회』제21권 제2호(5월), 2009, 357~374쪽.

박창희,「일제잔재 청산 여론조사: '초등학교' 명칭에 관한 앙케이트 조사보고」,『역사문화연구』제3집, 161~173쪽.

백종천 외,『한국의 군대와 사회』, 나남, 1994.

서 승,「동아시아에 있어서 국가 테러리즘 희생자들의 명예회복 · 배상(reparation)에 관한 연구: 한국과 대문의 경우를 중심으로」, 서울대학교 대학원 사회학과 석사학위논문, 2000.

송연옥 · 김귀옥,『식민주의, 전쟁, 군'위안부'』, 선인, 2017.

송연옥 · 김 영(편),『군대와 성폭력』, 박해순 옮김, 선인, 2012.

김 영 · 안자코 유카(庵逧由香),「함경북도의 군사도시와 '위안소' · '유곽'」,『군대와 성폭력』, 선인, 2012.

신규환,「개항, 전쟁, 성병: 한말 일제초의 성병 유행과 통제」,『醫史學』제17권 제2호(통권 제33호) 2008, 239~255쪽.

송남헌,『해방삼년사』, 까치, 1985.

송연옥,「상하이에서 본 요리점 · 유곽 · 위안소의 연관성」,『사회와 역사』115, 2017, 7~43쪽.

송연옥,「일제 식민지화와 공창제 도입」, 서울대학교 국사학과 대학원 석사학위논문, 1998.

안연선,「'병사 길들이기': 아시아 태평양전쟁기 일본 군인의 젠더 정치」,『대중독재와 여성』, 휴머니스트, 2010.

안연선,『성노예와 병사 만들기』, 삼인, 2004(2003).

안 진, 「미군정기 국가기구의 형성과 성격」, 『해방전후사의 인식 3』, 한길사, 1987.

야마시다 영애(山下英愛), 「식민지 지배와 공창 제도의 전개」, 『사회와 역사』 제51집, 1997, 143~181쪽.

양정호 구술·김귀옥 면담, 『비전향장기수구술 4』, 국사편찬위원회, 2007.

월간말, 「출판 탄압, 현대판 분서갱유」, 『월간 말』 6월호(통권 1호), 1985.

월터 옹, 이기우·임명진 옮김. 『구술문화와 문자문화』, 서울: 문예출판사, 1997[1982].

육군본부, 『후방전사(인사편)』, 육군본부, 1956.

윤정석, 「한국군의 창설과 일본 군사문화」, 『한일군사문화연구』 제2호, 2004, 3~27쪽.

윤택림, 「치유를 위한 자기서사: 한 실향민 여성 구술생애사와 자서전 비교 분석」, 『구술사연구』 제2권 2호, 2011, 97~131쪽.

윤택림·함한희, 『새로운 역사쓰기를 위한 구술사 연구방법론』, 아르케, 2006.

이경남, 『분단시대의 청년운동』, 삼성문화개발, 1989.

이계수, 「군대 내 구타 가혹행위 및 그로 인한 사고를 방지하기 위한 법적 제도적 방안에 관한 연구」, 『민주법학』 제23호, 2003, 285~317쪽.

이동기, 『현대사 몽타주』, 돌베개, 2018.

이령경, 「한국전쟁전후 좌익관련 여성유족의 경험연구: 여성주의 평화개념에서」, 성공회대학교 석사학위논문, 2003.

이병윤·민병근, 「한국인 정신분열증 환자의 망상에 관한 연구」, 『신경정신의학』 1권 1호, 1962, 35~40쪽.

이성숙, 「움직이는 페미니스트 군단: 영국 성병방지법 폐지운동가 페미니스트 네트워크, 1869~1886」, 『영국연구』 제4호, 2000, 55~83쪽.

이임하, 「간통쌍벌죄(姦通雙罰罪)의 제정 및 적용과정에 나타난 여성관」, 『사총』 56호, 2003, 125~153쪽.

이임하, 「한국전쟁과 여성성의 동원」, 『역사연구』 14, 2001.

이임하, 『전쟁미망인, 한국현대사의 침묵을 깨다』, 책과함께, 2010.

이종선, 『북파공작원 HID』, 창작시대, 2001.

이태호, 『불꽃이여 이 어둠을 밝혀라: 70년대 여성노동자의 투쟁』, 돌베개, 1984.

이혜숙, 『여성과 사회』, 경상대학교 출판부, 2005.

전남대학교 심리건강연구소,『심리적 피해현황 조사보고서: 조사의 신뢰성 제고와 치료 및 재활 측면의 화해방안 모색』, 진실・화해를위한과거사정리위원회・심리건강연구소, 2007, 1~332쪽.

전남사회운동협의회・황석영 기록,『죽음을 넘어 시대의 어둠을 넘어: 광주5월 민주항쟁의 기록 1, 2』. 풀빛, 1985, 1~309쪽.

정근식 편, 진주 채록,『고통의 역사: 원폭의 기억과 증언』. 선인, 2005, 1~417쪽.

정근식,「과거청산의 역사사회학을 위하여: 한국의 민주화와 관련하여」, 한국사회사학회 엮음,『사회와 역사』61, 2002, 11~52쪽.

정용숙,「전시 성폭력, 제2차 세계대전의 사례로 보다: 나치 강제 성매매의 실제와 그것이 다루어져 온 방식」, 한양대 비교역사문화연구소 주최,『트랜스내셔널 인문학 시민강좌: 전쟁과 여성인권』발표문, 2016.

정정화,『장강일기』, 학민사, 1998.

정종화,『영화에 미친 남자』, 맑은소리. 2006.

정진성,『일본군 성노예: 일본군위안부문제의 실상과 그 해결을 위한 운동』, 서울대학교 출판부, 2004.

정진홍,「'힐링 현상'과 관련하여 생각하고 싶은 것: 인문학 또는 종교학적인 자리에서」,『현실과 철학』94호, 2012, 74~88쪽.

정충제,『실록 정순덕』상, 대제학, 1989.

제주4・3연구소,『이제사 말햄수다 1, 2』, 한울, 1989.

주한미군범죄근절운동본부 엮음,『끝나지 않은 아픔의 역사: 미군범죄』, 개마서원, 1999.

중앙일보 특별취재반,『조선민주주의 인민공화국』, 중앙일보사, 1992.

진형종,『한 권으로 읽는 팔만대장경』, 들녘, 1998.

차규헌,『전투』, 병학사, 1985.

채명신,『사선을 넘고 넘어』, 매일경제신문사, 1994.

최기자,「여성주의 역사쓰기를 위한 여성 '빨치산' 구술생애사 연구」, 한양대학교 대학원 여성학협동과정 석사학위논문, 2002.

최정준,「미국의 동북아시아 냉전전략과 샌프란시스코 체제의 형성」,『동서문제연구』제30권 1호, 2018, 111~141쪽.

최태육, 「강화군 민간인학살」, 『전쟁과 국가폭력』, 선인, 2012, 75~135쪽.

친일인명사전편찬위원회 엮음, 『친일인명사전』, 민족문제연구소, 2009.

한국구술사학회 편, 『구술사로 읽는 한국전쟁』, 휴머니스트, 2011.

한국구술사연구회, 『구술사 방법과 사례』, 선인, 2005.

한국정신문화연구원 한민족문화연구소 편, 『내가 겪은 해방과 분단』, 선인, 2001.

한만송, 『캠프마켓』, 봉구네책방, 2014[2013].

한만수, 『잠시 검열이 있겠습니다』, 개마고원, 2012.

한상범·이철호, 『법은 어떻게 독재의 도구가 되었나』, 삼인, 2012.

한성훈, 『가면권력: 한국전쟁과 학살』, 후마니타스, 2014.

한용원, 『창군』, 박영사, 1984.

한용원, 『한국의 군부정치』, 대왕사, 1993.

한홍구, 『대한민국 史』, 한겨레신문사, 2003.

함인희, 「한국전쟁, 가족 그리고 여성의 다중적 근대성」, 『사회와 이론』 9, 2006, 159 ~189쪽.

함한희, 「한국전쟁과 여성: 경계에 선 여성들」, 『역사비평』 91, 2010, 22~52쪽.

허영란, 「일제시기 읍·면협의회와 지역정치: 1931년 읍·면제 실시를 중심으로」, 『역사문제연구』 31호, 2014.

홍두승, 『한국 군대의 사회학』, 나남, 1993.

上野千鶴子, 『내셔널리즘과 젠더』, 이선이 옮김, 박종철출판사, 1999(1998).

西野瑠美子·小野沢あかね, 『日本人慰安婦』, 現代書館, 2015.

소남자(巢南子)·양계초(梁啓超), 안명철·송엽휘 번역, 『역주 월남망국사』, 태학사, 2007.

孫佑杰, 『압록강은 말한다: 한국전쟁에 대한 새로운 이야기』, 조기정·김경국 옮김, 살림, 1997.

宋連玉·金榮 外, 『軍隊と性暴力』, 東京: 現代史料出版, 2010.

藤目ゆき, 『성의 역사학: 근대국가는 성을 어떻게 관리하는가』, 김경자·윤경원 옮김, 삼인, 2004.

藤目ゆき, 『히로시마만의 군사화와 성폭력』, 양동숙 옮김, 논형, 2013.

藤目ゆき, 「제2차 세계대전 후 일본의 '여성해방': 섬유노동자의 경험을 통해서」, 『동아시아의 전쟁과 사회』, 한울, 2009.

Allen, John, 권정혜 외 옮김, 2010, 『트라우마의 치유』, 서울: 학지사.

Brewer, John D., *Ethnography*, Buckingham: Open University Press, 2000.

Coomoroswamy, Radhika, 「인권위원회의 결의안 1994/45에 따른 여성에 대한 폭력, 그 원인과 결과에 관한 특별보고관이 제출한 예비보고서」, 한국정신대문제대책협의회, 1995.

Cumings, Bruce, 『한국전쟁의 기원 상, 하』, 김주환 옮김, 청사, 1986[1975].

Duerr, Hans Peter, 『음란과 폭력: 성을 통해 본 인간 본능과 충동의 역사』, 최상안 옮김, 한길, 2003(1992).

Elias, Norbert, 『문명화과정 2』, 박미애 옮김, 한길사, 1999.

Elshtain, Jean Bethke, *Women and War*, Chicago: The University of Chicago Press, 1995[1987].

Fink, Bruce, 『라캉과 정신의학: 라캉 이론과 임상 분석』, 맹정현 옮김, 믿음사, 2014(199).

Gain, M, 『해방과 미군정 1946, 10~11』, 까치 편집부 옮김, 까치, 1986.

Gandhi, Leela, 『포스트식민주의란 무엇인가』, 이영욱 옮김, 현실문화연구, 2000(1998).

Gebhardt, Miriam, *Crimes Unspoken The Rape of German Women at the End of the Second World War [Als die Soldaten kamen. Die Vergewaltigung Frauen am Ende des Zweiten Weltkriegs]*, Polity, 2016.

Gebhardt, Miriam, Nick Somers, *Crimes Unspoken*, Polity, 2016.

Gombert, Tobias, 『사회민주주의의 기초』, 한상익 옮김, 한울, 2012.

Herman, Judith, 최현정 옮김, 『트라우마: 가정폭력에서 · 정치적 · 테러까지』, 플래닛, 2007[1997].

Hicks, George, 『위안부: 일본 군대의 성노예로 끌려간 여성들』, 전경자 · 성은애 옮김, 창작과비평사, 1995.

Huxley, Aldous, 『멋진 신세계』, 권세호 옮김, 서문당, 1972.

Kandel, Eric R. and Squire, Larry R., 전대호 옮김, 『기억의 비밀』, 해나무, 2016[2009]

Nasio, J-D., 김주열 옮김, 『무의식은 반복이다!』, NUN, 2015.

Ong, Walter, 이기우 · 임명진 옮김, 『구술문화와 문자문화』, 서울: 문예출판사, 1997[1982].

Russell, Shona · Maggie Carey, 최민수 옮김, 『이야기 치료, 궁금증의 문을 열다』, 시그마프레스, 2010.

Said, Edward. "Representing the colonized: anthropology's interlocutors", *Critical Inquiry. Vol.15. No2(Winter)*, 1989.

Said, Edward. 김성곤 · 정정호 옮김, 『문화와 제국주의』, 창, 1995.

Schacter. Daniel L., 박미자 옮김, 2006, 『기억의 일곱 가지 죄악』, 한승, 2006.

익명의 여인, 염정용 옮김, 『베를린의 한 여인』, 해토, 2004.

▶기타

김귀옥

서울대학교 사회학과를 졸업하고, 서울대학교 대학원에서 사회학 박사학위를 받았다.
현재 한성대학교 교양학부 사회학 교수로 재직 중이다.
분단과 전쟁, 통일과 평화, 이산가족과 여성, 분단을 넘는 사람들, 이산가족, 디아스포라(diaspora) 공동체, 노동 등에 대해 연구하고 있으며, 관련 연구를 위해 현지조사(fieldwork research)와 구술사 방법론을 통해 사람들의 기억 속에 묻혀 있는 기록을 발굴, 정리하는 일을 수행하고 있다.
저서로는 『월남민의 생활 경험과 정체성: 밑으로부터의 월남민 연구』, 『이산가족, '반공전사'도, '빨갱이'도 아닌: 이산가족 문제를 보는 새로운 시각』, 『동아시아 사회와 전쟁』(공저), 『전쟁의 기억 냉전의 구술』(공저), 『구술사 연구: 방법과 실천』, 『우리가 큰 바위얼굴이다』, 『식민주의, 전쟁, 군'위안부'』(공저) 등이 있다.